雄关漫道，一往无前

——全面推进乡村振兴的山西发展之路

沈宏亮　张生玲　编著

中国言实出版社

图书在版编目(CIP)数据

雄关漫道，一往无前：全面推进乡村振兴的山西发展之路 /
沈宏亮等编著 . -- 北京：中国言实出版社，2021.3
（第三方视角看山西脱贫攻坚 / 刘学敏，李强主编）
ISBN 978-7-5171-3709-2

Ⅰ.①雄… Ⅱ.①沈… Ⅲ.①扶贫—研究—山西
Ⅳ.① F127.25

中国版本图书馆 CIP 数据核字（2021）第 009404 号

雄关漫道，一往无前——全面推进乡村振兴的山西发展之路

总 监 制：朱艳华
责任编辑：敖　华
责任校对：史会美

出版发行：中国言实出版社
　　　地　址：北京市朝阳区北苑路180号加利大厦5号楼105室
　　　邮　编：100101
　　　编辑部：北京市海淀区花园路6号院B座6层
　　　邮　编：100088
　　　电　话：64924853（总编室）　64924716（发行部）
　　　网　址：www.zgyscbs.cn　E-mail：zgyscbs@263.net

经　　销：新华书店
印　　刷：北京虎彩文化传播有限公司
版　　次：2021年10月第1版　2021年10月第1次印刷
规　　格：710毫米×1000毫米　1/16　19.5印张
字　　数：250千字

定　　价：68.00元
书　　号：ISBN 978-7-5171-3709-2

《第三方视角看山西脱贫攻坚》丛书
编写委员会

省委省政府的领导下，在全社会的共同努力下，开拓进取，不屈不挠，不仅圆满完成了脱贫攻坚任务，而且探索出许多接地气、可复制的扶贫模式，在中国减贫史乃至人类减贫史上走出了一条具有中国特色、山西特点的减贫之路。脱贫攻坚期间的许多波澜壮阔的场景、许多可歌可泣的故事、许多令人敬仰的先进人物，都将成为一个时代的永久印记和一代人的集体记忆。

一、评估贫困，结缘山西

2016 年 6 月，受国务院扶贫办委托，北京师范大学组织团队对山西省的临县、汾西县和吉县进行精准扶贫工作成效第三方评估。从此，我们这支评估团队与山西结缘。

2017 年初，再次受国务院扶贫办委托，我们的评估团队继续对山西省的精准扶贫工作成效进行评估和考核。

2018 年初，受山西省扶贫办委托，由北京师范大学牵头，协调山西大学和山西农业大学组成评估团队，对山西省 58 个贫困县的精准扶贫工作成效和 12 个省定贫困县的退出摘帽进行第三方评估。同年 7 月，受国务院扶贫办委托，北京师范大学联合内蒙古师范大学组成评估团队，对山西省率先脱贫摘帽的右玉县、中阳县和吉县 3 个国定贫困县进行了贫困县退出的第三方评估。

2019 年初，北京师范大学再次牵头，组织山西大学、山西农业大学、首都经济贸易大学、西北工业大学、西安财经大学、吉林师范大学、天津师范大学、内蒙古师范大学等高校组成评估团队，对山西省 2018 年申请脱贫摘帽的 17 个国定贫困县和 9 个省定贫困县进行贫困县退出的第三方评估。

2020 年初，仍然是我们这支团队，承担了山西省 2019 年申请脱贫摘帽的 16 个国定贫困县和 1 个省定贫困县的退出摘帽第三方评估工作。

从开始的扶贫工作成效评估到全部贫困县的退出摘帽评估，我们这支评估团队基于"第三方"的视角，见证了山西省脱贫攻坚的全过程，既了解了山西省脱贫攻坚的艰难起步，也感受到了后来奋起直追的决心和信心，更看到了不断探索创新的努力和成绩。

二、艰难开局，任重道远

山西省在2015年12月召开了全省脱贫攻坚大会。2016年5月召开全省脱贫攻坚推进大会。2016年7月，中共山西省委、山西省人民政府出台了《关于坚决打赢全省脱贫攻坚战的实施意见》，强调要全面落实全省脱贫攻坚推进大会精神，坚决打赢脱贫攻坚战，确保到2020年农村贫困人口实现脱贫、贫困县全部摘帽，实现全面建成小康社会的目标，使全体贫困人口与全国人民一道步入小康社会。然而，要在序幕开启后演好一场场的重头戏谈何容易！

首先，虽然"人说山西好风光"，但山多、川少、地碎、水缺、灾频是山西省的自然基本条件。由于农业生产条件极为艰苦，其结果必然是"民穷"。屈从命运还是摆脱贫困，是普通人不得不面对的人生命题；如何治理贫困、造福苍生，也是长期困扰各级党委政府的难题。昔日，那一曲凄婉的二人台《走西口》，唱出一场灾后一对新婚夫妇生离死别的悲苦，反映出近代山西人背井离乡、外出谋生的艰辛，更潜含着深刻的社会、历史和自然原因。如今，"左手一指"的太行山区和"右手一指"的吕梁山区仍然在列全国14个集中连片特困区，是山西省脱贫攻坚的主战场。

其次，尽管自改革开放以来山西省各方面取得长足发展，但从全国的整体经济格局看，西部和中部地区发展一直滞后（西部欠发达因此需要"大开发"，中部"塌陷"因此需要"崛起"），与东部地区之贫小额信贷、致富带头人培育等方面也都做得有声有色，有效支撑了脱贫攻坚战的决战完胜。

四、自力更生，开拓创新

山西省因地处中部地区，无法受益于国家东西部扶贫协作和对口支援等政策，也因不是少数民族自治区域，不能享受国家的少数民族优惠政策。2017 年 10 月，山西省脱贫攻坚领导小组出台《关于组织开展市域内县际结对帮扶工作的指导意见》，以市为单位，通过“一对一”“多对一”的形式，组织市域内综合实力强的县（市、区）结对帮扶贫困县，重点帮扶国家扶贫开发工作重点县，特别是 10 个深度贫困县。承担帮扶任务的县不仅要对被帮扶县给予资金支持，还要组织社会各界到被帮扶县开展扶贫活动、组织劳务协作、帮助稳定就业增收等，形成政府、市场、社会协同帮扶的大扶贫格局。

然而，山西省的非贫困县比贫困县也富裕不了多少，各市的情况也有所不同。太原市的各区县主要帮扶国定贫困县娄烦县以及省定贫困县阳曲县，可以实现“多对一”，压力不算大。忻州市的 14 个行政单元中，除了忻（府）定（襄）原（平）以外，其余 11 个县都是国定贫困县，根本无法做到“多对一”或者“一对一”，变成了“一对多”了。其中的原平市虽然是非贫困县（市），但建档立卡户甚至比一些贫困县还多，自身的脱贫攻坚任务就很重。

依靠自身力量，自力更生，山西省如期完成了 58 个贫困县的脱贫摘帽任务，使贫困人口稳定实现“两不愁、三保障”。特别值得肯定的是，山西省各级党委政府始终把创新作为推动脱贫攻坚和区域发展的第一推动力，在脱贫攻坚的每个环节都有许多值得称道的做法，让人眼前一亮，感叹“实践出智慧、基层有精彩”！

其一，面对贫困地区绿色资源缺乏的难题，吕梁山片区的大宁县、岚县、石楼县等开创了"购买式造林"和资产化管护的生态扶贫新模式。其核心是吸收建档立卡贫困户组成造林专业合作社，按照政府的任务规划和标准开展自主造林，最终通过验收后由政府购买合作社种植的林木。这种模式把传统的公益性造林变成一种市场化、产业化的行为，使贫困农户在植树造林中获得稳定收益、实现脱贫。其结果不仅绿了山川，而且富了百姓，更是走出一条贫困地区"增绿"与"增收"、生态文明建设与脱贫攻坚有机结合的新路，践行了"绿水青山就是金山银山"理念，堪称一项伟大的创举。

其二，针对易地扶贫搬迁的特殊性，山西省创造性地实施"六环联动"来破解"七大问题"。其主要做法是通过精准识别搬迁对象、新区安置配套、产业就业保障、社区治理跟进、旧村拆除复垦、生态治理修复等"六环"环环相扣，压茬推进，解决"人、钱、地、房、树、村、稳"等七个问题，最终使农户搬得出、稳得住、能致富，融入新社区，开启新生活。"六环联动"的易地扶贫搬迁模式是具有中国特色和山西特点的减贫之策，山西省因此多次受到国务院的肯定和表扬。

其三，面对山西严重的资源型经济结构问题，各级党委政府在脱贫攻坚中积极引导经济转型，把脱贫攻坚与经济转型密切结合，收到了良好效果。一方面，让那些传统资源型企业回馈桑梓、回报社会，把一部分资金转向非煤产业，成为对当地脱贫致富有示范带动作用的龙头企业。譬如，交口县的天麟、韦禾两大食用菌农业龙头企业，在政府政策扶持下创新生产模式，形成养菌—制棒—培育—采摘—加工—销售"一条龙"的生产经营格局，使食用菌成为全县农业产业化和脱贫攻坚的主导产业。又如，静乐县的衡达涌金物流园区有限公司，由煤炭行业转型农业领域，建成现代农业综合产业园区，运用"做给农民看、领着农民干、帮助农民赚"的方式，探索了"公司+联

　　贫困县的党政正职领导是脱贫攻坚战的"施工"队长，我们在评估考核中接触最多的就是这个群体。原以为县委书记、县长是一方大员，他（她）们会高高在上，但在近距离的接触中，我们发现他（她）们与普通人别无二致，有的睿智、有的平实，有的不苟言笑、有的善于言谈。我们能够感受到他（她）们所面临的巨大压力，也看出他（她）们为了一方百姓的脱贫致富而呕心沥血。他（她）们的共同特点是勇于担当，一旦锁定目标便一往无前；他（她）们的最大愿望就是让当地百姓尽快摆脱贫穷，走向富裕。

　　第三，基层堡垒，勇于担当。在各级党委统一决策、统一部署、统一指挥下，每个基层组织就是一个战斗堡垒。广大党员更是勇于担当、吃苦在前，发挥先锋模范作用。譬如，蒲县黑龙关镇黎掌村的第一书记郭伟，通过扶贫和扶志，在群众中树起了党的威信，向群众传递了雷锋精神，激发了群众积极向上奔小康的信心；又如，武乡县上司乡岭头村的第一书记史小兵，始终坚持全心全意为人民服务的宗旨，切实解决群众的实际困难，通过微商扶贫为农产品插上"云翅膀"，探索精准扶贫新模式；再如，阳高县大白登镇大泉山村的第一书记郭健，带领全村干部群众理思路、做规划、谋发展、促脱贫。他们仅仅是几位杰出代表，还有一大批优秀的基层干部和带头人奋斗在脱贫攻坚的各个战场。

六、中流砥柱，无私奉献

　　脱贫攻坚期间，广大干部所面临的巨大压力往往是常人无法想象的。这种压力不仅来自面对的帮扶对象，也来自上级部门考核和评估、问责和"约谈"。

　　就帮扶对象而言，许多农户只要改变了致贫的条件，通过"六个精准"和"五个一批"政策，政府"搭上一把手"就可以实现稳定脱贫。精准扶贫、精准脱贫真正的困难恰恰在于"精准"。由于帮扶对象都是一个个有血有肉有情感的具体的"人",他们面临的情况可谓是千奇百怪、千差万别。扶贫还要"扶志""扶智""扶技",这就需要最后的攻坚拔寨、啃硬骨头。为了实现"不落一户,不漏一人"的目标,广大干部呕心沥血,跑项目、申资金、情感投入,着实是费尽了心血。

就上级部门而言,为了推动脱贫攻坚进程,如期完成脱贫攻坚任务,党委和政府出台各种督查巡查工作办法、常态化约谈办法,开展专项巡视;人大专题审议、专题询问,政协专题协商、专题调研、专项视察监督;山西扶贫微信公众平台开设"警钟长鸣"专栏;设立12317扶贫监督举报电话,山西扶贫网和微信公众号解读政策、公告公示等。此外,还有市际交叉考核、国家和省的第三方评估等。通过各种考核、监督,实现压力的层层传导。各种考核最后的落脚点都是针对市县党委政府主要负责人和班子,是各个贫困县驻县大队长和202个省直帮扶单位,被"约谈"的也是党政主要负责人。真是"上面千根线,下面一根针"。面对如此巨大的压力,各级干部没有丝毫的懈怠,始终坚持战斗在扶贫第一线。

山西在整个脱贫攻坚期投入了10万之众的工作队,他们用心、用情、用功、用力,无私地奉献;他们不是给贫困户灌满一桶水,而是点燃一把火;他们用自己微弱的光,照亮了贫困户人生的希望之路。他们中涌现出许多英雄和时代典范,其中,有的挂职干部以身殉职,他们牺牲在这样一场没有硝烟的战场上,最终用生命来履行职责。可以说,这是一批非常值得尊敬的人,对于他们怎么褒奖都不为过。为了巩固脱贫攻坚成果以及与乡村振兴的有效衔接,山西目前仍有约4万人的工作队员、约1万人的第一书记还在一线工作。

毛泽东同志曾说过,政治路线确定之后,干部就是决定的因素。

面对着脱贫攻坚任务，这支队伍不仅挺了过来，圆满完成了任务，而且创造了奇迹和辉煌。这支队伍是一支特别能战斗的队伍，他们在改造世界、改造社会的同时，也在改造着他们自己、锻炼着自己；他们在努力工作的同时，也更加坚定了共产党人"立党为公、执政为民"的信念，厚植了中国共产党的执政基础。

七、多元主体，协同作战

脱贫攻坚绝不是党委政府的"独角戏"，而是在党委领导政府主导下引领市场和社会协同发力，进而形成专项扶贫、行业扶贫和社会扶贫互为补充、相得益彰的大扶贫格局。

在这场脱贫攻坚战中，山西全方位动员社会力量各显其能。几年来，山西省创新思路，先行先试，把中国社会扶贫网作为调动民营企业与社会组织等多方力量参与扶贫的重要平台，大力推广"一网三超"（中国社会扶贫网和爱心超市、项目超市、消费扶贫超市）的社会扶贫新模式，并将其打造成为全省脱贫攻坚的一张重要名片，为全国社会扶贫提供了山西经验和山西样板。

统战部以省工商联为"媒"，借民营企业之力，积极推进"千企帮千村"，通过组织和引导民营企业从自身的区位优势、产业特色和发展需要出发，与贫困村"结对"来助力脱贫。民营企业家利用他们市场开拓能力强、渠道多、信息灵等优势，通过与贫困村联合开发或兴办企业，帮助结对村和结对户对接外部市场，带动农户增收。还有许多民营企业以及外省驻晋商会（如山西广东商会、山西福建商会、山西河南商会、山西浙江企业联合会等）的会员企业，积极参与工商联组织的"临县行""右玉行"等扶贫活动，成为消费扶贫的重要力量，为山西脱贫攻坚做出贡献，功不可没。

此外，还有更多的社会力量发挥作用。共青团山西省委通过"同心助学"活动,助力贫困家庭义务教育有保障。企县合作把就业岗位送到农户"家门口",促进城乡劳动力实现稳定就业。为解决贫困县专业技术人才匮乏的问题,高校、科研院所、业务部门等选派专业技术干部挂职担任科技副县长,聚焦产业行业抓脱贫;一些职业院校通过对口帮扶,提高贫困县的职业教育水平和服务当地经济社会发展的能力,使所有建档立卡的适龄贫困人口都能接受相应的职业教育和培训。医疗系统依托城乡医院对口支援和医疗联合体,采取"组团式"精准扶贫方式,覆盖集中连片特困地区的所有县医院,助力其提升医疗管理和诊治能力。

八、自立奋进,不负众望

建档立卡贫困户是精准扶贫的对象,受恶劣的自然条件影响,也受封闭社会环境的制约,他们长期不能解决最基本的生计问题而处于贫困状态,当世界已经进入信息时代并迈向知识经济时代的时候,有些贫困农户还生活在非常原始的农耕时代,只能依附于贫瘠的土地生存,许多人也许一辈子没有离开过山沟。

精准扶贫以来,随着驻村工作队的进入、基础设施的改善、新的知识与信息的涌入,闭塞的乡村吹来了一股蕴含现代文明、市场经济的清新之风,使得那些分散居住、各自生产的农户也卷入到现代市场经济的大潮中,成为社会化大生产链条的一个环节。他们有的走出大山,到北京当保姆(如"天镇保姆"),到太原当护工(如"吕梁山护工");有的去政府扶持的"扶贫车间"务工,变成工作时间固定、直接挣工资的身份,不再是"纯粹"意义上的农民;有的开网店,把他们的农产品直接销往各地,避免了农产品价值在流通环节的流失,第一次真正掌握了"定价权"。什么地方能致富,什么地方就有他们的身影。以前,他们没有走出去,家就是他们的世界;现在,他们走出大作为山西省脱贫攻坚的"局中人"，北京师范大学联合山西大学、山西农业大学、首都经济贸易大学、西北工业大学、西安财经大学、吉林师范大学、天津师范大学、内蒙古师范大学等高校，从10个方面对山西省脱贫攻坚的整个历程进行总结，形成这套10本的《第三方视角看山西脱贫攻坚》丛书，各册具体为：

- 《艰难与辉煌——表里山河的脱贫攻坚》
- 《历史与现实——三晋大地的贫困治理》
- 《谋篇布局，守土尽责——脱贫攻坚中顶层设计与基层担当》
- 《强县之基，富民之本——产业扶贫在山西》
- 《一个战场，两场战役——生态扶贫在山西》
- 《再造家园，超常之举——易地扶贫搬迁在山西》
- 《初心为民，中流砥柱——脱贫攻坚中的奉献者》
- 《践行责任，助力脱贫——脱贫攻坚中的社会力量》
- 《感恩奋进，自立自强——山西人民的脱贫故事》
- 《雄关漫道，一往无前——全面推进乡村振兴的山西发展之路》

在宏大叙事背景下，对于个人来说，过去无论是悲是喜，是志得意满还是遍体鳞伤，一切的一切都将随着时间推移而慢慢远去。

法国启蒙学者卢梭曾说过："上帝创造了我以后就把模子打碎了，要认识我就读《忏悔录》这本书吧。"在这里，我们同样希望：要了解山西省脱贫攻坚这段波澜壮阔的历史，那就请读这套丛书吧！

刘学敏　李强

2021年1月1日

序

受学敏教授之邀，为《第三方视角看山西脱贫攻坚》丛书作序，我欣然答应。欣然之处在于，学敏、李强教授带领的第三方评估团队连续五年深入三晋大地直面贫困深处，为脱贫攻坚提供了真实客观的评价，令人尊敬；一线扶贫干部奋斗在脱贫攻坚战前线，砥砺前行、开拓创新，以"钉钉子"精神落实党中央精准扶贫方略，令人敬佩；广大贫困群众在全社会的帮扶下，自力更生、艰苦奋斗，最终摆脱千百年来的绝对贫困，令人鼓舞。作为一名长期关注山西贫困变迁的职业研究者，渴望拜读和见证山西这部脱贫攻坚史可谓如饥似渴。

我首次触及山西的贫困状况，是在《国家八七扶贫攻坚计划》实施之初。1996 年我作为世界银行中国西部扶贫贷款项目（山西、内蒙古、宁夏）中内蒙古贷款项目的顾问，正式开始从事扶贫研究，主要负责使用世界银行国际发展专家培训的 FARMOD 和 COSTAB 软件①，对内蒙古贷款项目的模式农户、项目投资成本和效益进行估算。当时，作为一名贫困研究的青年学者，我渴求查阅一些国内扶贫研究文献，却发现扶贫研究文献比贫困问题本身更为贫困。

我系统地研究山西的贫困状况，是在 2009—2012 年担任世界银行"中国经济改革实施技术援助项目"（TCC5）和"山西经济增长、财政支

---

① COSTAB 是一个用于估算农业投资项目成本和效益的软件，FARMOD 是一个用于对农业投资项目模式农户测算的软件。

农政策减贫效应研究"技术总顾问期间。三年多的时间里，我与项目组对山西35个贫困县进行了多维贫困测度及致贫原因分析诊断，并通过实地调研切身感受了当时山西的贫困状况。在这里，简要回顾一下10年前山西的贫困状况，可为山西当前脱贫攻坚取得的伟大成就提供基本对照。

首先，山西的收入贫困比较突出。2009年35个贫困县人均纯收入为2354元，仅为全省农民人均纯收入的55.5%、全国平均水平的45.7%，贫困发生率高达20.2%；贫困人口中持久贫困（连续三年贫困）的比率为7.7%。其中，吕梁山黄土高原沟壑区贫困发生率为23.7%，占35个贫困县贫困人口的56.6%；太行山干石山区贫困发生率为17.3%，占35个贫困县贫困人口的12.2%；雁北高寒冷凉区贫困发生率为16.9%，占35个贫困县贫困人口的31.2%。吕梁山区是山西省最为贫困的区域，其中永和县的持久性贫困率高达46.2%。

其次，山西的多维贫困也比较严重。以住房、耐用消费品、生产性固定资产和耕地等指标综合衡量的资产性贫困是当时山西农村贫困的一个集中表现，"家徒四壁"就是相当一部分贫困户贫困现状的真实写照。生产性固定资产贫困率高达60%，表明这些贫困群众缺乏扩大再生产的基本手段，很难靠自身的力量改变贫穷面貌。教育、健康的贫困是持久性贫困率较高、贫困代际传递的根本所在。30%的劳动力仅有小学以下文化程度，上学距离远、学校条件差、教育费用较高，"上学难、上学贵"现象突出，贫困县75%的贫困户存在教育致贫的压力；在对武乡、右玉、临县、平顺、永和、宁武6个贫困县的调研时发现，武乡、临县、平顺3个县因病致贫率达80%，右玉为70%，永和、宁武分别为55.5%和45.8%。[①]

---

① 相关资料参见山西省财政厅著：《山西农村收入差距和贫困的现状及成因研究》《山西省财政支农和减贫政策效应研究》《山西经济增长、财政支农政策减贫效应研究》，经济科学出版社，2013年。

其三，环境卫生的贫困也相当突出。主要表现在四个方面：一是严重缺水，30%以上的贫困户存在饮水困难；二是贫困户基本没有卫生设施；三是取暖困难；四是生活燃料主要使用作物秸秆、柴草等非清洁能源，室内空气污染给妇女和儿童的健康带来不利影响。

此外，从区域角度来看，交通基础设施、农业基础设施都十分落后。贫困地区基层组织十分薄弱，难以起到带领群众脱贫的作用。可以说，山西35个贫困县处于"贫"和"困"的相互交织之中，没有超常规的外部力量介入，则很难打破贫困陷阱恶性循环的处境。

在对山西35个贫困县贫困状况的分析诊断中，当时我也发现了一种新的现象——县域经济增长的不益贫性。这个问题比较突出，使我思考"增长的质量"这一概念。在对几个典型贫困县2000—2008年的经济结构进行分析时发现，县人均GDP的年增长速度、县级财政收入的年增长速度、工业企业产值年增长速度都高达30%以上，可以说是超高速增长，但是农民人均纯收入年增幅只有7.5%。在县城周边10公里即可触及贫困深处，这从村落中大面积的泥土住房、条件极差的通村道路就可看出。这让我观察到了县域经济增长的不益贫性这一现象，当时感触较深，在一次内部讨论中我做了题为"贫困县经济增长质量"的报告。尽管贫困县经济和财政呈高速增长之势，县域经济增长却没有起到带动农民增收的作用。

我第二次调研山西的贫困状况，是在2013年陪同牛津大学贫困与人类发展中心主任萨比娜·阿尔基尔（Sabina Alkire）教授到吕梁山片区调研。之所以选择吕梁山片区，是因为该区域距离北京较近，但贫困状况又比较突出，能够反映中国中西部地区贫困状况的真实面貌。当时，国际社会普遍认为中国已经是世界第二大经济体，中国的贫困问题已经不是全球性事务了，我希望国际著名贫困研究专家能够体会到中国中西部地区还比较贫困。在吕梁山片区，我们不仅走访了居住在窑洞中的贫困户，也考察了生态扶贫项目。出乎我意料的是，阿尔基尔教授反复问我："你为什么带我来这里？这里不贫困。"事实上，那时山西35个贫困县虽然仍处于绝对贫困之中，但经过改革开放以来的快速发展和扶贫开发，人民生活水平已经有了显著提升，这与阿尔基尔教授印象中其他发展中国家的贫困程度不可相提并论。

脱贫攻坚以来，我有机会多次深入山西贫困地区调研，见证了山西省脱贫攻坚工作以及贫困状况的巨变。这些巨变，体现了山西人民决战脱贫攻坚、决胜全面小康和开拓创新的奋斗精神。要详细了解这些巨变，无须我赘述，阅读《第三方视角看山西脱贫攻坚》丛书无疑是最好的途径。丛书从三个方面记录了宏大的山西脱贫攻坚史：一是系统描述并解释了山西省脱贫攻坚历程、贫困治理制度和政策体系；二是对产业扶贫、生态扶贫、易地扶贫搬迁三项典型扶贫措施进行了专题论述；三是再现了脱贫攻坚的奉献者、社会力量、百姓故事。最后，丛书还对后脱贫时代的山西发展之路进行了专题研究。

现在，正值全国告别绝对贫困、开启全面建设社会主义现代化国家新征程之际，我看到这部百万字的山西脱贫攻坚丛书，激动之情可想而知。它不仅标志着中国摆脱了绝对贫困，而且在贫困研究领域正在迈向世界前列。这部百万字的丛书，是真正把论文写在了祖国的大地上！它是学者用第三只眼睛评估测度贫困，它是学者用自己的语言谱写中国脱贫攻坚故事！

王小林

复旦大学二级教授、博士生导师

上海（复旦大学）扶贫研究中心执行主任

六次产业研究院副院长

前 言

    经过数代人的艰辛努力，特别是近年来国家实施精准扶贫精准脱贫战略，组织和动员全社会开展脱贫攻坚，使得山西省农民摆脱了绝对贫困，贫困地区的医疗卫生、教育、社会保障和基础设施得到了明显改善，农民人均可支配收入增长速度持续高于城镇居民，贫困农户的生活水平得到了显著提高。然而，摆脱绝对贫困只是农民走向新生活的起点。由于部分刚刚摆脱贫困的群众比较脆弱而可能返贫，部分边缘户也可能因为各种原因陷于贫困。因此，在实现脱贫摘帽目标之后的五年过渡期内，需要整体上维持现有扶贫政策和组织体系不变，以有效巩固脱贫攻坚成果。随着后脱贫时代的到来，反贫困重点将转向相对贫困问题，农村贫困问题回归为山西省"三农问题"的一个组成部分，而且将贯穿于山西省解决作为中部地区相对于东南沿海地区的发展滞后问题，以及省域内区域间发展不充分、不均衡矛盾的全过程。鉴于此，目前亟须回答的问题是山西省区域经济发展面对的国内外宏观经济机遇是什么？如何抓住机遇实现经济转型、蹚出发展新路？在此背景下，治理相对贫困的城乡一体化制度与政策体系如何设计？本书围绕这些问题展开了讨论，具体内容分为八章。

    第一章概括脱贫攻坚以来山西省经济发展状况、面临的机遇与挑战。山西省不仅经济总量持续增长，包括产业结构、城乡结构在内的系，建立起现代农业体系。

第五章揭示山西省产业转型进程、有待克服的问题和路径。为了改变过度依赖煤炭、焦化、冶金、电力等传统产业而导致的产业结构性矛盾、经济波动和不可持续性，山西省通过深化供给侧改革，发展战略性新兴产业、第三产业以及风电、光伏等替代性新能源，产业转型取得了一些进展。但是从目前来看，过于倚重资源型产业的产业结构仍未改变，资源型企业转型面临"路径依赖"问题，地方政府的转型意愿与动力不强，实现职工培训再就业成本较大，发展新兴战略性产业的创新投入和人才储备难以适应转型的需要。鉴于此，要发挥转型综合改革示范区的示范引领功能，通过引进国内外资本，利用新技术加大对传统产业的升级改造，利用产业援助政策推动企业转产，搞好再就业培训工作，聚焦新基建、新技术、新材料、新装备、新产品、新业态，在转型发展方面蹚出新路子。

第六章探究山西省生态治理与富民的历程、问题与做法。在"重发展、轻治理"的背景下，长时间的矿产资源开发造成了局部地区植被遭到破坏，采矿区塌陷，地下水位下降，土壤、空气和水严重污染等一系列生态问题。经过近些年生态环境治理，森林覆盖率、城市绿地面积等生态资本得到了一定程度的恢复，水、大气和农业面源污染得到了初步控制。但是，由于发展经济与生态治理存在一定的冲突，绿色发展理念和绿色创新能力有待提升等原因，无论是以经济增长绿化度、资源环境承载潜力和政府支持度等指标衡量的绿色发展程度，还是生态系统都比较脆弱，污染的结构性矛盾还比较突出。因此，需要继续发挥"右玉精神"，借鉴吕梁生态转型与富民相结合的成功经验，通过鼓励绿色技术创新、发展生态绿色产业、加强生态环境治理等途径，实现生态建设与解决相对贫困双重目标。

第七章阐述山西省新型城镇化和城乡公共服务均等化的进展，协调解决易地扶贫搬迁与就业的对策。从人口城镇化、社会城镇化、城镇化与工业化的协调度、城镇公用设施、城镇管理水平等方面来看，山西省城镇化进展慢于国家平均水平。从基础教育、基本医疗、社会保障、基础设施和居民生活质量等方面来看，山西省城乡公共服务也还存在较大的差距。农民进城和市民化则面临户籍制度、基本公共服务歧视、就业不稳定等问题。鉴于此，在大力推进新型城镇化进程中，要将易地扶贫搬迁和就业问题协调起来，优化城镇空间格局，提升城市综合承载能力，逐步放开户籍制度限制，完善城乡土地利用制度，深化城镇住房制度改革，创新城镇化投融资机制，强化科技和人才应用，推进城乡融合发展。

第八章介绍山西省乡风文明建设进程和以文旅产业带动乡风文明改善的做法。经过脱贫攻坚，山西省乡风文明建设取得了重要进展，村容村貌明显改观，几乎村村都建设了文化馆、图书室、文化广场等文化场所，并配备了必要的图书、器材等，赌博、高昂彩礼、封建迷信等不良风气也得到了一定程度的遏制。但是，文明乡风的改变不仅涉及正式的制度变迁，而且由于形塑习惯是一个潜移默化的非正式制度变迁过程，需要较长的时间。山西省乡风文明建设依然面临一系列问题，主要包括农民文化素质不高，一些"懒汉"思想观念转变滞后，传统与现代相结合的文明生活习惯培养需要时间，部分地方孝敬老人等传统美德遭到忽视，一些地方文化设施未得到有效利用等等。要重视农村教育以提高人口素质，关注特殊群体，深入推进"厕所革命"，确保美丽村容村貌的可持续。另外，由于山西省文化底蕴深厚，素有"三千年古都看西安，五千年文明看山西"的说法，乡村拥有丰富的自然、手工艺、民俗等旅游资源，应该以黄河、长城、太行三大旅游带建设为契机，完善旅游基础设施，在有条件的农村地区引导企业开发文旅、康养产业，带动乡风文明建设。

目 录

第一节　山西省经济发展现状与重要战略机遇

一、山西省经济发展现状

（一）经济增长态势良好

山西省经济发展态势良好。2019 年 GDP 总量达到 1.7 万亿元，是 2000 年的 9.22 倍。山西省一度利用资源禀赋优势，抓住能源需求高企，特别是煤炭价格上涨的机遇，推动经济高速发展，增长速度持续高于全国平均水平[①]。此后，为了改变对于资源的过度依赖以实现经济的高质量发展，实施了煤炭资源整合、限制和淘汰落后产能等供给侧改革，一定时期内经济增速出现了波动，但是通过结构调整，近期经济呈现出稳中有升的态势。如图 1-1 所示，2002—2005 年 GDP 增速高于全国平均水平，2008 年、2009 年增速下滑；2010 年至 2013 年，增速高于全国；2014 年和 2015 年增速再次下降，2016 年经济增速逐步回暖，2017—2019 年高于全国水平。

山西省的经济发展也反映在人均 GDP 的增长上。2000 年到 2019 年，人均 GDP 由 5722 元增长到 45724 元，年均增长率达到 11.56%。如图 1-2 所示，尽管人均 GDP 大幅上升，但与全国相比还存在较大的差距，并且差距还在扩大。人均 GDP 与全国的差距由 2000 年的 2220.07 元扩大至 2019 年的 25167.78 元。2019 年，山西人均 GDP 仅为全国（70891.78 元）的 64.50%，表明作为中部后发省份之一，存在较大的追

[①] 朱丽萍，阎耀鹏等.山西省产业结构发展特征分析[J].山西财经大学学报，2015(S2):54—55.

赶和发展空间。因此，需要提升并保持人均 GDP 的发展速度，促进社会财富积累，推进经济高质量发展[①]。

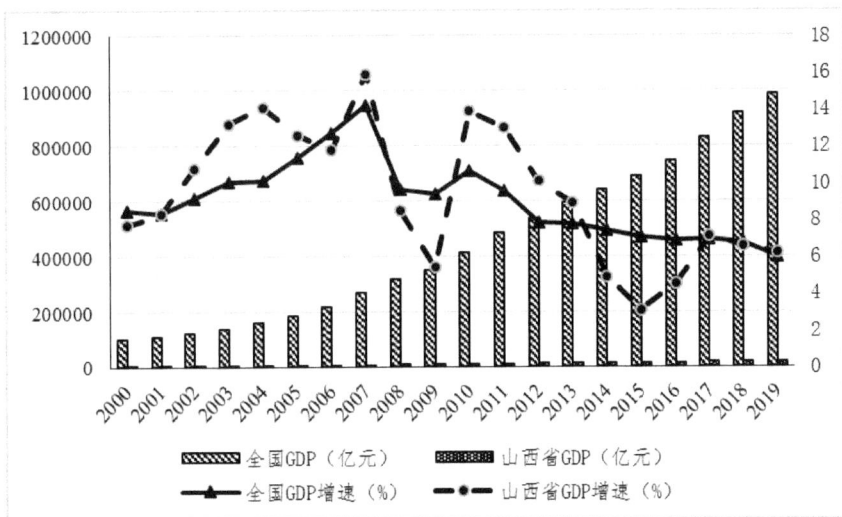

图 1-1　2000—2019 年全国和山西省 GDP 及其增长率

数据来源：《中国统计年鉴（2000—2019 年）》和《山西统计年鉴（2000—2019 年）》。

山西省财政收入健康增长。2019 年一般公共预算收入 2347.6 亿元，与 2000 年相比增长了近 20 倍。同时，财政支出也保持了较快增长，2019 年一般公共预算支出 4713.1 亿元，与 2018 年相比提高了 9.96%，比全国平均支出水平增幅高 1.86%。财政资金主要用于改善民生和稳增长、调结构、转方式等方面[②]。总体来看，经济形势向好的趋势非常明显。

① 安树伟，张晋晋.山西高质量发展战略研究 [J].经济问题，2019(05):1—8.
② 数据来源于《中国统计年鉴（2019—2020 年）》。

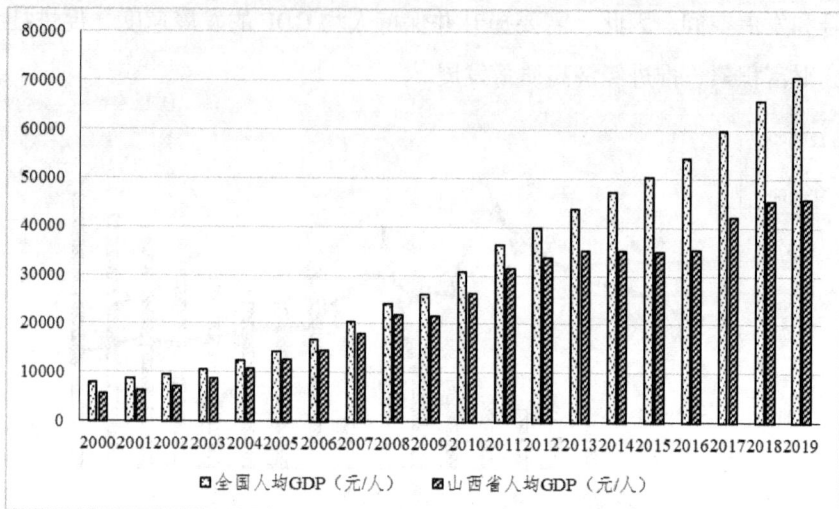

图 1-2　2000—2019 年全国和山西省人均 GDP

数据来源：《中国统计年鉴（2000—2019 年）》和《山西统计年鉴（2000—2019 年）》。

（二）转型中产业结构逐步优化

在经济总量增加的同时，产业结构也不断优化。2000 年，第一、二、三次产业占 GDP 的比重分别为 10.9∶50.3∶38.7，呈现第二产业主导的"二、三、一"产业格局。这种第二产业占主导地位的局面一直持续到 2014 年，其中 2008 年第二产业比重达到最大值，为 61.5%，此后到 2013 年，第二产业占 GDP 比重一直高于 50%，是推动山西经济发展的主要力量。2014 年后，第二产业占比相对稳定和略有下降的同时，第三产业发展速度稳步提高。到了 2019 年，三次产业占比演变为 4.8∶43.8∶51.4，第三产业超过第二产业，产业结构转变为"三、二、一"格局。表明在人均 GDP 由 2000 年 5722 元提高到 2019 年 45724 元的过程中，产业产值结构实现了优化升级。

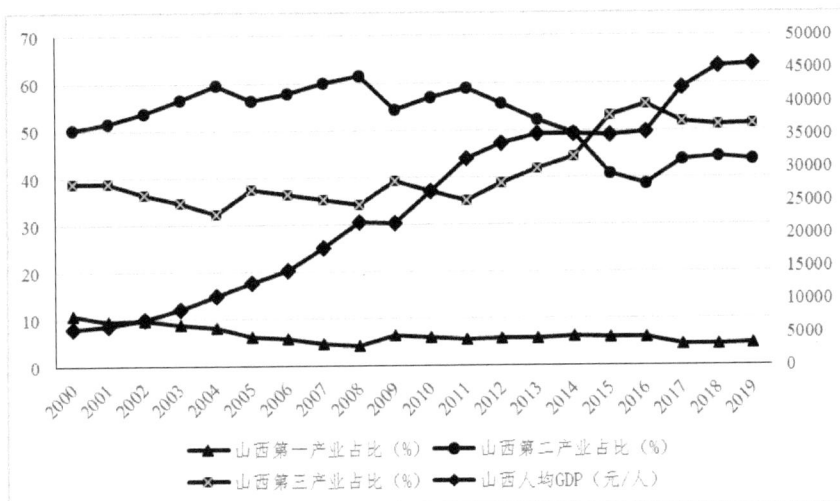

图 1-3　2000—2019 年山西省人均 GDP 及三次产业占比

数据来源：万得数据库。

与产业产值结构变化相关，从就业来看，第一、二产业从业人员逐年下降的同时，第三产业从业人员也不断增加。2000 年至 2019年，第一产业从业人员由 662.7 万人发展到 666.7 万人，占比由47.59% 下降到 35.04%。第二产业从业人员由 353.4 万人上升到 396.2万人，占比由 25.38% 下降到 20.83%。第三产业从业人员由 376.3 万人上升到 839.6 万人，占比由 27.03% 上升到 44.13%。可以看出，根据钱纳里等的标准产业结构理论，产值结构与就业结构还存在一定的不匹配，特别是第一产业就业占比仍然较大，需要继续通过发展工业化和城镇化，大力发展第二、第三产业，实现农业就业人口的转移就业。

表 1-1   2000—2019 年山西省第一、二、三产业从业人员（万人）

年份	第一产业从业人员	第二产业从业人员	第三产业从业人员
2000	662.7	353.4	376.3
2001	662.4	346.6	390.5
2002	-	-	-
2003	650.6	360.2	458.7
2004	645.1	375	454.5
2005	641.8	385.7	472.7
2006	639.7	415.7	505.8
2007	638.9	419.3	537.5
2008	642.6	425.6	545.9
2009	635	429.7	565.9
2010	638.2	442.8	604.9
2011	649.4	468	621.5
2012	647.11	489.92	653.14
2013	650.6	519.1	674.5
2014	662.1	505.3	694.9
2015	662.1	505.3	694.9
2016	670.45	481.12	756.64
2017	670.7	483.8	759.7
2018	643.77	442.36	824.72
2019	666.7	396.2	839.6

数据来源：万得数据库。

（三）城镇化水平有所提升

借鉴孟晓迪等（2018）[①]的做法，从经济城镇化、人口城镇化、社会城镇化三个方面建立的衡量山西省新型城镇化水平的指标体系，如表 1-2 所示。可以看出，山西省的城镇化水平是稳步提升的，2005 年至 2019 年，城镇人口占比逐年提高，2019 年占比为 59.55%，比 2005 年高了 17.44%。城市人口密度及城镇登记失业率变化较为平稳，二者

① 孟晓迪，许如玉，顾晓霞. 山西省新型城镇化的测度与空间演变分析 [J]. 山西财经大学学报，2018(S2):10—12.

平均数分别为3188.91人/平方公里和3.34%。城镇居民人均可支配收入同期逐年上升，2019年达到33262元，是2005年的3.73倍，如表1-3所示。

表1-2　山西省新型城镇化水平评价指标体系

目标层	准则层	措施层	指标层	指标属性
山西新型城镇化水平评价指标体系	经济城镇化	经济增长	人均GDP（元）	正向
		财政状况	人均地方财政公共收入（元）	正向
		产业发展	二、三产业增加值占GDP比重（%）	正向
		投资水平	全社会固定资产投资占GDP比重（%）	正向
	人口城镇化	城镇化速度	城镇人口占比（%）	正向
		城镇人口	城市人口密度（人/平方公里）	正向
		城镇失业	城镇登记失业率（%）	负向
	社会城镇化	收入水平	城镇居民人均可支配收入（元）	正向
		通讯水平	每百人移动电话普及率（部/百人）	正向
		治疗水平	医院床位数（张）	正向

资料来源：孟晓迪等（2018）[①]。

表1-3　2005—2019年山西省城镇化水平

年份	城镇人口占比（%）	城市人口密度（人/平方公里）	城镇登记失业率（%）	城镇居民人均可支配收入（元）
2005	42.11	1587.80	3.00	8913.91
2006	43.01	2487.78	3.20	10027.70
2007	44.03	2914.00	3.24	11564.95
2008	45.11	2918.00	3.29	13119.05
2009	45.99	2931.00	3.86	13996.55
2010	48.05	2890.00	3.58	15647.66
2011	49.68	2977.00	3.48	18123.87
2012	51.26	3028.00	3.33	20411.71
2013	52.56	3526.00	3.30	22258.20
2014	53.79	3974.00	3.40	24069.43
2015	55.03	3920.00	3.50	25827.72

① 孟晓迪，许如玉，顾晓霞.山西省新型城镇化的测度与空间演变分析[J].山西财经大学学报，2018，40(S2):10—12.

年份	城镇人口占比（％）	城市人口密度（人/平方公里）	城镇登记失业率（％）	城镇居民人均可支配收入（元）
2016	56.21	3908.00	3.52	27352.33
2017	57.34	3454.00	3.43	29131.81
2018	58.41	3513.58	3.26	31034.80
2019	59.55	3804.49	2.71	33262.00

数据来源：万得数据库。

根据熵值法测算①的山西省新型城镇化水平综合得分也反映出，除了 2009 年和 2017 年外，2005 年至 2019 年新型城镇化水平逐步推进。2005 年综合得分是 0.01，2019 年为 0.1098，相比 2005 年提高了 0.0998，如图 1-4 所示。

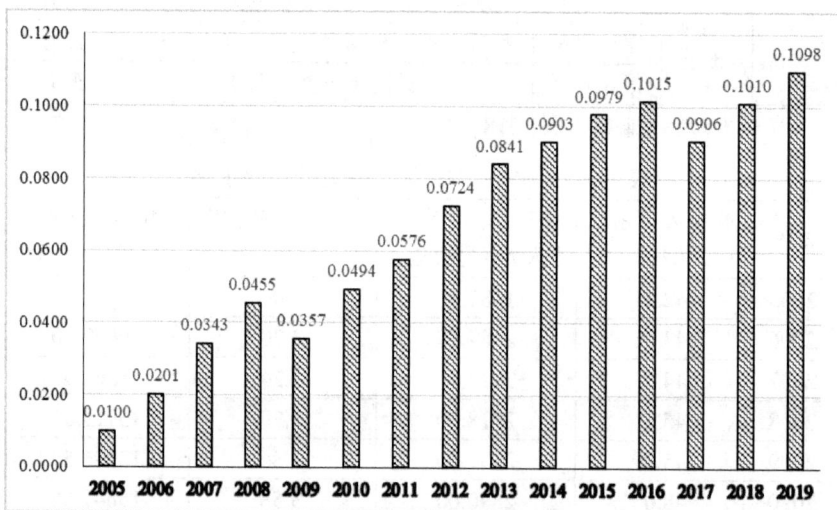

图 1-4　2005—2019 年山西省新型城镇化水平综合得分

① 计算步骤为：先按照极差法对数据进行标准化处理，将标准化之后的数据整体向右平移 0.001 个单位，依次求出权重、熵值、差异性系数，最终求出综合得分。此处受篇幅所限未展示详细计算过程，如有需要可联系作者索取。

二、经济转型发展的机遇

（一）国家构建国内国际双循环的重大战略

2020年5月14日中央政治局常委会会议提出："要深化供给侧结构性改革，充分发挥我国超大规模市场优势和内需潜力，构建国内国际双循环相互促进的新发展格局。"[①]构建新发展格局是我国在进入新发展阶段、应对国际环境变化作出的重大战略举措。改革开放以来我国经济发展取得巨大进步，人均GDP由1997年的6480.5元上升为2019年的70891.78元。在经济发展过程中，投资、进出口贸易对经济增长发挥了重要的拉动作用，与此同时消费对经济增长的刺激功能也不断增强，但国内生产与需求之间还存在不匹配问题，这要求经济发展驱动力要逐步向内外需协同转换，需要加快构建以国内大循环为主体、国内国际双循环相互促进的新发展格局，以更好地推动经济高质量发展。另外，当今世界正处于百年未有之大变局，全球处于新一轮国际贸易调整和科技革命时期。我国市场潜力巨大，同时经过长期发展拥有完备的生产体系和产业链，从而具备了实现国内国际双循环的有利条件。国家构建以国内大循环为主，国内国际双循环相互促进的新发展格局，为山西省经济发展提供了新机遇。

一方面，双循环为利用新一轮产业转移与产业链重组提供了有利条件。当前世界正处于新一轮产业重组过程中，虽然部分发达国家试图通过强化贸易保护主义政策来改变产业的全球性生产布局，但是，在世界市场的支配下，产业向生产要素成本低的国家和地区流动的趋势仍然没有改变，所以全方位对外开放、有效参与国际大循环的战略依然是经济发展的基本宏观国际背景。国内大循环不是某一个地区的内部循环，相反是我国东、中、西等不同区域的协调发展。所以，从

① 中国新闻网.构建新发展格局，习近平总书记这样战略布局 [EB/OL].(2020-09-24)[2021-01-08].http://theory.people.com.cn/n1/2020/0515/c40531-31709758.html.

南到北、从东到西不同区域、不同产业的良性互动与循环是实现国内国际双循环的基本前提条件。随着东南沿海地区劳动力等生产成本的相对上升，一些劳动密集型甚至资本密集型的产业也将缓慢向中西部转移。在此过程中，山西省可以利用连接东部和西部地区的区位优势、开放的市场、较低的劳动力成本、独特的能源禀赋、日益完善的物流基础设施等，抓住机遇，加快承接国内外转移至中部的产业、做实做强产业链。特别是要推进"东融南承西联北拓"战略。东面积极融入京津冀一体化、首都经济圈；南面差异化承接国际市场以及长三角、珠三角、港澳台地区产业梯度转移；西面搭乘"一带一路"快车，与西部地区逐步建立连接；北面与蒙晋冀长城金三角区域进一步开展合作，主动融入中蒙俄经济走廊。为此要继续加大交通、物流基础设施建设。另一方面，逐步改变山西省经济发展的要素、市场"两头在内"的格局。发挥国有经济集中力量办大事的制度优势，为承接产业转移和培育战略性新兴产业提供能源基础，加速形成与新发展格局相适应的生产布局。

（二）打造内陆地区对外开放新高地，深度参与"一带一路"建设

"一带一路"倡议是中国开创新型全球化的一次伟大实践，该倡议秉承"共商、共享、共建"原则，通过打造开放、包容、均衡、普惠的合作架构以及创新合作模式，可以实现沿线国家的共同发展、共同繁荣。"一带一路"倡议是新时期中国传承以和平合作、开放包容、互学互鉴、互利共赢为核心的古丝路精神推动中华民族复兴的必然选择。

山西省与"一带一路"具有深刻的历史渊源，在陆上丝绸之路、草原丝绸之路以及海上丝绸之路中均占有重要地位。大同曾是北魏国都，也是当时陆上丝绸之路东端要地，山西是当时丝绸的主要产地之一。在魏晋南北朝时期，山西逐渐发展为东西方文化与货物交流的交通要道，并形成了以山西为中心向周边地区辐射的丝绸之路文化圈。在草原丝绸之路长城沿线，山西人也很早就与少数民族开展贸易往来。从

汉、唐、元至明末，山西一直在陆上丝绸之路和草原丝绸之路上发挥重要作用，直到明末清初，陆上丝绸之路走向没落。随着此后海上丝绸之路的兴起，许多晋商将山西的铁器、绸布、谷物、土产运往东南沿海出海，并由东南沿海口岸进口香料、水果、水产等贩回内地[1][2]。

　　山西省参与"一带一路"建设具有独特的现实优势。首先，2014年，山西省被国家定位为中部地区响应"一带一路"的枢纽区域。随后，又被纳入全国海关通关一体化改革规划[3]，促进了港口通关以及沿线口岸的互联互通，在"一带一路"建设中发挥着重要作用。其次，山西省地理位置优势明显，正在加快构建内陆地区对外开放新高地。再次，山西省参与"一带一路"具有深厚的文化底蕴。山西文化历史悠久，有俗语说道，"十年中国看深圳，百年中国看上海，千年中国看西安，五千年中国看山西"。她是黄河流域文化的中心，华夏文化发源地之一，被称为"中国古代艺术博物馆""文献之邦"，有旧石器文化发展的完整脉络，历经尧舜禹、夏商周积淀，至晋国和三晋时期已形成独具特色的山西文化。山西历史文化多彩且富有特色。山西文化不仅完整呈现了中国历史进程，而且现代山西文化更是融入了开放、务实、求新的特点。在国际交流中，不仅可以展示山西人民文化自信的底气和开放形象，而且能够增进文化合作与增强文化自信。

　　近年来，山西省依托地理、文化和资源优势，围绕外经、外资、外贸，以及内陆地区对外开放新高地的定位，积极响应国家"一带一路"倡议，推进"丝绸之路经济带"建设。

---

① 刘璨泽.古代山西的"丝绸之路"[BE/OL].(2018-09-12)[2021-01-06].https://www.imsilkroad.com/news/p/106017.html.

② 张舒，正明.历史上的丝绸之路与山西[J].文史月刊，2014(12):38—39.

③ 全国通关一体化是以"单一窗口"为依托，以"三互"大通关为机制化保障，跨地区、跨层级、跨部门的高水平通关协作，是实现国家口岸治理体系和治理能力现代化的重要举措。企业可以任意选择通关或者报关地点和口岸，在全国任何一个地方都可办理相关手续。全国通关一体化，可以让企业通关成本更低、更便捷。

第一，推动山西品牌国际化，扩大国际交往合作。举办了"山西品牌丝路行线上行——欧洲站、中东非站"等活动，推进山西与欧洲发达国家地区、中东地区和非洲国家经贸合作，引进欧洲先进技术和资本，推动山西产业向中东非洲地区转移。通过"山西品牌行"、世博会、国际博览会、涉外商事法律服务等平台，推进山西贸易产品品牌国际化，鼓励山西企业"走出去"。第二，将山西文化旅游品牌逐步推向世界。围绕黄河、长城、太行三大旅游品牌，将山西深厚的文化历史与旅游业深度融合，通过推进对外开放、提供软环境建设、加大对外文化交流以及与高校合作，打造国际化文化旅游品牌，促进文化旅游产业发展。第三，按照"一区四园"布局①构建中国（山西）自由贸易试验区，借此机遇将太原都市区逐渐打造为集金融商贸、文化教育、先进制造、能源技术创新、国际开放与交流于一体的现代化国际大都市，推进中部盆地城市群建设，提高对外开放水平与质量。

（三）以经济社会转型推动经济高质量发展

2020 年 5 月 12 日，习近平总书记在山西省考察时，提出了"在新基建、新技术、新材料、新装备、新产品、新业态上不断取得突破"的"六新"要求，为山西省实现经济高质量发展指明了方向。为了改变过度依赖煤炭等资源型产业造成的经济不稳定和不可持续问题，早在 2010 年，山西省经国务院批准成为国家资源型经济转型综合配套改革试验区，开启了经济转型的革命。2017 年国务院印发《国务院关于支持山西省进一步深化改革促进资源型经济转型发展的意见》明确提出山西能源革命排头兵的地位。随后，山西省出台《山西打造全国能源革命排头兵行动方案》。2019 年，国家在山西开展能源革命综合改革试点。山西省明确到 2025 年转型要出雏形，2030 年基本实现转型，到

---

① 一区是指山西自贸试验区。四园分别是：中西部太原区域以综改示范区为主、北部大同区域以长城"金三角"对外开放为主、南部运城区域以打造国际贸易平台为主、晋东南晋城区域以富士康为基础。

2035 年转型全面实现的目标 ①。

目前，山西省在太原都市区核心区域整合了 4 个国家级开发区，3 个省级开发区以及山西大学城，不断拓展和优化山西转型综合改革示范区功能，重点形成了先进制造、新能源、新材料、电子信息、健康医疗、文化创意等 6 大专业化产业园区。以综合改革示范区为先导，积极探索由资源型经济向创新驱动型经济转型的新路。一方面，以改革创新引领高质量发展。山西省既是资源型大省，又是国家能源重化工基地。立足已有优势，坚持绿色发展理念，坚持绿色开发、利用煤炭资源及其废弃物，构建绿色发展模式。另一方面，加快推进战略性新兴产业发展。依托能源数字技术产业，支撑和推动山西能源产业转型升级，加快培育基于创新的新兴产业集群。

第二节 山西省转型发展面临的挑战

一、经济转型任务依然艰巨

一个产业的重要性不仅体现在其本身的产值和就业等直接贡献上，而且反映为对其他产业乃至整个国民经济或者区域经济的带动效应。根据产业关联情况，可以发现山西省的产业结构仍然偏重于重化工业，因而转型仍然在路上。

从产业影响力来看，第一产业即农林牧渔产品和服务的影响力小于 1，与之相比，第二产业所属部门的影响力系数较大，对推动经济发展的贡献较为明显，如表 1–4 所示。2017 年，交通运输设备业，通信设备、计算机和其他电子设备业，金属制品、机械和设备修理服务业，

---

① 楼阳生 . 在转型发展上率先蹚出一条新路来 [J]. 支部建设，2020(17):9—13.

仪器仪表业的影响力系数分别排在第1、2、3、4位，表明这些行业对经济发展的辐射能力增强。与2012年相比，除煤炭采选产品业、石油和天然气开采产品业、金属矿采选产品业、非金属矿和其他矿采选产品业、水的生产和供应业外，其他部门的影响力系数均呈下降趋势。石油、炼焦产品和核燃料加工品业，化学产品业影响力系数下降说明重化工产业对经济发展的辐射作用有所减弱，产业转型取得了一定进展。虽然电力、热力生产和供应业的影响力系数高于1，但燃气生产和供应业、水的生产和供应业影响力系数均低于1，表明在资源型产业转型升级过程中，水、电等与动力部门相关行业对经济的影响也在下降。

表1-4　2012年和2017年第一、二产业影响力系数[①]

部门	2012年	2017年
农林牧渔产品和服务	0.8230	0.8145
煤炭采选产品	0.8981	1.0016
石油和天然气开采产品	1.0162	1.0461
金属矿采选产品	0.9082	1.2553
非金属矿和其他矿采选产品	0.7169	1.1331
食品和烟草	0.9967	0.9460
纺织品	1.1431	1.1427
纺织服装鞋帽皮革羽绒及其制品	1.1982	1.1178
木材加工品和家具	1.0543	1.0192
造纸印刷和文教体育用品	1.1357	1.1009
石油、炼焦产品和核燃料加工品	1.0870	1.0445
化学产品	1.2255	1.0492
非金属矿物制品	1.1185	1.0569
金属冶炼和压延加工品	1.2855	1.2054
金属制品	1.2459	1.0904
通用设备	1.2558	1.0958

① 由于山西省2012年和2017年统计的部门种类不同，为便于比较，这里将部门种类统一为41种。表1—5至表1—7同。受篇幅所限，未展示详细计算过程，如有需要可联系作者索取。

续表

部门	2012 年	2017 年
专用设备	1.3291	1.2082
交通运输设备	1.4259	1.3123
电气机械和器材	1.3169	1.1416
通信设备、计算机和其他电子设备	1.5345	1.3113
仪器仪表	1.4749	1.2939
其他制造产品和废品废料	1.1704	1.0080
金属制品、机械和设备修理服务	1.3417	1.3104
电力、热力的生产和供应	1.0780	1.0665
燃气生产和供应	0.9853	0.9759
水的生产和供应	0.9954	0.9990
建筑	1.3128	1.2268

数据来源：根据山西省 2012、2017 年投入产出表计算整理。

与第一、二产业相比，第三产业影响力虽然呈现上升趋势，但是整体上还不够高，如表 1-5 所示。除了文化、体育和娱乐业外，其余部门的影响力系数都小于 1。但是，2017 年与 2012 年相比，除科学研究和技术服务业、教育业、卫生和社会工作业、文化、体育和娱乐业等少数几个部门外，其他服务部门的影响力系数都有所上升。其中住宿和餐饮业，水利、环境和公共设施管理业，公共管理、社会保障和社会组织业影响力系数上升较为显著。信息传输、软件和信息技术服务等行业影响力系数上升对制造业智能化和转型升级具有重要推动作用。

表 1-5 2012 年和 2017 年第三产业影响力系数

部门	2012 年	2017 年
批发和零售	0.5505	0.6175
交通运输、仓储和邮政	0.9257	0.9388
住宿和餐饮	0.7045	0.9961
信息传输、软件和信息技术服务	0.7107	0.7480
金融	0.7063	0.7513
房地产	0.5193	0.6261

部门	2012 年	2017 年
租赁和商务服务	0.7297	0.7653
科学研究和技术服务	0.8414	0.8302
水利、环境和公共设施管理	0.7352	0.9470
居民服务、修理和其他服务	0.7160	0.7984
教育	0.5318	0.5288
卫生和社会工作	0.8904	0.7702
文化、体育和娱乐	1.0242	1.0126
公共管理、社会保障和社会组织	0.3404	0.6963

数据来源：根据山西省 2012、2017 年投入产出表计算整理。

从产业感应度来看，2017 年第一产业的感应度系数与 2012 年相比变化不大且都大于 1，说明国民经济发展对第一产业需求程度较大。在第二产业中，2017 年排在前六位的是金属冶炼和压延加工品业，电力、热力的生产和供应业，煤炭采选产品业，化学产品业，通信设备、计算机和其他电子设备业，石油、炼焦产品和核燃料加工品业，其他部门的感应度系数都小于 1，表明在经济发展过程中对电力、煤炭、电子信息等行业存在较大需求。与 2012 年相比，2017 年感应度系数下降比较明显的有金属冶炼和压延加工品业，化学产品业，金属矿采选产品业，石油、炼焦产品和核燃料加工品业等部门，说明山西由资源型驱动向创新驱动转型发展的过程中对煤炭等能源产业的相关需求逐渐减少，但是仍然存在较大依赖性。

表 1-6　2012 年和 2017 年第一、二产业感应度系数

部门	2012 年	2017 年
农林牧渔产品和服务	1.5487	1.5356
煤炭采选产品	1.8769	1.9564
石油和天然气开采产品	0.4955	0.5560
金属矿采选产品	1.4541	0.9951
非金属矿和其他矿采选产品	0.4166	0.5199
食品和烟草	0.8836	0.9065

续表

部门	2012 年	2017 年
纺织品	0.8302	0.8011
纺织服装鞋帽皮革羽绒及其制品	0.4845	0.4943
木材加工品和家具	0.5195	0.4989
造纸印刷和文教体育用品	0.7622	0.8912
石油、炼焦产品和核燃料加工品	1.5011	1.0448
化学产品	2.4924	1.8855
非金属矿物制品	0.7650	0.7153
金属冶炼和压延加工品	4.4649	2.9061
金属制品	0.7985	0.8221
通用设备	1.1555	0.8388
专用设备	1.0863	0.9172
交通运输设备	0.9717	0.9063
电气机械和器材	1.0025	0.8411
通信设备、计算机和其他电子设备	1.7498	1.2774
仪器仪表	0.5510	0.4741
其他制造产品和废品废料	0.5570	0.9401
金属制品、机械和设备修理服务	0.5304	0.7920
电力、热力的生产和供应	2.1761	2.0156
燃气生产和供应	0.5236	0.6320
水的生产和供应	0.4110	0.5499
建筑	0.5008	0.4794

数据来源：根据山西省 2012、2017 年投入产出表计算整理。

2017 年，除金融业，交通运输、仓储和邮政业，住宿和餐饮业，批发和零售业，信息传输、软件和信息技术服务业 5 个部门，第三产业其他部门的感应度系数均低于 1。但是与 2012 年相比，除住宿和餐饮业外，其他部门的感应度系数均呈上升趋势，上升幅度最大的依次是金融业，公共管理、社会保障和社会组织业，文化、体育和娱乐业。说明第三产业对经济发展的作用不断增强，特别是金融、运输、零售、信息技术等行业正在转型升级过程中发挥重要的作用。

表 1-7　2012 年和 2017 年第三产业感应度系数

部门	2012 年	2017 年
批发和零售	1.0777	1.1503
交通运输、仓储和邮政	1.1618	1.3787
住宿和餐饮	1.2354	1.1578
信息传输、软件和信息技术服务	0.8781	1.0468
金融	1.7824	2.5044
房地产	0.5773	0.8631
租赁和商务服务	0.6740	0.8836
科学研究和技术服务	0.3912	0.4566
水利、环境和公共设施管理	0.3831	0.5757
居民服务、修理和其他服务	0.7815	0.9452
教育	0.3967	0.6101
卫生和社会工作	0.3693	0.5651
文化、体育和娱乐	0.4029	0.8118
公共管理、社会保障和社会组织	0.3791	0.8585

数据来源：根据山西省 2012、2017 年投入产出表计算整理。

总的来看，由于产业影响力和感应度系数大于 1 的部门均属于第二产业，如金属冶炼和压延加工品业，电力、热力的生产和供应业，煤炭采选产品业等部门，因此，现阶段第二产业对经济发展的推动和拉动作用仍较强。相对而言，第一、三产业的辐射作用较小，经济发展仍然较多依赖于第二产业，特别是其中的资源开采和加工业。

二、新型城镇化进展缓慢

与周边省份和全国平均水平相比，山西省的城镇化水平还不够高。从城镇化人口占比反映的城镇化率来看，除了低于内蒙古自治区外，高于陕西、河北、河南等省（图 1-5）。但是从城镇居民人均支配收入和新型城镇化得分来看还不够理想。2005 年和 2019 年，山西省与内蒙古自治区城镇居民人均可支配收入绝对差额分别为 222.88 元、7520 元；相对差额分别为 2.44%、18.44%。在表 1-2 的指标体系下，使用 2017 年至 2019 年山西、内蒙古、河北、陕西的数据分别计算并对比相应省份的新型城镇化水平①，结果如表 1–9 所示。根据综合得分，山西省新型城镇化水平低于内蒙古、陕西，高于河北，表明新型城镇化水平与周边省份还存在一定差距。

表 1-8　2005—2019 年五省城镇居民人均可支配收入（元）

年份	山西	河南	河北	内蒙古	陕西	全国
2005	8913.91	8667.97	9107.09	9136.79	8272.02	10493.03
2006	10027.70	9810.26	10304.56	10357.99	9267.70	11759.45
2007	11564.95	11477.05	11690.47	12377.84	10763.34	13785.81
2008	13119.05	13231.11	13441.09	14432.55	12857.89	15780.76
2009	13996.55	14371.56	14718.25	15849.19	14128.76	17174.65
2010	15647.66	15930.26	16263.43	17698.15	15695.21	19109.44
2011	18123.87	18194.8	18292.23	20407.57	18245.23	21809.78
2012	20411.71	20442.62	20543.44	23150.26	20733.88	24564.72
2013	22258.2	21740.67	22226.75	26003.62	22345.93	26467.00
2014	24069.43	23672.06	24141.34	28349.64	24365.76	28843.85
2015	25827.72	25575.61	26152.16	30594.10	26420.21	31194.83
2016	27352.33	27232.92	28249.39	32974.95	28440.09	33616.25
2017	29131.81	29557.86	30547.76	35670.02	30810.26	36396.19
2018	31034.80	31874.19	32977.18	38304.68	33319.25	39250.84
2019	33262.00	34200.97	35738.00	40782.00	36098.00	42358.80

数据来源：万得数据库。

不仅如此，山西省的城镇化程度低于全国城镇化平均水平。2005 年至 2019 年，山西省与全国城镇化率差距呈现先扩大后缩小的趋势。2005 年至 2009 年差距逐渐拉大，2005 年低于全国 0.88 个百分点，2009 年差值达到最大值，为 2.35 个百分点。2010 年至 2014 年与全国城镇化水平的差距以较快的速度缩小，2014 年低于全国城镇化率 0.98 个百分点。2015、2019 年分别低于全国城镇化率 1.07、1.05 个百分点。山西省

①2019 年"医院床位数（万张）"来源于华经情报网.2019 年全国医院床位数及各地区排行统计分析 [EB/OL].(2020-11-23)[2021-01-02]https://baijiahao.baidu.com/s?id=1684114105046981035&wfr=spider&for=pc. 其他数据来源于万得数据库。

城镇居民人均可支配收入呈平稳增长态势，但整体上与全国城镇居民人均可支配收入水平有一定差距并且呈不断扩大趋势，绝对和相对差额①由 2005 年的 1579.12 元、15.05% 扩大至 2019 年的 9096.80 元、21.48%。

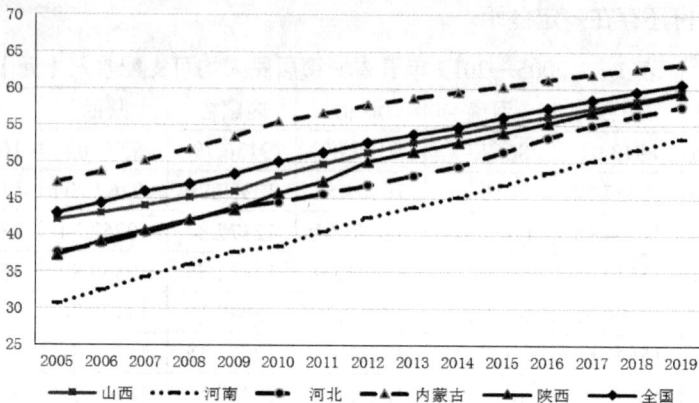

图 1-5　2005—2019 年五省及全国城镇人口占比（%）

资料来源：万得数据库。

表 1-9　2017—2019 年山西及周边省份新型城镇化水平综合得分

年份	省份	综合得分	排序
2017	山西	0.1967	3
	内蒙古	0.3477	1
	河北	0.1582	4
	陕西	0.2974	2
2018	山西	0.1993	3
	内蒙古	0.3348	1
	河北	0.1743	4
	陕西	0.2916	2
2019	山西	0.2020	3
	内蒙古	0.3251	1
	河北	0.1727	4
	陕西	0.3003	2

数据来源：在相应指标体系下使用五省数据计算整理。

---

①相对差额计算公式为：相对差额=（全国城镇居民人均可支配收入－山西省城镇居民人均可支配收入）/全国城镇居民人均可支配收入 *100。

三、区域创新能力尚待培育

创新是引领经济发展的关键，科技投入则是创新的基本前提条件。R&D 经费投入强度[①] 是衡量一个地区科技投入水平最重要的指标之一。2019 年山西省 R&D 经费投入为 191.2 亿元，R&D 经费投入强度为 1.12%，R&D 经费投入强度在全国 31 省中排名 22 位，低于全国水平 1.11 个百分点，与全国平均水平存在差距。与相邻四省区相比，山西省 R&D 经费投入强度地区排名第四，位于河北、河南、陕西之后，与陕西省差距最大，R&D 经费投入强度相差 1.15 个百分点，高于内蒙古自治区。表明山西省需要进一步加大科研投入，优化 R&D 项目经费管理，进一步激发 R&D 人员的创造、创新能力。

自主创新人力投入强度较低。2018 年山西省 R&D 人员全时当量为 44593 人年，万名就业人员中 R&D 人员为 23.34 人年/万人，全国排名第 21[②]，R&D 人力投入强度低于全国水平。技术人才不足，显然不利于区域创新能力提升和高新技术产业发展。因此，需要加强技术人才的培育力度和外来人才引进力度，以提高科技创新的人力资源储备和科技创新动力。

创新成果质量有待提高。万人有效发明专利拥有量是反映地区科研产出质量和市场应用水平的综合指标。2018 年，山西省有效发明专利是 12983 件，万人有效发明专利拥有量为 3.49 件，全国排名第 20，比全国水平低 8.42 件/万人。可以看出，与全国其他地区相比，山西省科研产出质量和市场应用水平比较落后，应加强科技成果的市场化力度，提高科研成果质量及市场应用水平。

高技术产业科技发展水平偏低。新材料、信息技术等高新技术产业的科技创新能力对地区创新发展具有重要推动作用。就高新技术产

①R&D 经费投入强度指的是 R&D 经费投入与国内生产总值之比。
② 此处排名不包括新疆。

业新产品销售收入占高技术产业主营业务收入比重而言，2018年山西省只有13.9%，在全国排名25[①]，低于全国22.34个百分点，与全国差距仍然较大。表明新产品销售收入对主营业务收入的贡献率不高，高新技术产业的创新能力有待提升。创新度较低导致企业产品在市场上缺乏竞争力，产品需求量少进而销售收入不高，资金紧张进一步阻碍高新技术产业的创新发展。鉴于此，应加强高技术产业新产品研究与发展，提高产业创新能力。

表1-10　2018—2019年全国及各省科技创新投入与产出[②]

地区	R&D经费投入强度（%）	万名就业人员中R&D人员数[③]（人年/万人）	万人有效发明专利拥有量[④]（件/万人）	高新技术产业新产品销售收入占高技术产业主营业务收入比重（%）
全国	2.23	56.47[⑤]	11.91	36.24
北京	6.31	215.98	112.02	38.16
天津	3.28	110.97	20.56	40.66
河北	1.61	24.61	3.30	32.97
山西	1.12	23.34	3.49	13.90
内蒙古	0.86	18.47	2.00	52.11
辽宁	2.04	42.16	8.60	30.81
吉林	1.27	24.67	4.83	20.87
黑龙江	1.08	18.70	5.90	9.28
上海	4.00	136.76	47.43	18.63
江苏	2.79	117.93	26.38	33.67
浙江	2.68	119.41	23.29	53.69
安徽	2.03	33.56	9.72	44.95

①此处排名不包括西藏。
②R&D经费投入强度为2019年数据，其他指标为2018年数据。
③万名就业人员中R&D人员数=R&D人员全时当量/从业人员数，从业人员数为三大产业从业人员数之和。
④万人有效发明专利拥有量=有效发明专利/地区年末人口。
⑤"全国就业人数"从国家统计年鉴获得，非各省就业人数之和。

续表

地区	R&D 经费投入强度（%）	万名就业人员中R&D人员数③（人年/万人）	万人有效发明专利拥有量④（件/万人）	高新技术产业新产品销售收入占高技术产业主营业务收入比重（%）
福建	1.78	57.65	9.77	34.22
江西	1.55	32.34	2.37	21.35
山东	2.1	49.89	8.70	34.24
河南	1.46	24.93	3.49	60.25
湖北	2.09	43.45	8.22	36.49
湖南	1.98	39.31	5.90	30.13
广东	2.88	106.93	21.91	44.60
广西	0.79	14.03	4.26	11.77
海南	0.56	13.59	2.84	9.43
重庆	1.99	53.80	9.00	23.26
四川	1.87	32.54	6.24	16.69
贵州	0.86	16.36	2.81	17.52
云南	0.95	16.60	2.52	13.50
西藏	0.26	6.03	1.74	-
陕西	2.27	50.79	10.18	13.28
甘肃	1.26	14.28	2.61	40.39
青海	0.69	13.06	2.33	25.70
宁夏	1.45	29.08	4.10	61.02
新疆	0.47	-	2.02	26.11

资料来源：2019年全国科技经费投入统计公报、2019年中国科技统计年鉴、中国统计年鉴、万得数据库。

四、农业基础地位需要加强

近些年来，山西省农业现代化水平得到了较大程度的提升。但是，从农业产出、水利设施、机械化程度、生态环境等方面来看，还需要做好农业产业的一些基础性、支撑性和引领性工作。为了测算和反映山西省农业现代化水平，借鉴陈强强等（2018）①、孟志兴等（2013）②的方法，根据2010—2018年万得数据库、国泰安CSMAR数据库、国家统计年鉴和山西统计年鉴的数据，从农业投入、产出、经济发展、生态环境4个方面构建衡量指标体系（表1-11），具体得到的测算结果如表1-12。

表 1-11　山西省农业现代化测算指标体系 ③

一级指标	二级指标	指标解释	单位	属性
农业生产投入	有效灌溉率	有效灌溉面积 / 耕地面积（X1）	%	正向
	单位耕地面积农机总动力	农业机械总动力 / 耕地面积（X2）	千瓦时 / 公顷	正向
	单位耕地面积化肥施用量	化肥施用量 / 耕地面积（X3）	千克 / 公顷	负向
	劳均耕地面积	耕地面积 / 第一产业劳动力（X4）	公顷 / 万人	正向
	单位耕地用电量	农村总用电量 / 耕地面积（X5）	千瓦时 / 公顷	正向
	第一产业劳动力占比	第一产业从业人员 / 全部从业人员（X6）	%	负向
农业产出水平	农业产出增长率	（当期农业总产值 / 上年农业总产值）-1（X7）	%	正向
	土地生产率	农业总产值 / 耕地面积（X8）	元 / 公顷	正向
	单位耕地面积粮食产量	粮食总产量 / 耕地面积（X9）	千克 / 公顷	正向

① 陈强强，孙小花等 . 甘肃省农业现代化水平测度及制约因子研究 [J]. 农业现代化研究，2018(03):369—377.
② 孟志兴，秦作霞 . 山西省农业现代化进程评价 [J]. 山西农业科学，2013(06):642—645.
③ 指标体系参考了陈强强等（2018）、孟志兴（2013）等相关文献；个别缺漏值如2018山西耕地面积数据使用 2013—2017 年平均值补充，2019 山西年恩格尔系数数据使用 2017 年与 2018 年平均值补充。

一级指标	二级指标	指标解释	单位	属性
农村社会经济发展	农村居民人均可支配收入	农村居民人均可支配收入（X10）	元/人	正向
	农业产值占GDP比重	农业总产值/地区生产总值（X11）	%	负向
	城镇化水平	城镇人口/总人口（X12）	%	正向
	农村居民恩格尔系数	农村居民恩格尔系数（X13）	%	负向
农业生态环境	森林覆盖率	森林面积/国土面积（X14）	%	正向
	农业成灾率	农业成灾面积/农业受灾总面积（X15）	%	负向

可以看出，2010年至2018年，山西省农业现代化水平不断提高，综合得分由0.0713增长到0.1775，年均增长率为12.08%。由于农民、企业和政府重视农业的现代化，农村经济、生态环境治理等方面取得了进步。

从农业生产投入看，2010年至2018年，农业生产投入水平综合得分从0.0505增长到0.0701，表明农业生产投入在增加。但是，水利设施建设、机械化生产等还需加强。2018年，有效灌溉率仅为37.42%，单位耕地面积农机总动力由6.91千瓦时/公顷下降为3.55千瓦时/公顷。

从农业产出来看，2010—2018年，农业产出平均增长率为5.79%，呈现出不断下降而后在2018年有所回升的态势。其中，土地生产率、单位耕地面积粮食产量小幅上升，对农业产出提高起到了推动作用。但耕地资源较少等原因导致农业产出水平不高且不稳定。

从农村社会经济发展情况看，2010年至2018年，农村社会经济发展势头良好，综合得分由0.0077提高到0.0746，2018年与2010年相比增长了834.65%。其中，农村居民人均可支配收入明显提高，2018年农村居民人均可支配收入11750元，是2010年的2.23倍，年均增长率为9.65%。农村居民恩格尔系数下降，表明农村居民的生活水平不断改善。

再从农业生态环境来看，2010年至2018年，森林覆盖率从14.12%

上升至 20.50%，表明农业生态环境得到了改善。但是，农业生态环境得分先上升、然后下降再有所回升的波动状态表明山西省还需加强生态环境建设。其中，造成波动的原因之一是农业成灾率较高，2018 年为70.65%，与最低的 2013 年相比提高了 34.36%。

表 1-12　山西省农业现代化水平得分[①]

年份	综合得分	一级指标			
		农业生产投入	农业产出水平	农村社会经济发展	农业生态环境
2010	0.0713	0.0505	0.0112	0.0077	0.0019
2011	0.0804	0.0430	0.0140	0.0188	0.0047
2012	0.1012	0.0448	0.0162	0.0254	0.0148
2013	0.1072	0.0460	0.0190	0.0234	0.0188
2014	0.1033	0.0414	0.0191	0.0257	0.0171
2015	0.1078	0.0467	0.0145	0.0311	0.0156
2016	0.1074	0.0353	0.0157	0.0390	0.0175
2017	0.1438	0.0437	0.0110	0.0728	0.0163
2018	0.1775	0.0701	0.0175	0.0746	0.0153

表 1-13　2010—2018 年山西省农业现代化发展相关指标

年份	有效灌溉率（%）	单位耕地面积农机总动力（千瓦时/公顷）	单位耕地面积化肥施用量（千克/公顷）	劳均耕地面积（公顷/万人）	单位耕地用电量（千瓦时/公顷）	第一产业劳动力占比（%）	农业产出增长率（%）	土地生产率（%）
2010	31.351	6.9120	271.568	6368.192	1997.36	37.855	0.2025	16460.73
2011	32.594	7.2021	281.879	6258.87	2130.599	37.345	0.1467	18874.16
2012	32.458	7.5196	291.030	6280.524	2336.301	36.148	0.1046	20850.75
2013	34.044	7.8373	297.952	6243.053	2456.635	35.278	0.0999	22948.35
2014	34.711	8.1004	294.835	6127.232	2393.022	35.553	0.0557	24255.33
2015	35.978	8.2578	292.083	6130.162	2385.720	35.553	-0.0147	23886.49
2016	36.660	4.2996	288.579	6050.832	2403.926	35.135	-0.0117	23617.50
2017	37.256	3.3930	276.112	6047.890	2447.159	35.038	-0.1004	21248.32
2018	37.424	3.5512	270.102	6303.633	2499.107	33.690	0.0383	22052.25

① 受篇幅所限，未展示详细计算过程，如有需要可联系作者索取。

续表

年份	单位耕地面积粮食产量（千克/公顷）	农村居民人均可支配收入（元/人）	农业产值占GDP比重（%）	城镇化水平（%）	农村居民恩格尔系数（%）	森林覆盖率（%）	农业成灾率（%）
2010	2669.911	5263	7.271	48.05	37.5	14.12	63.832
2011	2935.163	6225	6.827	49.68	37.71	14.12	53.675
2012	3134.942	7064	6.996	51.26	33.42	18.03	50.977
2013	3232.120	7950	7.360	52.56	33.00	18.03	36.291
2014	3280.386	8809	7.711	53.79	29.40	18.03	42.216
2015	3103.396	9454	7.594	55.03	29.00	18.03	47.996
2016	3250.139	10082	7.342	56.21	28.30	18.03	41.059
2017	3340.713	10788	5.550	57.34	27.40	18.03	45.124
2018	3401.600	11750	5.608	58.41	27.85	20.50	70.655

五、市场化改革较为滞后

市场化进程与全国其他地区相比较为落后，需要向纵深推进。根据王小鲁、樊纲等（2019）市场化进程得分计算，山西省市场化进程得分整体呈现先上升后下降而后逐年上升的趋势[1]。2016年市场化进程在全国排名22，与2008年相比上升了4位；2016年市场化总得分5.66，虽然比2015年提高了0.18，但比全国得分6.72低1.06。从表1-14可以看出，1997年至2007年，市场化进程总得分由3.34上升至6.23，整体不断上升并到达最高点。2008年大幅下降，市场化进程总得分为4.29。2009年进一步小幅下降至4.12后逐年上升，2016年市场化进程总得分为5.66，与2006年的市场化进程相近。与相邻四省区相比，从2016年市场化进程总得分来看，山西省在五省中排名第四，位于河南、陕西、河北之后，其中与河南省市场化进程得分差距最大，相差1.44，高于内蒙古自治区。显然，山西省需要进一步推进市场化进程，激发市场活力。

---

[1] 该指数只测算到2016年，近几年的情况可能有所变化。

表 1-14　1997—2016 年五省市场化进程总得分[①]

年份	山西	内蒙古	河南	河北	陕西
1997	3.34	2.55	4.82	4.98	3.03
1998	3.61	2.93	5.09	5.21	3.45
1999	3.32	3.41	4.05	4.66	2.94
2000	3.39	3.59	4.24	4.81	3.41
2001	3.40	3.53	4.14	4.93	3.37
2002	3.93	4.00	4.30	5.29	3.90
2003	4.63	4.39	4.89	5.59	4.11
2004	5.13	5.12	5.64	6.05	4.46
2005	5.28	5.74	6.73	6.61	4.81
2006	5.84	6.28	7.07	6.93	5.11
2007	6.23	6.40	7.42	7.11	5.36
2008	4.29	4.66	5.89	5.50	4.33
2009	4.12	4.74	5.99	5.64	4.25
2010	4.51	4.46	6.08	4.98	3.92
2011	4.59	4.53	6.19	5.18	4.31
2012	4.79	5.19	6.34	5.44	5.11
2013	4.97	5.19	6.51	5.61	5.62
2014	5.15	4.96	6.85	6.03	6.29
2015	5.48	4.84	7.05	6.32	6.21
2016	5.66	4.80	7.10	6.42	6.57

数据来源：万得数据库。

　　为了有效发挥市场的配置资源功能与有为政府的作用，需要进一步理顺政府与市场的关系。从政府与市场关系得分指数来看，2016年山西省政府与市场关系得分为 5.07，全国排名 22，比 2008 年上升了 5 位，但在全国排名仍比较落后。山西省与周边省区相比得分也较低，低于河南省、河北省，排名第三，分别比河南省、河北省低 2.16、1.92。就公共财政支出占 GDP 比重而言，2019 年山西省、全国该比重分别为 27.67%、24.11%，一定程度上也反映出山西省政府对市场

① 数据来源为万得数据库；王小鲁，樊纲等．中国分省份市场化指数报告 [M]．经济科学文献出版社，2019 年。表 1-15、1-16 同。

影响程度高于全国水平。这表明，山西省仍然需要协调政府与市场的关系。

表 1-15 1997—2016 年五省政府与市场关系得分

年份	山西	内蒙古	河北	河南	陕西
1997	4.12	2.36	8.01	7.14	3.4
1998	4.13	2.13	7.53	7.71	4.66
1999	4.48	3.39	6.83	5.32	5.18
2000	4.31	3.28	6.97	5.4	5.16
2001	4.42	4.02	6.36	5.23	5.79
2002	5	5.13	7.02	6.04	6.42
2003	5.85	5.49	7.52	6.91	6.9
2004	6.68	6.28	8.53	7.94	7.68
2005	7	6.86	8.69	8.57	7.67
2006	6.85	6.79	8.7	8.28	7.25
2007	6.96	7.01	8.69	8.54	7.13
2008	5.13	5.5	6.92	7.56	5.4
2009	4.65	5.36	6.79	7.39	5.12
2010	4.91	4.91	6.4	7.04	4.92
2011	4.71	4.73	6.25	6.97	4.82
2012	4.81	4.01	5.33	5.81	4.86
2013	4.7	3.91	5.28	5.75	4.72
2014	4.77	3.65	6.17	6.84	4.83
2015	-	-	-	-	-
2016	5.07	3.89	6.99	7.23	4.68

数据来源：万得数据库。

从反映市场活力的非国有经济的发展得分来看，2016 年山西省得分为 6.5，全国排名 23，与 2008 年相比提升了 1 名。1997 年至 2007 年，山西省得分由 2.37 上升至 6.39，民营经济得到快速发展；但 2008 年和 2009 年分别下降至 3.20、2.76，此后至 2016 年得分有所上升。与周边省份相比，2016 年山西省非国有经济发展得分仅仅高于陕西省，与河南省差距最大，其次是河北省和内蒙古自治区。与河南省、河北省、内蒙古自治区得分差距分别为 3.38、2.30

和 0.15。另外从就业来看，山西省 2018 年城镇就业人员为 1017.8 万人，城镇非私营单位就业人员为 425.82 万人，占城镇就业人员比重为 41.84%，非私营单位就业人员比重仍然相对较高。2018 山西省民营经济增加值为 8149.97 亿元，占 GDP 比重 48.5%[①]，对经济总量的贡献不到 50%，与东南沿海地区相比民营经济发展相对落后，还存在很大发展空间。总的来看，需要持续加大对非国有经济的支持力度，增强非国有经济对经济发展的贡献。

表 1-16　1997—2016 年五省非国有经济发展得分

年份	山西	内蒙古	河南	河北	陕西
1997	2.37	2.57	4.76	4.67	2.31
1998	3.03	3.56	5.11	5.11	2.56
1999	2.08	2.57	3.96	4.06	2.14
2000	2.21	2.87	4.22	4.41	2.33
2001	1.55	3.43	4.46	4.79	1.65
2002	3.10	3.86	5.16	5.78	2.84
2003	4.98	4.61	6.06	6.28	3.22
2004	5.39	5.00	7.11	6.74	2.99
2005	4.91	5.74	8.17	7.68	3.37
2006	5.56	7.16	9.05	8.59	4.01
2007	6.39	7.44	9.81	9.25	4.39
2008	3.20	4.96	6.58	6.15	2.18
2009	2.76	5.23	7.19	6.86	1.92
2010	3.43	5.5	7.46	6.20	2.1
2011	3.90	5.99	7.95	7.13	3.42
2012	4.23	6.27	8.24	7.45	3.51
2013	4.99	6.70	8.91	8.21	4.73
2014	5.31	6.90	9.37	8.26	5.00
2015	-	-	-	-	-
2016	6.50	6.65	9.88	8.80	5.59

数据来源：万得数据库。

---

① 山西统计局 .http://tjj.shanxi.gov.cn/tjjsj/sxtj/jrgz/201908/t20190830_102893.html.

第三节　农村扶贫战略转型

经过政府、帮扶干部群众和社会各界的持续共同努力，山西省脱贫攻坚工作取得了全面胜利。截至 2020 年底，58 个贫困县全部脱贫摘帽，7993 个贫困村全部出列，贫困人口全部脱贫。贫困地区农民人均可支配收入稳步提高，从 2012 年的 3967 元增长到 10352 元。脱贫群众教育、医疗和社会保障水平显著提高，脱贫地区路、水、电、通讯网络等基础设施明显改善。吕梁山和燕山—太行山两个连片特困区的贫困得到了解决。农民生产生活条件发生了明显变化。但是，消除农村绝对贫困并不意味着贫困的消失。现阶段城乡收入差距的扩大表明农民的收入相对于城市较低，因而存在相对贫困问题。部分农民的收入相对于其他农民还较低，特别是对于刚刚摆脱绝对贫困的农民而言，有的收入还不高，也处于相对贫困状态。党的十九届四中全会指出："坚决打赢脱贫攻坚战，建立解决相对贫困的长效机制。"从山西省农村发展不平衡、不充分的现状出发，在脱贫攻坚转向乡村振兴战略过程中，既要在 5 年的过渡期内做好脱贫成果巩固工作，同时要通过协调优化扶贫制度、政策，将反贫困重点逐步转向解决农村相对贫困问题。

一、实现乡村振兴是实现共同富裕的战略选择

作为中部省份之一，山西省整体上与东部地区的发展差距还比较大，而且省内城乡差距、不同农民群体的收入差距都还不小。为了与其他地区一起实现共同富裕，需要继续推动工业化和新型城镇化，引导农民省内外转移就业和市民化，同时支持农村实现"产业兴旺"，提高农民的收入，不断缩小收入差距。

首先，不断扩大的城乡差距表明相对贫困问题的重点依然在农村。

在市场经济条件下，相对贫困主要表现为发展中不同群体的收入和财富差异。由此来看，城市和农村居民只要存在收入差异就会出现相对贫困问题。但是，在城镇化未完成的现阶段，城乡差异以及长期实施的城乡户籍制度造成城乡相对贫困具有复杂多样的特点，不仅农村绝对贫困、相对贫困问题与城市相比更为突出，而且随着部分农民进入城市与城市贫困问题交织在一起，造成了所谓流动性和转型性贫困。就山西省来看，伴随着区域经济的不断发展，第一、二、三产业的产值结构由 2010 年的 9.7：46.5：43.8 演变为 2019 年的 4.8：43.8：51.4，第一产业比重持续下降，然而，同期就业结构由 47.6：25.4：27 发展到 35：20.8：44.1。也就是说，到了 2019 年，产值结构与就业结构的发展还不够均衡，第一产业就业人口占比较大，也高于全国第一产业就业占比 25.1 的水平。由于山西省大部分农业区域地处黄土高原，干旱少雨，农地分散，农户经营规模较小，农作的规模经济效应不够大，农产品深加工发育缓慢，加上自然灾害频发，农户特别是专业农户的收入相对于城市从事工业和服务业的居民较低。这直接反映在城乡居民的收入差异上。2010 年到 2019 年，城镇居民人均可支配收入由 15510 元增长到 33262 元，农村居民人均可支配收入由 5263 元增长到 12902 元。尽管农村居民收入增幅较大，但是与城镇居民收入的绝对差距依然达到 2.58 倍，说明农村居民作为一个整体比城镇居民贫穷[①]。此外，农村居民享受的教育、医疗、社会保障等公共服务以及路、水、电、网等基础设施都还未能实现与城市居民均等化。因此，2020 年后山西省解决相对贫困问题的重点依然在农村。

其次，农村内部不同收入群体的发展差距决定了部分农民相对贫困问题更加突出。改革开放以来，与其他中西部地区相似，受东南沿

---

① 汪晨，万广华，吴万宗．中国减贫战略转型及其面临的挑战 [J]．中国工业经济，2020(01):5—23.

海地区工业、服务业高收入所吸引，大批农民特别是青壮年农民离开了农村到外地就业谋生，这部分人收入往往较高。部分年富力强或者家有老人、孩子需要照管无法远离农村，因而选择就近就业同时农忙时节兼顾农作的"离土不离乡"的农民收入也相对较高。一些从事农业种植、畜牧养殖、农产品加工和销售的经营大户或者农民企业家收入也不低。但是不容忽视的是，农村仍然存在一部分从事种养殖的小规模农户，这部分农户的收入往往较低。不仅如此，部分中老年外出务工者因为年龄、疾病等原因往往回到其保障之地——农村，这部分主要靠积蓄养老的人口，收入也将逐渐下降①。由此造成不同农民群体的收入存在差距。2019 年，按照人均可支配收入分组的低收入户人均可支配收入将近 5000 元，同期高收入组人均可支配收入达到 25000 元以上，相差达 5 倍。从包括城镇居民在内的所有居民来看，农村低收入农户也构成全社会收入最低的群体，因而相对贫困问题仍然最为突出。

表 1-17　2014—2019 年山西省农村居民五等份家庭人均可支配收入

（单位：元）

人均可支配收入	2014 年	2015 年	2016 年	2017 年	2018 年	2019 年
低收入户（20%）	2719.1	3085.52	3353.85	3873.43	4383.36	4985.62
中低收入户（20%）	5852.35	6397.13	6880.81	7464.63	8190.61	9167.61
中等收入户（20%）	7950.91	8689.81	9258.22	9982.92	10844.56	11894.58
中高收入户（20%）	10715.18	11451.95	12129.29	12896.64	14019.04	15298.83
高收入户（20%）	18490.4	19271.29	20490.88	21735.73	23617.95	25396.85

数据来源：《山西统计年鉴（2014—2020 年）》。

不仅如此，受地理位置、气候、基础设施等因素的影响，省域不同地区农村的经济发展水平和农民收入也存在较大差异。例如，与我们所调研的晋东南部一些贫困农村相比，在吕梁山和燕山—太行山两个深度贫困区，由于土地相对贫瘠、多为沟壑、水资源缺乏且灌溉难

---

① 贺雪峰. 关于实施乡村振兴战略的几个问题 [J]. 南京农业大学学报（社会科学版），2018(03):19—26.

度大，农民生产活动常常受到自然灾害的威胁，农民收入相对较低而且稳定性差。这两个区域贫困人口一度占全省贫困人口的比重也较大。虽然通过帮扶他们现在摆脱了绝对贫困，但是区域性收入差异必然造成他们与其他区域农民的收入差距一定时间内还会存在，甚至还可能扩大。不同农民群体的收入差异与农村发展的区域不平衡相叠加，表明农民的相对贫困问题更为严峻。

再次，农村老年人、儿童、妇女等特殊群体的多维贫困问题日益突出。已有研究表明，没有劳动能力的儿童与丧失劳动能力的老人由于无法获取收入而往往会陷于贫困，年龄与贫困率存在倒 U 型关系①。伴随着中国社会步入老龄化，山西省也不例外，而且与城镇相比，农村老龄化程度更深。2014—2019 年，山西省城镇与农村老龄化程度逐年加深，分别由 12.04% 与 15.39% 提高至 18.35% 与 24.31%。同期，农村平均老龄化增速11.96%，而城镇为8.86%，相差3.1个百分点②。一些村子空心化、老龄化、高龄化严重，在农忙和外出就业旺季，几乎看不到一个青壮年，只有老人和儿童。这些老年人年老体弱，容易发生各种疾病，因此贫困问题较为突出。留守妇女、儿童也是农村最脆弱的群体，更容易遭受到营养、教育、心理等多维贫困问题。此外，部分残障人士、"懒汉"等一旦失去或者削弱民政和社会救助等兜底保障措施，收入将急剧下降，可能再次陷于绝对贫困。

二、巩固拓展脱贫成果与乡村振兴战略相衔接的总体思路

消除绝对贫困旨在"克服因缺乏食物、住所、健康和保护而带给

---

① 李实，李玉青，李庆海.从绝对贫困到相对贫困：中国农村贫困的动态演化 [J].华南师范大学学报（社会科学版），2020(06):30—42.
② 详见本书第三章。

人的无望和悲惨。"①相对贫困更多表现为发展中不同群体的收入和财富差距问题。在我国经济社会发展的现阶段，相对贫困也表现出明显的区域性、群体性差异特征，还表现在城乡居民之间享受的教育、医疗、基础设施、机会等方面的不平等。鉴于此，在5年的过渡期内，要确保脱贫攻坚成果的稳定性，防止农民陷于绝对贫困的境地，同时通过乡村振兴战略的实施，实现城乡居民享受的基础设施和公共服务均等化，逐步消除城乡二元结构，建立起解决相对贫困问题的长效机制。

　　一方面，合理界定相对贫困标准以解决贫困识别问题。关于相对贫困标准的设定存在诸多争议。有的学者认为应该沿用以绝对收入为基础的贫困标准，因为这样可以确保贫困标准的延续性，容易与世界银行规定的标准比对，也有助于降低持续扶贫的财政负担。汪晨和万广华等的研究表明，如果采用收入中位数的60%作为基准相对贫困线，无论包括山西省在内的全国、城镇还是农村的贫困发生率从1978年到2017年都是上升的，由此将大大加重政府的财政负担②。有的学者主张采用收入中位数的40%作为相对贫困标准，因为该标准接近国家绝对收入标准，邢成举和李小云据此测算的2016年对应值是4121元③。孙久文和夏玙则主张分区域、分阶段分别设定贫困标准，东南沿海可以先确定相对贫困线，非沿海地区依然实施绝对贫困线，然后逐步调整，到2035年后，并轨为统一的相对贫困线。综合上述研究来看，由于中国城乡差异、区域差异较大，即使设置统一的国家级贫困线，各

①[美]迈克尔P.托达，斯蒂芬C.史密斯.发展经济学（第11版）[M].聂巧平等译，机械工业出版社，2017:14.
②汪晨，万广华，吴万宗.中国减贫战略转型及其面临的挑战[J].中国工业经济，2020(01):5—23.
③邢成举，李小云.相对贫困与新时代贫困治理机制的构建[J].改革，2019(12):16—25.

地区还需要根据实际做出适当调整，以保证政策的地域适应性①。事实上，采取绝对还是相对贫困线在一定程度上跟有待解决的贫困问题密切相关。由于 2020 年前脱贫攻坚的目标在于解决农民的绝对贫困问题，因此采纳了操作性较强的绝对贫困标准，据此对中西部落后区域、贫困县乡村到户采取了多种政策措施，使其摆脱了绝对贫困。与之不同，相对贫困主要表现为不同群体的收入差异，反映了收入分配的不平等状况。在低收入群体不至于重新陷于绝对贫困的前提下，贫困线将主要为政府采取的税收调节、转移支付等再分配政策提供依据。换言之，在确保制定贫困标准的科学性、能够有效反映中国贫困动态的基础上，可操作性和目标指向性是需要考量的两个重要因素。作为中部地区省份之一，经过脱贫攻坚努力，山西省的农村贫困程度与西部一些省区相比，已经大大缓解，但是由于前述问题的存在，至少在过渡期采取绝对贫困标准是较为现实的。当然，可以设定时间期限，每隔一段时间进行动态上调，直至与收入中位数百分比确定的相对贫困线合二为一。

另一方面，实现过渡期巩固拓展脱贫成果与乡村振兴战略的有效衔接。在 5 年过渡期内，按照现行标准对脱贫不稳定户、边缘易致贫户以及因病因灾因意外事故等导致基本生活严重困难户实施动态监测，保持扶贫政策总体稳定，防止返贫和新增贫困。目前省内一些地方刚扶植起来的产业幼稚且脆弱，一些地方产业雷同度较高，能否经受市场的竞争还有待考验，所以产业帮扶政策还需要持续一定的时间。针对老龄人口、儿童、妇女、残疾人等农村脆弱群体，需要推进农村医疗健康、社会兜底保障政策，将这部分人的基本生活兜起来。与此同时，逐步调整扶贫政策，重点由扶贫转向防贫和缓解相对贫困。从

---

① 孙久文，夏添. 中国扶贫战略与 2020 年后相对贫困线划定——基于理论、政策和数据的分析 [J]. 中国农村经济，2019(10):98—113.

山西省农村实际来看，加强对农民的职业技术培训，提高转移务工就业能力是缩小城乡居民收入差异的主要途径之一。需要推进工业化和新型城镇化进程，消除市、县户籍限制，让更多的农民进城和转变为市民。同时要继续通过区域开发等倾斜式政策解决省域内区域发展不均衡、不充分的矛盾。这事实上意味着政府要深化市场化改革，正确处理短期扶贫和长期发展的关系，转向发挥市场配置资源的主导性功能，促进生产要素在城乡间、产业间、区域间合理流动来推动经济增长，政府则主要运用宏观经济政策予以合理引导。改革开放以来的实践表明，只有市场化改革与普惠性经济增长才能带动农村居民收入提高，才可能调节和缩小城乡居民的收入差距。在整体上推动经济增长的同时，重点推进乡村振兴战略的实施，深化农村土地改革，盘活农村资产存量，提高农村基础设施和社会化服务水平，在发展山西特色的有机旱作、功能农业等过程中，尊重农民的主体地位，引导农民逐步建立起规模化、集约化、绿色化、工业化和社会化为特征的新型农业生产方式[①]，实现特色农业产业化，提高农民收入及其可持续性。针对造成城乡居民相对贫困差异的重要制约因素——城乡居民享受的教育、医疗、社会保障等公共服务不均等问题，要加大农村地区包括学前教育在内的教育投入，不断提高农村地区师资待遇和教育水平。在加强监管和力所能及的条件下进一步提升农村基本医疗报销比例，完善跨省级医保衔接与结算制度，做好农村居民的医疗卫生工作。统一低保标准和农村低收入人口标准，整合扶贫、民政等不同部门的职能，实现农村兜底保障政策的透明化、动态化和长期化。在此基础上，逐步打破城乡二元扶贫体制，创造条件建立城乡统筹的、缓解相对贫困的制度和政策体系。

---

① 魏后凯 .2020 年后中国减贫的新战略 [J]. 中州学刊，2018(9):36—42。

第二章 巩固脱贫攻坚成果：
任重而道远

　　截至 2020 年底，山西省 7993 个贫困村全部退出，58 个贫困县全部脱贫摘帽，329 万贫困人口全部脱贫。由此农村绝对贫困问题得到解决。农民收入和生活水平不断提高，贫困地区生产和生活条件得到了有效改善。尽管如此，由于脱贫地区产业基础不够稳固，部分已脱贫农户收入还不稳定。特别是两个集中连片特困区自然条件差，一些农户家里或者缺乏劳动力、或者有重病和慢性病患者，面临的生活和生产困难较为突出。一些已脱贫农户和边缘易致贫农户存在返贫和陷于贫困的风险。面对这些问题，需要做好巩固脱贫攻坚成果工作，同时与乡村振兴战略的实施有效衔接起来。

　　按照 2020 年召开的中央农村工作会议的战略部署，对摆脱贫困的县，从脱贫之日起设立 5 年过渡期，保持帮扶政策总体稳定，逐步实现由脱贫攻坚向乡村振兴过渡。具体而言，要建立健全防返贫和新增贫困预警机制，确保脱贫成果巩固，同时防患于未然，实现解决农村绝对贫困与相对贫困问题的有机结合。统筹易地扶贫搬迁、再就业培训和新型城镇化，将增强农民就业能力和市民化结合起来。统筹消费帮扶和有效解决农产品的需求，引导脱贫地区产业发展，实现农民增收和产业兴旺的目标。

第一节　巩固脱贫成果的有利形势

2012 年至 2019 年，山西省贫困人口累计减少 356.9 万人，贫困发生率下降超过 14.9 个百分点。农村居民人均可支配收入伴随着脱贫攻坚而不断提高。2014 年至 2019 年，农村居民人均可支配收入从 8809.44 元提高到 12902 元，提升幅度达到 46.46%，增速从 7.32% 提高至 7.56%，快于同期城镇居民人均可支配收入增速。其中，2018 年和 2019 年，与城镇居民人均可支配收入相对差额略有下降。也就是说，在精准帮扶政策支持下，农村绝大部分贫困人口基本上解决了温饱问题，贫困家庭孩子不再因贫困而上不起学、不会因为上学费用高昂而导致贫困，也不再担心因为难以医治的大病和慢性病而陷于贫困，居住条件因危房改造政策得到了明显改善。到 2019 年年底，全省还有 2.16 万未脱贫人口需要继续帮扶。由于一定时期内脱贫不脱政策，精准扶贫形成的帮扶措施将保持一定的持续性并逐步制度化，巩固脱贫成果的组织体系和制度基础将越来越牢固，也有助于与乡村振兴战略衔接起来。

表 2-1　2014—2019 年山西省经济和人民生活水平变动情况

年份	GDP（亿元）	人均 GDP（元）	农村居民人均可支配收入（元）	城镇居民人均可支配收入（元）	农业总产值（亿元）	乡村个体就业人数（万人）	乡村私营企业就业人数（万人）
2014	12761.49	35070.00	8809.44	24069.43	984.00	116.58	104.92
2015	12766.49	34918.71	9453.91	25827.72	969.50	122.26	102.78
2016	12966.20	35532.00	10082.45	27352.33	958.11	119.27	111.03
2017	15528.42	42060.00	10787.51	29131.81	861.90	107.03	128.29
2018	16818.11	45328.00	11750.01	31034.80	894.90	106.77	142.48
2019	17026.68	45724.00	12902.00	33262.00	-	-	-

数据来源：《中国统计年鉴（2015—2020 年）》《山西统计年鉴（2015—2020 年）》。

一、贫困人口大幅减少

按照现行国家扶贫标准测算，2019年底山西省农村剩余贫困人口2.16万人，贫困人口规模占全国的0.38%。与周边省份相比，2010年至2018年，山西省贫困发生率低于陕西省，但高于内蒙古自治区、河南省和河北省三个省区。从农村贫困人口绝对数看，山西省农村贫困人口低于河南省和陕西省，与河北省接近，高于内蒙古自治区。换言之，相对于原来庞大的贫困人口而言，现在少部分贫困人口尽管属于贫困中的贫困者，但是毕竟只剩下少数人，因而可以通过综合施策最终达到让他们摆脱绝对贫困的目标。

表2-2　2010—2019山西省及全国农村贫困人口变动情况

年份	山西省		全国		山西省贫困人口占比 (%)
	农村贫困人口（万人）	贫困发生率 (%)	农村贫困人口（万人）	贫困发生率	
2010	574	24.10	16567	17.20	8.74
2011	444	18.60	12238	12.70	3.63
2012	359	15.00	9899	10.20	3.63
2013	299	12.40	8249	8.50	3.62
2014	269	11.10	7017	7.20	3.83
2015	223	9.20	5575	5.70	4.00
2016	186	7.70	4335	4.50	4.29
2017	133	5.50	3046	3.10	4.37
2018	74	3.0	1660	1.70	4.46
2019	2.1	<0.1	551	0.60	0.38

数据来源：《中国农村贫困监测报告2019》，2019年数据来源于国家统计局。

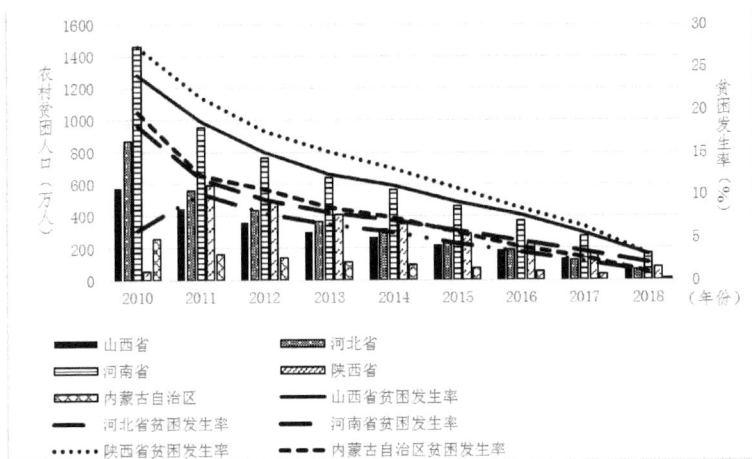

图 2-1　2010—2018 年五省农村贫困人口及贫困发生率情况

数据来源：《中国农村贫困监测报告 2019》。

二、帮扶政策力度不减

习近平总书记 2020 年在出席决战决胜脱贫攻坚座谈会上指出，脱贫摘帽不是终点，而是新生活、新奋斗的起点。山西省落实摘帽不摘责任、摘帽不摘帮扶、摘帽不摘政策、摘帽不摘监管"四个不摘"要求，保证过渡期内政策的稳定实施，将脱贫攻坚、全面小康、乡村振兴衔接起来，巩固来之不易的脱贫成果。

第一，教育帮扶政策力度不减。贫困地区的适龄学生接受良好的教育，是斩断穷根的策略之一。不断完善学前教育到高等教育全覆盖的资助体系，加大资助力度，确保所有孩子上学有保障。健全和完善贫困地区教育基础设施，增加教育资源投入，为农村教育提供基本保障。优化农村师资力量，实施国家"特岗计划"，让更多的人才到贫困县乡村学校任教。立足于长远考虑，利用 10 所大学① 高校教育、信息、

---

① 指山西大学、太原理工大学、中北大学、太原科技大学、山西师范大学、山西财经大学、山西医科大学、山西农业大学、山西大同大学、山西中医药大学。

技术和文化等方面的优势，对口帮扶 10 个深度贫困县，充实贫困地区的教育资源。落实贫困地区专项招生计划，为学习优良、积极上进的农村学生提供一座通往外界的桥梁。

第二，健康帮扶力度不减。继续实施"双签约""三保险三救助""县乡医疗卫生机构一体化改革"等医疗政策。"双签约"即扶贫干部和家庭医生与签约，解决贫困群众就医、报销问题；"三保险"即基本医疗保险、大病保险、补充医疗保险，保证农村建档立卡贫困户住院时实际报销比例达到 90% 以上。"三救助"即对建档立卡贫困户个人缴费进行补助、给予一次性大病补贴，对持证残疾人免费配置需要的辅助器具。通过这些政策，解决农民看不起病的问题，减轻贫困群众的医疗负担。深入推进"县乡医疗卫生机构一体化改革"，整合县域医疗资源，对行政、人员、财务、业务、绩效、药械统一管理，提高贫困地区医疗水平。将优秀医疗资源通过各种渠道引入到县级医院，鼓励三级医院对县级医院进行点对点帮扶，提高贫困地区县级医院救治能力。

第三，生态帮扶方面，继续实施造林绿化务工、退耕还林奖补、森林管护就业、经济林提质增效、特色林产业综合增收等项目。实施"合作社＋贫困户、政府购买式造林"的生态治理模式，让贫困户组成专业合作社，参与绿化造林，政府对其劳动成果验收后给予相应劳动报酬。设置森林管护岗位，让有劳动能力和就业意愿的贫困户参与森林管护，获得护林员收入，既解决贫困户就业问题，提升贫困户收入，也扩大了绿化面积，实现扶贫与生态治理"双赢"。截至 2019 年底，山西省森林覆盖率达到 23.18%，森林总面积上升至 5450.93 万亩，较 2015年 20.5% 上升 2.68%[①]，生态扶贫成为山西省实施脱贫攻坚、乡村振兴的重要策略之一。

---

① 新华网.山西不懈造林森林覆盖率提高至 23.18%[EB/OL].(2020-12-06)[2020-12-24].http://www.xinhuanet.com/local/2020-12/06/c_1126826988.htm

第四，继续实施易地扶贫搬迁政策。确保帮扶体系不变，后续各类扶持政策持续推进。省政府安排31.97亿元政府债，用于易地扶贫搬迁后续扶持政策①。未来将在1122个集中安置点开展特色帮扶，发展特色产业，继续支持扶贫车间，提高搬迁贫困户就业率和收入。同时综合运用多种政策，减少易地扶贫搬迁后农村耕地撂荒现象，创新农业耕作模式，提升农业机械化水平，提高农业生产效益。鼓励搬迁群众流转土地，促进农田规模经营和经济效率提升。

三、组织队伍不散

一方面，继续坚持五级书记抓帮扶。落实党政一把手负总责的责任制，促进脱贫攻坚与乡村振兴的有效衔接。山西省负总责，省委、省政府结合实际情况和党中央国务院相关规划、方针制定相应的政策措施，确保工作层层落到实处，省委、省政府定期向中央汇报工作进展。市县抓落实，市级党委政府担负本区域主体责任，把政策落实到实际中，促使政策结合具体实际情况落地生根，市委市政府定期向省委、省政府汇报相关情况。县委县政府负责制定规划，优化要素配置，资金使用、扶贫人力分配和调度由县政府统一协调安排，县委县政府定期向市委、市政府汇报相关情况。乡镇做好人、财、物统筹保障和帮扶项目申报、实施等工作，乡镇党委和政府定期向县委、县政府汇报帮扶相关情况。村精准识别贫困户、边缘户，并开展精准帮扶，确保评定的贫困户合规并承担责任。设置各级干部绩效考核机制，将帮扶工作作为评估干部工作的重要标准。省、市、县、乡、村分工明确、相互协调、相互配合，进一步助推脱贫巩固工作②。

---

① 国务院扶贫开发领导办公室. 山西认真学习贯彻习近平总书记视察山西重要指示精神 [EB/OL].(2020-05-26)[2020-12-24].http://www.cpad.gov.cn/art/2020/5/26/art_5_124341.html.
② 山西省扶贫办. 脱贫攻坚责任制实施办法 [EB/OL].(2018-09-26)[2020-12-24].https://fpb.shanxi.gov.cn/sx/details/75989.

　　另一方面，社会力量扶贫不间断。在政府引导下，社会扶贫把企业、社会组织、个人等的爱心汇集起来，凝聚成社会合力，为脱贫攻坚做出贡献。截至 2020 年 6 月底，全国有 10.95 万家民营企业参与"万企帮万村"扶贫行动，累计投资达到 527 亿元，捐款达到 152.16 亿元，安置就业 79.9 万人，技能培训 116.33 万人，使 12.71 万个村、1564 万建档立卡贫困群众从中受惠①。在巩固拓展脱贫成果过程中，山西省吕梁泰化集团、红马甲集团股份有限公司、山西合创农业科技有限公司等民营企业将继续发挥先锋模范作用，引领省内外企业、社会组织、个人继续参与到社会扶贫事业当中。

第二节　巩固脱贫成果面临的挑战

一、贫困地区产业基础相对薄弱，农民收入不稳定

　　由于自然条件限制和分散小规模经营方式短期内难以改变，合作社、企业与农户的协作关系有待规范，农业产业化还需要一个较长的过程才能形成。一些贫困地区的产业在"一县一业"、"一村一品"等政策支持下虽然初步发展起来，但是相邻县、乡、镇的产业彼此缺乏深度的分工协作，尚未发挥出区域规模经济效益。产业抗市场风险能力还有待时间的检验。对于主要从事农业经营的农户而言，收入相对较低，容易因为市场冲击和自然灾害扰动而变得不稳定。如表 2-3 所示，山西省贫困地区农村收入水平低于全国贫困地区平均水平。与周边省区相比，在五省中最低，差距最大和最小的两个省份是河南省、陕西省，分别相差

---

① 中华全国工商业联合会."万企帮万村"精准扶贫成果展 [EB/OL].(2020-09-12)
[2020-12-24].http://www.acfic.org.cn/zt_home/wqbwccgz2020/index.html.

3611 元、2017 元。从收入构成来看，山西省农村居民转移净收入占比为 31.47%，高于全国水平 5.25 个百分点；除低于河南省外，高于其他 3 省，表明山西省贫困地区农村居民较为依赖转移性收入；工资性收入占比为 38.25%，低于河北省与陕西省；经营净收入占比中，山西省为 29.08%，低于全国 8.41 个百分点，并且低于除河北省外的其他省区。

表 2-3　2018 年贫困地区收入情况比较

贫困地区农村	人均可支配收入		收入构成（元）			
	收入水平（元）	名义增速（%）	工资性收入	经营净收入	财产净收入	转移净收入
全国	10371	10.6	3627	3888	137	2719
山西省	8250	12.6	3156	2399	98	2596
河北省	10393	11.4	5140	2759	161	2332
河南省	11911	10.4	3676	4179	137	3919
陕西省	10267	10.4	4472	3079	144	2572
内蒙古	10965	11.3	2095	5773	226	2871

数据来源：《中国统计年鉴 2019》。

此外，脱贫攻坚虽然推动了集体经济发展，但是，整体上看，一些贫困村的集体经济规模偏小，有个别村集体经济刚刚破零。不仅如此，村集体经济增收渠道显得较为单一，主要依靠光伏发电分红和少量的集体资产出租收入。薄弱的集体经济难以发挥引导农户增收的功能，一旦发生较大的变故，依靠集体经济脱贫的人群很有可能返贫，集体经济薄弱也制约着集体、合作社等在巩固脱贫过程中的组织性、支撑性功能。

二、未脱贫人口脱贫有一定难度，
脱贫脆弱户和边缘户仍需关注

在剩余未脱贫 2.16 万贫困人口中，因病致贫的占总贫困人口的一半，因残致贫和因缺各种生产资料致贫的几乎占到总贫困人口的 30%。而且多为老年人，属于弱劳动力或者无劳动能力的人口。有调查表明，在一些行政村，家有老年人的户占到调研户的 60% 以上。一个村子一位近

60 岁的老人开玩笑说，他的年龄已经是村子里的年轻人。这些老年贫困人口往往患有长期慢性病或者重大疾病。显然，依靠留守在农村的老龄化、弱劳动力或者无劳动能力的群体推进脱贫巩固工作有很大的难度。

2014 年至 2018 年，山西省乡村常住人口下降了 139.18 万人，乡村常住人口占比由 46.21% 下降至 41.59%，表明青壮年一直在外流。青壮年劳动力流出造成农业生产发展后劲不足，如某县 19 个大棚因缺劳力缺技术而闲置。这无疑构成巩固脱贫成果的重要人才制约。

表 2-4   2014—2018 年山西省乡村人口

年份	常住人口（人）	乡村常住人口（人）	乡村常住人口占比（%）
2014	36479600	16856442	46.21
2015	36641200	16477546	44.97
2016	36820000	16120084	43.78
2017	37023500	15794300	42.66
2018	37183434	15464611	41.59

数据来源：《中国统计年鉴（2015—2019 年）》、《山西省统计年鉴（2015—2019 年）》。

除了这部分未脱贫户外，部分已脱贫户和边缘户人均收入相对较低，有的刚刚超过 5000 元。到 2018 年，在 2/3 的脱贫县中，年人均收入高于贫困线但未超过 4000 元的农户超过了 10%，而年人均收入低于贫困线的极个别农户仍存在。2019 年以来，山西省摸排出 12.4 万[①]脱贫不稳户、边缘易致贫户，这些脱贫不稳定户、边缘易致贫户虽然实现了"两不愁、三保障"，但是收入还不够高，遇到疾病、自然灾害等的冲击，抵抗风险的能力较低，存在一定的返贫风险。另一方面，部分已脱贫户的收入结构中，转移性收入占比较大。一旦转移性收入减少，也可能返贫。此外，部分留守妇女和儿童等特殊群体，可能面临着健康、营养、教育等多维贫困，构成巩固脱贫成果需要重点关注的对象。

① 山西省扶贫开发办公室. 山西省多举措巩固脱贫成果防止返贫致贫 [EB/OL].(2020-04-21)[2020-12-24].http://fpb.shanxi.gov.cn/sx/details/75928.

三、深度贫困区脱贫成果较为脆弱

在全国 14 个集中连片特困地区中，山西省涉及吕梁山片区、燕山—太行山片区 2 个，分别包含 3 市 13 县、2 市 8 县。全省 10 个深度贫困县中位于吕梁山区与燕山—太行山区的有 8 个。根据《中国农村贫困监测报告 2019》，吕梁山区与燕山—太行山区 2018 年农村贫困人口分别为 16 万人、40 万人，贫困发生率为 4.6%、4.5%。这两个贫困片区的贫困发生率、未脱贫人口均高于省内其他区县。到 2019 年底，10 个深度贫困县贫困发生率下降为 0.45%，剩余贫困人口 7583 人，占全省剩余未脱贫人口的 36.11%，贫困发生率比省贫困发生率高 0.35% 以上。

表 2-5　吕梁山区与燕山—太行山区山西省涵盖区域 [①]

地区	市	县
吕梁山区	忻州市	静乐县、神池县、五寨县、岢岚县
	吕梁市	兴县、临县、石楼县、岚县
	临汾市	吉县、大宁县、隰县、永和县、汾西县
燕山-太行山区	大同市	阳高县、天镇县、广灵县、灵丘县、浑源县、云州区
	忻州市	五台县、繁峙县

两个连片特困区自然条件较为恶劣。黄土冲沟和丘陵相间分布，土地贫瘠，水土流失严重，生态环境脆弱。部分县域地形被梁峁丘陵及残塬覆盖，并且塬面面积不断缩小，塬面下方多是陡立的冲刷沟壁。气候类型属于温带大陆性季风气候，水资源严重缺乏，农民生产活动常常面临自然灾害威胁，不仅收入相对低而且稳定性差。2018 年，燕山—太行山区、吕梁山区人均可支配收入分别为 9701 元、8890 元，远低于山西省人均可支配收入 21990 元，所涉及的 4 个地级市中，大同市农村居民人均可支配收入最高，其次是忻州市，吕梁市与临汾市农村居民人均可支配收入较低。4 个地市农村居民人均可支配收入

---

① 国务院扶贫办.关于公布全国连片特困地区分县名单的说明 [EB/OL].(2012-06-14) [2020-12-10].http://www.cpad.gov.cn/art/2012/6/14/art_50_23717.html.

与省人均可支配收入的差距逐年拉大，差距最大的是吕梁市，由 2014 年 5280.39 元扩大至 2018 年 6752.53 元；其次是临汾市、忻州市、大同市。这表明两个连片特困区巩固脱贫成果面临的困难更加突出。

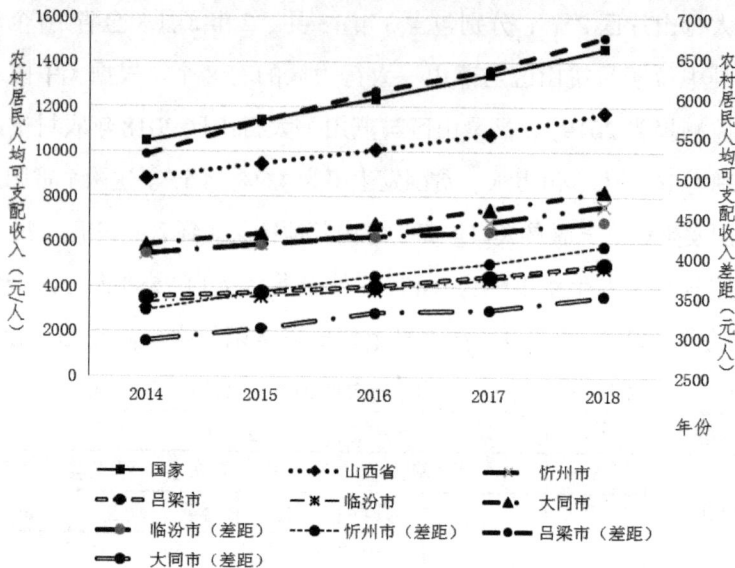

图 2-2　2014—2018 年山西省及相关市农村居民人均可支配收入情况

数据来源：《中国统计年鉴（2015—2019 年）》《山西统计年鉴（2015—2019 年）》。

两个特困连片区的基础设施和医疗卫生、教育水平等公共服务还存在一定的差距。首先，基础设施方面，部分边角村道路、通信等设施不完善。由于地理条件限制，部分村落地处偏远，道路修缮存在一定的难度，一些山地丘陵地区道路后续维护工作仍然不能完全保障，村民出行不便。部分村落手机信号较差，有些村只能接收一家运营商的信号，人们的基本通信受到制约。其次，医疗卫生设施条件需要持续改善。虽然覆盖自然村的卫生所都建立起来，也配备了基本药品和村医，但是，由于相对于县医院而言，乡村医疗条件有限，加上人们得了病往往都往城里去，有的乡村医疗设施和医生实际上没有发挥出应有的服务功能。再次，由于道路崎岖，两个特困连片区教育资源匮乏，人才引入较为困难。吕梁山当地流传着一句俗语，"高高兴兴汾河湾，凑凑合合晋东南，哭哭啼啼雁门关，宁死不上吕梁山。"当地大学生在就业时，大部分都选择留在外地发展，人才匮乏制约着贫困片区的发展。

　　将吕梁山区与燕山—太行山区（图2-3）涉及的4个市所包含县的数据进行加总可以计算得到各市每千人床位数①。从图2-3可知，4个市每千人床位数变化幅度不大并且远低于山西省每千人床位数，其中忻州市每千人床位数在4市中最高，吕梁市排名最后。忻州市与大同市每千人床位数在2017年出现小幅下降，临汾市与吕梁市在2016年小幅波动后在2017年上升。与2013年相比，2017年全国、山西省、忻州市、临汾市、大同市、吕梁市每千人床位数分别提升了1.17、0.58、0.02、0.03、-0.11、0.44个，可见，4市卫生服务能力提升缓慢。

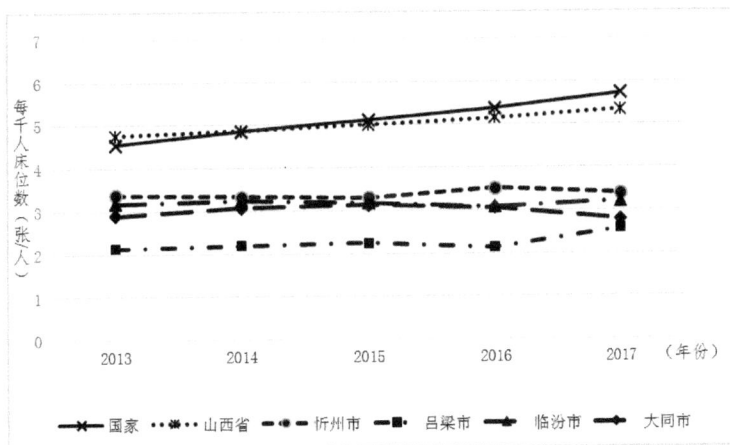

图2-3　2013—2017年每千人床位数②

　　数据来源：《中国统计年鉴（2014—2018年）》《山西统计年鉴（2014—2018年）》《中国县（市）社会经济统计年鉴（2014—2018年）》。

————————

①此处各市的每千人床位数仅包括表2-5中各自辖区县，不是整个市的每千人床位数，下同。

②忻州市、吕梁市、临汾市、大同市每千人床位数由作者计算得出。计算公式：每千人拥有床位数=（区域内床位数/区域常住人口总数）*1000。另外，大同市大同县自2018年撤销并设立云州区，此处涉及到大同县的数据均采用云州区数据。

四、易地扶贫搬迁后续任务较重

截至 2020 年底，全省 1122 个易地扶贫集中安置点全部建成，47.2 万搬迁人口全部入住。易地扶贫搬迁成效得到了国务院的肯定，岢岚县宋家沟集中安置点入选了庆祝中华人民共和国成立 70 周年大型成就展。尽管如此，搬迁是手段，脱贫是目的，易地扶贫搬迁后续发展过程中仍然面临一些挑战。

首先，扶贫安置点的产业发展问题。在易地扶贫安置点建设过程中，虽然考虑了建设配套园区作为产业发展的支撑，但是，这些产业多处于起步阶段，还不够稳定，对扶贫安置点的带动效应尚待显现。其次，搬迁对象的就业问题面临不确定性。由于文化水平较低，部分搬迁户在传统务农之外，难以找到相匹配的工作，收入具有不稳定性。每个地区的资源禀赋不同，安置点发展的产业也不相同。县城安置点与村镇级安置点相比具有更大产业优势，从而为搬迁对象提供了一定的就业安置条件。村镇安置点的搬迁农户往往需要回到迁出地务农，收入水平相对较低。再次，一定时期内搬迁户存在"社区融入"问题。搬迁户习惯于原有生活和生产方式，面对迁入地新环境、新社区，存在一定的融入障碍。

第三节　做好巩固拓展脱贫攻坚成果工作的主要措施

巩固脱贫攻坚成果需要做好以下工作，一方面要综合施策实现未脱贫人口脱贫，另一方面是对脱贫不稳定户和边缘易致贫户加强预警，及时采取措施确保摆脱绝对贫困。从长远来看，则要将脱贫巩固、解决相对贫困和实现乡村振兴衔接起来，实现共同富裕的目标。

一、让未脱贫户如期摆脱绝对贫困

针对剩余贫困人口的多维贫困成因，特别是重病、慢性病与残疾等致贫原因，要继续实施健康帮扶和社会兜底保障政策，确保他们看得起病，残疾人得到民政和社会的及时救助，老年人享受到基本的养老保障。通过产业扶贫、教育扶贫、生态扶贫、就业扶贫等多种政策的组合运用，使他们如期稳定摆脱绝对贫困。

（一）继续实施医疗和保障扶贫政策

1. 加强县乡村医院能力建设

改造和完善县级医院设施，对设备进行改造，提升全科室的诊疗水平，包括内科、外科、妇产科、儿科、急诊科等，对常见病、慢性病、危重病制定相应的救助方案。在条件还比较落后的行政村、村镇卫生室，必须配备齐全基本医疗设施及药品，改善落后行政村的医疗条件，保障贫困地区农民看得了病。对乡村医务人员定期开展培训，乡镇医院定期派驻医生到村卫生院，缓解村卫生院人才缺乏等问题，提高村镇卫生室医护人员的医疗和服务能力。

2. 完善医疗保障措施，加强医疗政策落实监督

对因病、因残等导致无劳动能力的未脱贫人口，进一步强化医保、低保、养老保险、特困人员救助供养、临时救助、残疾人帮扶等综合性兜底保障措施。统筹兼顾脱贫难度大、未脱贫人口多的县乡村，保障资金、项目和人才投入。确保因病、因残致贫的贫困户"就医有人管，报销有保障"。加强监督县乡村三级医疗机构是否达标、先诊疗后付费、"一站式"结算、大病保险、医疗救助、大病专项救治、健康扶贫政策宣传等"基本医疗有保障"工作落实情况。

3. 保障未脱贫人口的基本生活

落实未脱贫人口兜底保障政策、脱贫不稳定户、边缘易致贫户社会保障政策等等。加强信息核对，将符合条件的人口及时纳入保障范围。

（二）做好扶贫小额信贷工作，为农户提供生产资料保障

从实际出发，在深度贫困地区延续现有的包括发展特色产业补贴、农资补贴等财政专项扶贫政策，持续做好扶贫小额信贷工作。

第一，适当延长还款期限，以缓解贫困户的资金困难。根据扶贫小额贷款户的实际还款能力，对部分受疫情影响较大的贫困户符合要求的贷款给予适当延期、适当降低延期期间贷款利率。实施财政按期贴息、应贴尽贴的政策。第二，满足贫困户的资金需求。对因灾害等原因确需贷款的贫困户，不能拒绝合理信贷或对存量贷款无故抽贷、断贷，确保满足信贷需求应贷尽贷。第三，发挥村两委、驻村工作队、第一书记作用，宣传扶贫小额信贷政策，让贫困户了解政策，增强发展生产的信心，促进贫困户增加收入稳定脱贫。第四，加强信贷监管，确保资金用于发展生产，杜绝改变贷款用途。对即将到期的贷款、逾期贷款、已出列户贷款严格执行政策，强化风险监测预警。第五，适当简化业务流程。提高信息化、网络化服务能力，让贫困户便捷放心地使用小额信贷。

（三）持续做好教育帮扶工作

发挥政府主导、学校和社会积极参与的教育资助体系，实现中小学全覆盖、公办民办学校全覆盖、家庭经济困难学生全覆盖和入学前不用愁、入学时不用愁、入学后不用愁。

第一，提升贫困地区基础教育水平。确保"义务教育有保障"稳定实施，建立控辍保学长效机制。妥善处理好学生就近上学与接受良好义务教育的关系。在贫困地区新建、改扩建更多的幼儿园、中小学，扩大普惠性学前教育和中小学教育。通过对口帮扶、教育培训等途径，提升贫困县中小学办学水平。改善贫困地区教育基础设施，推进信息技术进贫困地区校园，把信息技术运用在教师的实际教学当中。在保障中小学教师工资不低于当地公务员工资收入的基础上，为乡村老师提供一定的补助、福利，鼓励更多的老师到农村学校任教。通过"特岗教师培训""新入职公费师范毕业生培训"等项目培训乡村教师，提升

他们的教学质量和综合素质。

第二，继续落实包括学前教育、义务教育、中等教育、普通高中教育等在内的各级教育资助体系。保障家庭经济困难学生优先享受资助，确保每一位家庭经济困难学生顺利完成学业。推进国家生源地信用助学贷款工作，对所有家庭经济困难大学生应贷尽贷，将建档立卡、非建档立卡家庭困难残疾学生、农村低保、农村特困救助供养四类学生自动纳入申请对象。

第三，通过在贫困地区实施定向招生的方式开展教育扶贫。继续在36个国定贫困县实施国家专项计划，在22个省定贫困县实施地方专项计划，在58个贫困县实施高校专项计划。支持省属本科、高职专科院校安排一定数量的招生计划为贫困地区免费定向培养紧缺专业人才，对贫困学生开展就业指导服务行动。

二、建立健全防返贫预警机制

第一，健全完善监测预警机制。按照现行标准对脱贫不稳定户、边缘易致贫户，以及因病、因灾、因意外事故等刚性支出较大，或收入大幅缩减导致基本生活出现严重困难户，实施动态监测，保持帮扶政策总体稳定。对低保、救助群体的状况进行监测，有针对性地开展救助，以防进一步陷入贫困。对于尚未纳入贫困、低保、特困救助范围的农村人口，切实做好风险防范工作。

第二，落实兜底保障政策。保证未脱贫人口、新增贫困人口和易返贫人口生活水平，符合条件的人口全部纳入低保范围，综合考量物价、财政保障能力等多方面因素确保农村低保达到国家扶贫标准。

第三，完善农村养老制度。边缘户的一大部分是65岁以上老人、失能和半失能人员，保障这些人群的生活水平是巩固脱贫成果的关键。加快推进农村养老服务发展，通过建设标准化敬老院，采取集中供养、分散居家养老等多种方式，保障老年人基本生活。持续推进"医养结合"政策，鼓励基层医疗卫生机构和老年人建立签约服务关系。

三、推进农业产业可持续发展

发展产业是贫困户稳定脱贫的根本途径。从贫困地区农业发展现状来看，仍然存在一些值得关注的问题。一些地方农业产业链条较短，产业融合度不高。特色产业大部分仍处于初级发展阶段，聚集于生产环节的多，农产品深加工、功能产品开发、品牌宣传营销等后续环节发展不足。缺乏带动效应明显的大企业。目前的合作社和一些企业多以粗加工为主，且大多规模小，实力弱，辐射和带动力有限。不仅如此，由于产业同质化现象较为严重，再加上现代化的农业生产技术运用不足，农产品的抗自然风险和抗市场风险的能力较弱。

针对部分特色产业发育处于刚刚起步阶段的现状，需要尊重和发挥农户的市场主体地位，根据农产品需求和供求特点，因地制宜地推动特色农业产业化。一方面引导农民通过参与合作社、建立与农业企业的联系，从而有效参与市场。另一方面，依托省内区域差异化资源格局，以市场为导向，以农业园区建设为核心，加快培育市场潜力大、产业关联度高和带动力强的新型加工企业，提高农产品的综合效益。在产业布局上，依托各地特色资源优势，围绕特色农业示范园区，以有机旱作农业、生态农业、功能性农业等为发展方向，建设具有山西特色的农产品产业链。

坚持"长短结合、以短养长"的原则，带动农户发展短平快的致富产业，同时帮助农户发展长效稳定的增收产业。以中药材为例，山西省作为传统中药材主产区之一，"平顺潞党参"和"壶关党参"、临汾市"安泽连翘"、大同市"恒山黄芪"等中药材均已获得国家原产地地理标志产品认证。然而中药材多以原料出售，附加值较低。鉴于此，要大力发展中药材加工业，提升中药材的附加值。建立标准化的中药材加工企业，生产高质量的中药材成品；支持中药材提取物加工，提高精细加工效益，充分利用中药材废弃资源；依托高校和科研单位，建设中药材科研中心，加强技术研发与推广应用，提高中药材产业技术含量，提升市场竞争力；建立集休闲、观光、科普、科研于一体的观光园，发展中药材绿化荒山、美化景观的综合效益，使中药材产、加、销、游一体化，延长产业链，增加农户收入。

四、做好易地扶贫搬迁后续扶持工作

要协调解决搬迁农民就业问题。建立和完善就业信息服务平台，及时将就业信息提供给搬迁群众，围绕贫困户就业能力与需求，引导企业优先雇佣搬迁贫困群众。首先，继续输出贫困劳动力。利用吕梁护工、天镇保姆、晋中面食等劳务品牌，加大对包括易地扶贫搬迁户在内的农民向省内外输出规模，提高就业和收入水平。其次，开展就业培训，提升搬迁群众的劳动技能，使之适应更多的工作岗位，同时给予规定范围的培训补贴和生活费补贴，吸引更多群众参与培训。开展就业政策宣传，帮助搬迁群众了解就业政策和基本务工常识。再次，推动贫困户参与搬迁地工程建设，实现就地就业。通过以工代赈、设置公益岗位等途径解决半劳力、弱劳力就业问题。加强对易地搬迁资金使用的监督，确保资金的使用效率和效益。鼓励金融机构在合法合规的条件下创新金融产品，支持安置区产业发展，为搬迁群众提供更加便捷的服务。支持搬迁区企业的发展，逐步形成产业集聚效应。

继续规范和发展扶贫车间是帮助易地扶贫搬迁农民就业的主要途径之一，有助于解决无法离乡、劳动能力弱的贫困劳动力的就业问题。截至 2020 年 4 月，山西省已经建立扶贫车间 879 个，解决了 5 万多贫困劳动力就业问题。要持续加大对扶贫车间的支持力度，给予创办扶贫车间的企业、个人一定财政补贴。对于吸纳贫困劳动力超过一定人数的扶贫车间给予奖励；对于企业和贫困劳动力签订合同超过一年并且足量为其缴纳社会保险费的，按比例对其实际缴纳的基本养老保险费、基本医疗保险费、失业保险费、工伤保险费、生育保险费给予一定补贴；对于吸纳贫困劳动力在一年内工作超过累计时间的、获得工资超过一定数额的企业给予一定的奖励；对于企业吸纳贫困劳动力人数占其总员工人数一定比例、并开展以工代训活动的，按月给予企业一定的职业培训补贴。鼓励企业、创业者创办扶贫车间吸纳贫困劳动力。此外，加大对创办扶贫车间的企业贷款贴息力度，吸引更多的企业、个人创办扶贫车间，解决贫困人口的就业问题。

五、实现消费帮扶常态化与制度化

消费扶贫通过鼓励引导社会各界力量购买和消费贫困地区的产品和服务，拓宽了贫困地区农产品销售渠道，帮助贫困地区产品和服务融入市场，增加了贫困人口收入。山西省为了解决贫困地区农副产品销售问题，通过扶贫产品标准化认定、建立消费扶贫保障体系等方式，在全国率先创新性地提出了消费扶贫"五进九销"①模式。"五进九销"实施以来，山西省市县均已成立消费扶贫工作领导小组，在认定 81 个县 452 家供应商、1280 种价值达 97.2 亿元扶贫产品的基础上，累计帮助销售贫困地区农产品 66 万吨，价值达 60.32 亿元，49.2 万贫困户户均增收 2398 元②。不仅如此，各级政府积极引导各个主体通过多种渠道共同推进消费扶贫有序进行。例如，山西交控集团 2018 年承担帮扶任务以来已建成高速消费扶贫专区 18 个，2020 年实现省域内 152 个高速服务区消费扶贫专区全覆盖，累计推进农产品销售额达 600 余万元，推广农产品 10 余种。全国最大的农村电商平台山西乐村淘网络科技有限公司，开发运营山西消费扶贫商城，用于解决贫困县商品销售困难等问

---

① "五进九销"指：进机关、进企业、进学校、进医院、进军营；对接承销、企业带销、宣传推销、超市直销、电子营销、基地订销、旅游促销、帮扶助销、就业推销。
② 山西日报.消费扶贫！看山西如何做好脱贫攻坚的关键一招 [EB/OL].(2020-08-06) [2020-11-31].http://www.shanxi.gov.cn/yw/zcjd/tpjd/202008/t20200806_838032.shtml.

题，凭借线上优势，通过在 58 个贫困县有序设立扶贫专柜、专区、专馆，2020 年累计销售贫困农产品 3 亿元。2020 年 9 月，山西省国资委组织"消费扶贫，晋力晋行"农特产品产供销国企专场对接洽谈活动，吸引一百多家企业参会，现场达成采购意向 2200 万元。消费扶贫政策推广以来，国有企业累计采购农产品金额 6784 万元。10 月，山西省人民政府主办，山西省机关事务局牵头承办，山西省扶贫办、教育厅等十余家单位协办的山西贫困地区扶贫产品"五进"对接展会展出 13 大类、1300 余种扶贫产品，"产销结合"的销售模式吸引大量企事业单位采购，累计达成 1.7 亿元交易额。截至 2020 年 12 月，山西省已设置消费扶贫专柜 1142 台、消费扶贫专区 401 个、消费扶贫专馆 119 个。由于消费扶贫已经成为联结贫困地区与市场的一座桥梁，因此，在过渡期内，需要将消费帮扶常态化、制度化。

（一）继续动员社会各界力量扩大贫困地区产品和服务消费

引导形成机关、军队、学校、医院和事业单位在同等条件下优先选用贫困地区农产品、畜产品。发挥贫困地区农特产品采购联盟作用，推动机关、学校、医院和事业单位与贫困地区实现产销对接，鼓励在相关单位食堂设立扶贫窗口，在超市设立扶贫专柜，逐步形成规模效应，增大扶贫产品销售量。引导省直机关单位、省属大型国有企业等购买扶贫产品，鼓励干部职工通过线上、线下等方式关注贫困地区农产品信息，主动认购滞销农产品。

支持民营企业采取"以购代捐""以买代帮"等方式采购贫困农村地区的产品和服务，在解决企业自身需求的基础上，帮助农户提高收入，实现企业和农户"双赢"。发挥社会组织的积极作用，组织爱心企业、爱心团体等社会力量购买扶贫产品，利用"中国社会扶贫网"等扶贫平台，"线上＋线下"相结合，满足消费者对特色农产品的需求。

（二）拓宽农产品流通和销售渠道

发挥企业、合作社对农民增收的带动作用，鼓励企业在贫困地区建立生产基地，对农户生产的产品实行集中收购、分拣、统一包装，帮助农户拓展销售渠道，实现特色农产品保值升值。

引导大型超市、批发市场和电商平台等设立消费扶贫专区，提升扶贫产品的市场知名度。对于优先采购扶贫商品的企业给予一定的优惠。利用淘宝、京东、拼多多等电商平台，售卖小杂粮、陈醋等特色农产品，开展"新零售"。组织机关、医院、学校、企业、军队开展贫困地区农产品对接展销会，提高扶贫产品的销量。鼓励农户参与全国各类农业博览会、农产品展销会，拓宽海内外市场。

（三）完善消费帮扶体系，提升农产品供给水平和质量

不断提高农业生产管理和农产品标准化水平，支持农民开展农产品绿色、有机、地理标志产品认证，为市场提供标准化、高质量的农产品。鼓励农业院校、科研机构、企业培育和研发适合山西资源特色的农产品品种，推广先进适用种养技术。推广食用农产品安全控制规范和技术规程，建立农产品质量安全追溯制度，扩大特色农产品质量安全追溯覆盖面。引进新型生产经营模式，由企业带动农户开展标准化生产、品牌化营销。

逐步提升农产品规模化供给水平。优化农产品品种和区域布局，壮大产业规模。鼓励企业采用"农户＋合作社＋企业"的模式，理顺与农户的利益关系，增强农户抵御风险的能力，在保留原生态的同时引入标准化、工业化流程，使生产逐步趋向于规范化和规模化，提高质量过关、竞争力强的特色农产品规模与效益。

最后，政府要采取财政、税收、监管等措施，引导企业、专业合作社、农户有效参与消费扶贫。加大对农村地区深加工企业基础设施、物流设施、线上线下销售门槛等环节的政策扶持，为消费扶贫的长远可持续发展提供良好的宏观环境。

第三章　统筹乡村建设：脱贫攻坚与乡村振兴战略的有效衔接

脱贫攻坚与乡村振兴战略的实施，对中国"三农"问题的解决具有深远意义。脱贫攻坚提高了农村贫困地区基础设施与公共服务供给，培育了贫困地区和低收入人口发展内生动力，提升了农民的发展能力，为贫困地区后脱贫时代可持续发展打下了稳固基础。乡村振兴战略的实施不仅能够巩固脱贫成果，而且有利于化解贫困地区和非贫困地区之间的非均衡发展问题。

虽然山西所有贫困县均已脱贫摘帽，但是城乡之间、农村之间发展不平衡仍然是经济社会发展面临的突出矛盾。主要表现在：农业基础依然薄弱，农民增收渠道不宽，农村生产要素向城市单向流动的趋势尚未得到根本扭转；乡风文明任重而道远；农村治理体系和治理能力现代化程度不够高。因此，将脱贫攻坚与乡村振兴战略有效衔接起来，是山西省转型发展的应有之义，是实现农业农村现代化的必然选择。

第一节　山西省脱贫攻坚与乡村振兴战略的衔接

实现脱贫攻坚与乡村振兴战略的有效衔接，关键是厘清两者之间的逻辑与实践关系。脱贫攻坚为实施乡村振兴战略准备了必要条件、奠定了坚实基础，乡村振兴战略能够巩固脱贫攻坚成果，提升脱贫质量。具体而言，推进脱贫攻坚与乡村振兴有效衔接的内在逻辑主要表现在以下三个方面。[①]

一、战略目标一致与递进

打赢脱贫攻坚战的目标是到 2020 年，保证农村贫困人口稳定实现"两不愁，三保障"，使贫困地区农村居民人均可支配收入增长幅度高于全国平均水平，基本公共服务主要领域指标接近全国平均水平，消灭农村贫困人口的绝对贫困问题，解决区域性整体贫困，实现第一个百年奋斗目标即全面建成小康社会。乡村振兴战略是对后脱贫时代实现农村可持续发展的分步规划：2018—2020 年，基本形成实施乡村振兴的制度框架和政策体系；2021—2035 年，逐步实现农业农村现代化；2036—2050 年，乡村全面振兴，实现农业强、农村美、农民富[②]。由此可见，乡村振兴战略是对后脱贫时代乡村发展的政策安排，两者统一于实现"两个一百年"奋斗目标，但是呈现出递进的关系。脱贫攻坚和乡村振兴战略都要解决农村贫困问题，但前者消除的是农村绝对贫困问题，后者更注重解决城乡之间、乡村之间发展不平衡以及农村可持续发展问题。

二、政策内容各有侧重又相互融合

脱贫攻坚和乡村振兴战略在具体实施过程中各有侧重，也存在融合之处。

[①] 该部分参考了左停，刘文婧，李博. 梯度推进与优化升级：脱贫攻坚与乡村振兴有效衔接研究 [J]. 华中农业大学学报（社会科学版），2019(05):21—28+165.
[②] 中国政府网. 中共中央国务院关于实施乡村振兴战略的意见[EB/OL].(2018-02-04)[2020-07-20].http://www.gov.cn/zhengce/2018-02/04/content_5263807.htm.

一是侧重点不同。从贫困发展阶段来看，脱贫攻坚主要通过产业扶贫、就业帮扶、政策性补贴等方式解决农村贫困人口绝对贫困问题，使农村贫困人口的吃穿教医住五方面基本需求均得到保障，为农村贫困人口后续发展消除障碍，同时为贫困地区农村居民创建增收途径，提高生活水平。乡村振兴主要通过产业兴旺，构建农村居民持续增收长效机制，通过普惠性财政政策等全面提升农村地区医疗、教育、文化、社会保障等公共服务供给质量，减小城乡基础设施与公共服务供给非均衡程度，逐步实现均等化，确保农民收入稳定、生活便利、精神文化极大丰富，最终实现城乡融合发展。从区域发展看，脱贫攻坚通过集中劳动力、资本、技术等生产要素向农村贫困地区倾斜，重点在于补齐农村贫困地区发展的短板，扭转农村贫困地区与全国农村平均发展水平之间的差距。乡村振兴则通过推进乡村产业优化升级，深化农村土地制度改革，提升农村整体人居环境水平，传承优秀乡村文化，加强农村人才队伍建设，实现农业农村的全面发展，促进城乡走向融合。

二是内容上的融合，表现在五个方面。第一，脱贫攻坚与乡村振兴都强调要根据市场需求，遵循因地制宜原则，发展当地特色农业产业，同时推进农业与二三产业融合，实现农业产业化。脱贫攻坚通过帮助贫困地区发展特色扶贫产业，提高农村贫困人口自我发展能力，进而让贫困户获得持续性收益，实现稳定脱贫。乡村振兴战略的重要内容之一产业兴旺则要立足县域资源，依托人才、资本等各种要素，构建现代农业产业体系、生产体系、经营体系。第二，脱贫攻坚与乡村振兴都重视农村教育。脱贫攻坚通过将教育资源向贫困地区义务教育领域倾斜，鼓励教育人才下乡等途径改善贫困地区义务教育水平；在乡村振兴实施过程中，则要继续提高农村教育水平，不断提高农民综合素质，加强对农民思想道德教育，激发农民创业主动性。第三，以人才、科技创新驱动农业农村发展。脱贫攻坚与乡村振兴战略目标的实现离不开人力资本与技术投入，都需培育新型职业农民、加强农村专业人才队伍建设、鼓励社会各界投身农村建设、创新农村人才培育引进机制，鼓励技术下乡。第四，实现绿色发展。脱贫攻坚重视贫困地区生态环境保护与修复，通过发展生态农业、有机农业、光伏发电等绿色产业，将部分贫困人口转为生态保护人员，实现生态保护与产业扶贫、就业扶贫相结合。乡村振兴战略通过深入推进农村人居环境整治，培养农民形成绿色生产生活方式等行动提升村容村貌，引进先进工艺、技术发展绿色产业，推进生态环境资源向经济资源转化，建设生态宜居乡村。第五，脱贫攻坚与乡村振兴都强调基层党组织建设。脱贫攻坚通过配备能力强的村级领导班子，加大驻村干部考核力度，有效保障了政策的实施。乡村振兴通过完善村民自治与强化党员队伍建设相结合的方式保障政策持续推进。

三、战略实施时间前后相继

脱贫攻坚战略的实施阶段为 2015—2020 年，重点帮助农村贫困群体解决生存性贫困问题，保障农村全部人口达到小康水平。乡村振兴战略的实施时间为 2018—2050 年，侧重解决全部农村人口与农村地区的相对贫困问题。从两大战略实施的时间安排可以看出，2018—2020 年是打赢脱贫攻坚战和实施乡村振兴战略同时推进的时期，2020年是关键的一年，一方面实现现行标准下绝对贫困人口全部脱贫，完成第一个百年奋斗目标——全面建成小康社会；另一方面，由绝对贫困治理转向相对贫困治理。此后，乡村振兴战略将在巩固拓展脱贫成果的同时，集中力量解决相对贫困问题，开启全面实现农业农村现代化进程。

第二节　山西省脱贫攻坚与
乡村振兴战略衔接的必要性

实现脱贫攻坚与乡村振兴战略的有效衔接，既体现了社会主义本质，是解决新时期社会主要矛盾的客观要求，也是贫困地区贫困人口演变、农业农村发展规律以及扶贫工作路径依赖与制度优势的现实需要。

一、实现"两个一百年"奋斗目标的战略需求

中国"两个一百年"的奋斗目标是：到建党一百年时，实现国民经济更加发展，各项制度更加完善；到建国一百年时，基本实现现代化，建成富强民主文明的社会主义国家。

实现第一个百年奋斗目标，既要覆盖所有人口，又要覆盖所有区域。要在 2021 年实现全面建成小康社会的战略目标，关键任务是取得脱贫攻坚战的全面胜利，特别是深度贫困地区脱贫攻坚战的胜利。没有深度贫困地区、贫困人口的"全面"脱贫，就实现不了"全面"建成小康社会。山西省是全国脱贫攻坚的重要战场，全国 14 个集中连片特困地区中有两个分布在山西省。截至 2019 年底，山西省仅剩 2.16 万人未脱贫，贫困发生率不到 0.1%，绝大部分脱贫人口人均可支配收入高于国家贫困标准 1.5 倍[①]。然而，当前国家脱贫标准仅保障了贫困人口的基本生存需求，脱贫只是意味着消灭了绝对贫困，已经或即将脱贫摘帽的地区和已脱贫人口还要"稳定脱贫"、"持续脱贫"，直至真正"富起来"。山西省在防止返贫监测中发现，仍有部分家庭的人均可支

---

① 梁婧，刘存瑞．山西省贫困县全部摘帽 [EB/OL].(2020-03-03)[2020-08-12].https://baijiahao.baidu.com/s?id=1660013701857499635&wfr=spider&for=pc.

配收入低于国家贫困标准的 1.5 倍，存在因病、因残、因灾、因新冠疫情影响引发刚性支出增加与收入大幅缩减的情况①。这表明，山西省距离"第二个百年"奋斗目标实现仍存在较大差距，已经或即将脱贫摘帽的地区和人群仍然是"富起来""强起来"关注的重点。乡村振兴战略为这些地区和群体"富起来""强起来"提供重要支持，继续巩固脱贫成果，培育其内生发展能力，最终实现共同富裕。

由此可见，脱贫攻坚解决贫困人口的生存问题。乡村振兴战略是在此基础上对农民更高层次需求的满足，是对如何把生活过好，如何让人们的价值更好发挥的体现。两大战略的实行与协同发展，是实现"两个一百年"奋斗目标和共同富裕的必然要求。

二、农村发展的客观要求

脱贫攻坚旨在实现农村贫困人口不愁吃、不愁穿，义务教育、基本医疗和住房安全有保障，帮助人们摆脱绝对贫困。2020 年后，农村绝对贫困将基本消除，相对贫困和多维贫困问题逐渐凸显，主要表现为收入、社会公共服务获得上不平等以及养老、医疗、教育等社会保障水平较低。首先，从收入方面看，山西省处于边缘收入的人口规模较大。按照 2019 年山西省 3600 元的脱贫标准指导线，到 2020 年 2 月底仍然有 12.4 万脱贫不稳人口和边缘易致贫人口②。其次，山西省农村内部收入差距也较明显。由表 3-1 山西省农村居民家庭按五等份分组总收入情况数据可知，2016—2019 年山西农村最高收入家庭与最低收入家庭存在较大的收入差距且还在扩大，由 3.93 倍扩大至 4.27 倍，同时总体变异系数也由 0.54 提高到 0.57，表明近年来山西农村内部收入

---

① 侯雪静 . 我国将加强监测和帮扶机制防止返贫 [EB/OL].(2020-12-16)[2020-12-21]. http://epaper.sxrb.com/shtml/sxrb/20201216/573452.shtml.
② 冯慧敏 . 山西 :58 个贫困县今年底或可全部摘帽 [EB/OL].(2019-11-28)[2020-05-16]. http://www.xiaoyi.gov.cn/xwzx/sxsyw/dt/201911/t20191128_1343568.shtml.

差距问题不容忽视。其三，与全国农村平均水平相比，山西省农村居民收入与消费水平依旧较低。由表 3-2 可知，2019 年山西农村居民人均可支配收入、平均每人消费支出均低于全国平均水平，差距分别达到 3118.3 元和 3599.6 元；在消费支出具体分类中，山西农村居民在食品、交通通信、居住三方面支出差距较大，分别达到 1246.8 元、779.8 元和 699.8 元，在文教娱乐、医疗保健等方面也存在一定差距。其四，部分农村地区经济发展落后，农业收益低引起农村青壮年外流，老龄化、空心化问题突出。以上问题表明，农村发展任务依然紧迫，振兴乡村是实现农村可持续发展的必由之路。乡村振兴战略坚持农业农村优先发展，创造条件吸引各种要素流向农村，为农村发展提供制度、资金、要素等支持，使农村更多依靠内生动力实现可持续发展。可见，乡村振兴不仅有助于巩固脱贫攻坚成果，而且能够缓解发展过程中出现的相对贫困问题，解决农村发展不平衡不充分的矛盾。

同时，城乡发展规律表明，城乡二元结构终将消除。在此过程中，需要脱贫攻坚与乡村振兴实现有效衔接。不解决人的基本需求和绝对贫困问题，乡村振兴不可能实现。只有通过乡村振兴，才能确保摆脱绝对贫困的人口不返贫，并在此基础上实现城乡融合发展。

表 3-1 2014—2019 年山西农村居民家庭按五等份分组总收入情况（元）

年份	低收入户(20%)	中低收入户(20%)	中等收入户(20%)	中高收入(20%)	高收入(20%)	最高/最低	变异系数
2014	5523.97	7162.45	9151.51	12276.63	21646.76	3.92	0.57
2015	4946.98	7902.28	10287.29	13083.52	22757.95	4.60	0.58
2016	5936.90	8511.52	10871.61	13757.68	23352.97	3.93	0.54
2017	5952.47	9108.89	11607.85	14713.02	24759.92	4.16	0.54
2018	6772.14	10696.84	12592.94	15952.68	28897.79	4.27	0.56
2019	7453.54	10949.14	14626.25	18489.15	31863.16	4.27	0.57

数据来源：《山西统计年鉴（2015—2020 年）》。

表3-2 2019年山西省与全国农村居民家庭人均收入与消费情况对比（元）

指标	全国	山西	差距
农村居民人均可支配收入	16020.7	12902.4	3118.3
农村居民家庭平均每人消费支出	13327.7	9728.4	3599.3
农村居民家庭平均每人食品消费支出	3998.2	2751.4	1246.8
农村居民家庭平均每人衣着消费支出	713.3	697.4	15.9
农村居民家庭平均每人居住消费支出	2871.3	2171.5	699.8
农村居民家庭平均每人家庭设备及用品消费支出	763.9	500.5	263.4
农村居民家庭平均每人交通通信消费支出	1836.8	1057.0	779.8
农村居民家庭平均每人文教娱乐消费支出	1481.8	1207.7	274.1
农村居民家庭平均每人医疗保健消费支出	1420.8	1169.1	251.7
农村居民家庭平均每人其他消费支出	241.5	173.8	67.7

数据来源：《中国统计年鉴2020》与《山西统计年鉴2020》。

三、走向"城乡贫困治理并轨"的必然选择

随着脱贫攻坚战的胜利和新型城镇化的加快，山西省农村和城镇贫困问题正在发生深刻的变化。山西省相对较差的地理条件限制了农业现代化进程，从事农业种植业的收益提高难度大，而城镇居民收入则随着经济发展逐渐增加，城乡较大的收入差距刺激了大量青壮年劳动力外出务工。一方面，部分进城农民工收入较低、收入不稳定，又不愿意回到农村，从而使得农村贫困问题延伸至城镇。另一方面，农村大量青壮年劳动力外流导致有些村成为名副其实的"老人村"，老年人口大多体力与健康状况较差，收入偏低支出较高，难以实现稳定脱贫。可见，城镇流动贫困群体与农村老年相对贫困群体共生共存，亟需开展城乡统筹扶贫。

城乡的融合以及城乡发展不均衡的显现，要求从"城乡扶贫开发分治"向"统筹城乡贫困治理"转变，不再区分城乡两类人群、套用两套标准、设置两套制度，而是要统筹划定贫困标准，统一扶贫政策与

减贫行动，保障所有贫困对象均享受到无城乡差异、无歧视偏见的贫困援助。

实现城乡扶贫统筹需要具备一定的条件，包括城镇化、城乡公共服务均等化取得进展等。通过脱贫攻坚所采取的产业、就业、住房、教育、医疗、社会保障等方面的精准扶贫政策，帮助农村贫困群体解决了基本生活困难问题，发展生产的能力也得到了一定提升。但农村生产生活设施条件依然相对较差，缺乏实现农村现代化发展所必备的资金、人才、技术等要素；特色产业以及带动主体发育迟缓等问题依然突出。乡村振兴战略覆盖农村各个领域，通过培育壮大农村主导产业，推进适应现代化农业生产需要的新型农民队伍建设等措施，实现农村产业结构转型升级、激发农民发展的内生动力、提升农村整体面貌。把解决城乡以及农村内部发展不均衡纳入乡村振兴战略体系，在推动城乡融合的过程中，通过深化农村市场化改革、提升地方政府公共服务能力，可以为实施城乡统筹扶贫创造经济、社会和制度条件。

四、化解发展不平衡不充分问题的突破口

不平衡不充分发展成为制约我国经济社会高质量发展的重要原因。这种不平衡不充分发展突出地表现在农村连片特困地区与"三农"问题上。

表3-3 2014—2019年山西省农村与城镇居民消费水平比例（%）

年份	2014	2015	2016	2017	2018	2019
农村与城镇居民消费水平比例	44.7	46.3	46.8	48.3	46.3	45.98

数据来源：中国国家统计局。

山西省作为全国扶贫开发重点省份，共有58个贫困县，有吕梁山、燕山—太行山两个集中连片特困地区。经过奋力攻坚，到2020年

2月底，58个贫困县全部摘帽[①]，但贫困农村地区与其他地区差距依然较大，发展不平衡不充分问题依然突出。农业产业发展缓慢，产业化现代化水平不高，农村低于基本生活水平之下的人口比重大于城镇。截至2019年末，山西省农村居民人均消费水平仅为城镇居民的45.98%。农村基础设施水平与公共服务供给也严重滞后，2018年底，在建制镇和乡建成区燃气普及率分别只有28.5%和12.7%；在村庄一级，仍有24%的行政村未进行集中供水。在医疗卫生方面差距依然很大，如图3-5所示，城乡医生和卫生员数量差距在2010—2018年间持续扩大，由5.11倍扩大到8.28倍。此外，农村劳动力频繁流出导致空壳村数量增多，老人"留守村"现象严重。乡风文明和乡村治理体系尚需建设完善。

表3-4   2015—2018年山西省农村污水处理普及程度（%）

年份	2015	2016	2017	2018
对生活污水进行处理的建制镇比例	5.5	5.3	21.8	26.0
对生活污水进行处理的乡比例	0.6	0.5	17.2	17.1
对生活污水进行处理的行政村占行政村总数的比例	3.7	9.0	-	-
对生活垃圾进行处理的行政村占行政村总数的比例	50.3	48.0	-	-

数据来源：中国住房和城乡建设部。

表3-5   2014—2018年山西农村集镇供水情况（%）

年份	2014	2015	2016	2017	2018
集中供水的建制镇占全部建制镇的比例	98.3	99.2	98.3	97.6	97.6
集中供水的乡其占全部乡的比例	94.4	95.0	94.5	93.6	94.4
集中供水的行政村其占行政村总数的比例	73.6	74.3	75.0	75.3	76.0

数据来源：中国住房和城乡建设部。

①冯慧敏.山西:58个贫困县今年底或可全部摘帽[EB/OL].(2019-11-28)[2020-05-16].http://www.xiaoyi.gov.cn/xwzx/sxsyw/dt/201911/t20191128_1343568.shtml.

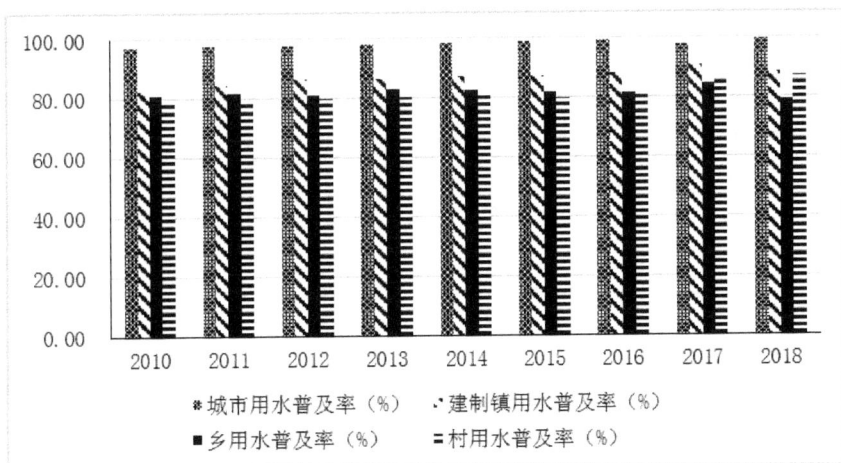

图 3-1　2010—2018 年山西省城乡用水普及率差距

数据来源：中国住房和城乡建设部。

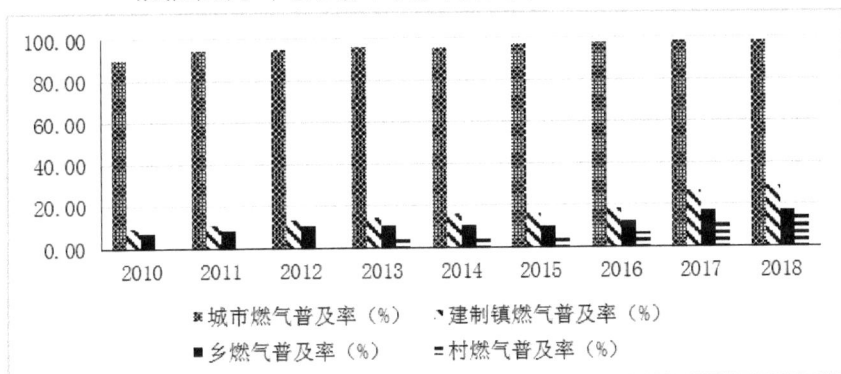

图 3-2　2010—2018 年山西省城乡燃气普及率差距

数据来源：中国住房和城乡建设部。

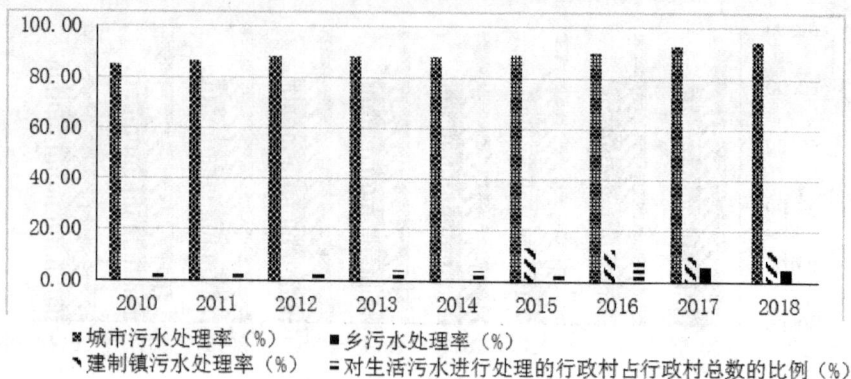

图 3-3　2010—2018 年山西省城乡污水处理率差距

数据来源：中国住房和城乡建设部。

　　脱贫攻坚与乡村振兴有效衔接是缓解发展不平衡不充分问题的重要手段。解决农村之间、农村居民之间发展不均衡问题，必然要首先通过脱贫攻坚消灭绝对贫困，使农村人口全部达到基本生活水平之上，然后再通过乡村振兴战略，针对农村短板，强化城镇对农村的辐射带动作用，解锁农村的封闭状态，激活农村市场力量，整合农村土地资源，提高利用率，打破要素由城市流向农村的障碍，缩小城乡居民收入不平等程度，保障城乡贫困人口在享受义务教育、基本医疗、住房安全等公共服务方面均等化。

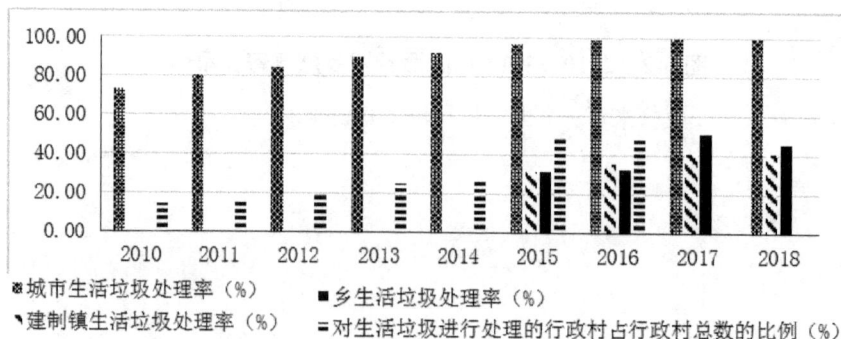

图 3-4　2010—2018 年山西省城乡垃圾处理率差距

数据来源：中国住房和城乡建设部。

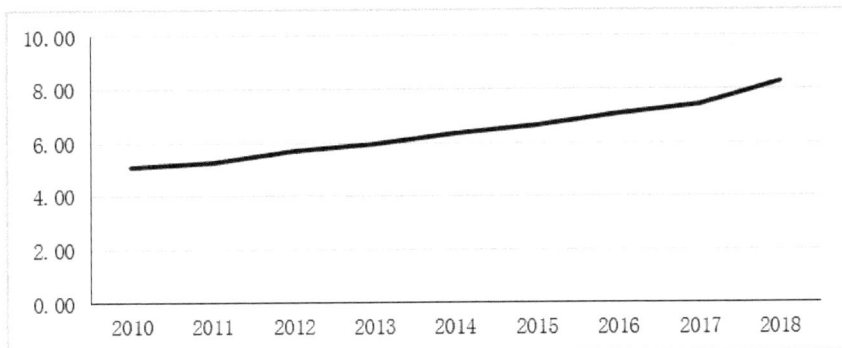

图 3-5　2010—2018 年城乡医生和卫生员数量差距（农村 =1）

数据来源：《山西统计年鉴（2011—2019 年）》。

第三节　脱贫攻坚与乡村振兴战略衔接重点内容与机制

一、脱贫攻坚与乡村振兴战略衔接的重点内容

根据党中央、国务院以及山西省政府印发的关于推进乡村振兴战略的总体规划、指导意见、建议等一系列政策文件，山西省脱贫攻坚与乡村振兴的有效衔接，要以优先发展农业农村为总方针，推进农业供给侧结构性改革，促进农村一、二、三产业融合发展，引导资源要素持续流向农村，激励创新，聚焦重点产业，突出集群成链，培育发展新动能。从加快构建现代农业产业生产和经营体系、建设宜居乡村以及深化农村体制机制改革三大方向着手，推动形成城乡融合发展格局，为农业农村现代化奠定坚实基础。

（一）突出优势特色，构建现代化农业产业体系

实现特色农业产业现代化。借助"东药材西干果""南果中粮北肉"商贸和出口平台，依据生产基地、产业链条、科技研发、加工园区、综合服务、休闲旅游等产业功能进行合理布局，突出杂粮、畜禽、蔬

菜、鲜干果、中药材等特色农产品资源优势，加大对初始农产品精深加工的投入，培育酿品、饮品、乳品、主食糕品、肉制品、果品、功能食品、保健食品、化妆品、中医药品等精深加工十大产业集群。在此基础上，推动农业向二、三产业延伸，延长农业产业链、价值链，提高产品附加值。重视培育与现代农业发展相匹配的现代农民与新型生产经营主体，加快发展服务带动型、土地流转型等多种形式适度规模经营，稳步提高小农户生产经营组织化程度，实现小农户生产的现代化[1][2]。

（二）建设现代化乡村

首先，从易地扶贫搬迁、危房改造转向提升农村整体人居环境。在改善农村整体村容村貌方面，开展对农村环境全面整治和提升工程，通过鼓励群众参与，推进农村生活垃圾分类、厕所改造和生活污水集中处理等工作。在生态治理与修复方面，鼓励农业绿色生产经营，推进"两山七河一流域"生态修复治理，继续落实退耕还林政策，不断改善生态环境。在改善居住环境方面，做好农村房屋后续改扩建规划管理工作，提高易地扶贫搬迁安置区和搬迁群众后续帮扶力度，包括提高基础设施和公共服务设施水平、落实安置区产业培育和就业帮扶政策、加强社区管理、保障搬迁群众合法权益等措施。

其次，提高基础设施质量，促进基本公共服务均衡发展。继续提高对农村基础设施建设的投入力度，在道路交通、水利、供电、供气、物流、通信等方面逐步实现城乡一体化管理；推动义务教育、医疗、卫生、社会保障等资源向农村倾斜，逐渐实现公共服务从"有"向

---

① 中共中央国务院关于实施乡村振兴战略的意见[EB/OL].(2018-02-04)[2020-05-17]. http://www.gov.cn/zhengce/2018-02/04/content_5263807.htm.
② 山西省人民政府关于加快推进农产品精深加工十大产业集群发展的意见 [EB/OL]. (2020-04-13)[2020-12-20].http://www.shanxi.gov.cn/yw/zcjd/wzjd/202004/t20200413_794810.shtml.

"优"提升。

最后，传承黄河文化，展现农耕文明，提高农民科学文化素质，建设文明乡村。提高对农村公共文化服务领域投入，提供与村民文化程度、需求相匹配的公共文化资源，激发村民对乡村文化的热爱，促进村民对文化资源的有效利用，形成富有活力的村民文化生活；推进乡风精神文明建设，传承优秀乡土文化，弘扬黄河流域特色农耕文化[1]。

（三）深化农村体制机制改革

继续深化农村土地制度改革。推进农村承包地确权、宅基地和集体建设用地房地一体的使用权确权登记颁证工作，完善农村承包地"三权分置"、土地流转规范管理制度。开展农村承包土地的经营权和农民住房财产权抵押贷款业务。创新宅基地"三权分置"具体实现形式，支持农村集体经济组织以出租、入股、合作等方式利用闲置宅基地、房屋。在总结泽州县集体经营性建设用地入市试点经验[2]基础上，逐渐推动农村集体经营性建设用地入市改革，逐步建立城乡统一的建

---

① 董臻.解读《山西省乡村振兴战略总体规划（2018—2022年）》[EB/OL].(2018-10-02)[2020-08-12].http://www.shanxi.gov.cn/yw/zcjd/wzjd/201810/t20181013_481172.shtml.

②2015年开始，泽州县坚持"土地公有制性质不改变、耕地红线不突破、农民利益不受损"3条底线，围绕"入市主体、入市范围、服务监管、收益分配"4个核心问题，以"试制度、试成效"为核心，结合省情、县情实际，构建了"1+9+3"制度体系。首先，采取与县情镇情相匹配的入市方式。在全国冶炼铸造强镇南村镇，通过将零星的建设用地复垦，调整入市；在镇域中心村，通过村庄整治和调整置换，以出让方式入市，确保国有、集体土地"同权同价"。其次，在入市收益分配方面，尊重集体意愿选择入市方式，通过保底分红、留置物业、保底分红+经营收益分成等多种集体收益分配方式，保证集体收益持续化、稳定化；采取平均分配、年终发放福利、统筹用于改善村内基础设施等多种收益分配方式，让集体经济组织成员多渠道分享收益。

设用地市场①。

　　实现乡村治理体系有效衔接。将脱贫攻坚时期多元主体协同共治、多元利益主体参与共建的治理体系转化为与实施乡村振兴战略相匹配的农村"三治"，将自治、法治、德治贯穿于现代化乡村治理体系。创新政府、社会组织、农村居民等多元主体在现代化乡村治理中的结合方式，坚持法治为本，强化法律在维护农民权益、规范市场运行、农业支持保护、生态环境治理、解决农村社会矛盾等方面的权威地位②；充分发挥德治礼序、村规民约在农村治理中的教化作用，努力形成浸润人心、引领向善、规范行为、凝聚力量的新时代文明乡风。

二、脱贫攻坚与乡村振兴战略的衔接机制

（一）城乡"对立—互动—融合"式发展

　　我国城乡关系正在经历从城乡分离到城乡融合的发展过程，山西亦如此。农村相对落后的经济发展水平，较差的基础设施与公共服务条件，难以阻止所需要的人力、资本、技术等要素向聚集效应明显的城市流动。山西省黄土高原地貌使城乡空间布局较为分散，城乡之间的横向经济联系较弱，城乡要素难以紧密结合，工业化和城镇化对农村的带动作用不强，农业经营组织化程度低，农业经营方式与农民收入来源均较为单一，结果大量农村剩余劳动力向城市转移，这种人口转移在促进城市发展的同时，影响了整个农业和农村的长期发展，导致部分村落走向衰败，进一步加深了城乡发展非均衡程度。脱贫攻坚

---

① 山西省人民政府办公厅.关于建立健全城乡融合发展体制机制和政策体系的实施意见 [EB/OL].(2019-12-17)[2020-06-16].http://www.gov.cn/zhengce/2019-05/05/content_5388880.htm.
② 国务院关于促进乡村产业振兴的指导意见 [EB/OL].(2019-06-28)[2020-06-28]. http://www.gov.cn/zhengce/content/2019-06/28/content_5404170.htm.

以来，"三农问题"虽然得到有效缓解，但是城乡发展不平衡、农村发展不充分仍旧是乡村振兴和农业现代化面临的主要问题。因此，实现城乡融合发展是实施乡村振兴战略的核心内容。建设城乡之间的交通网、信息网，扩大城乡之间的要素流动，形成城乡间的产业互动和生产要素互动，使城乡居民收入、基础设施和公共服务差距不断缩小，最终走向融合。城乡融合发展的机制如图3-6所示：

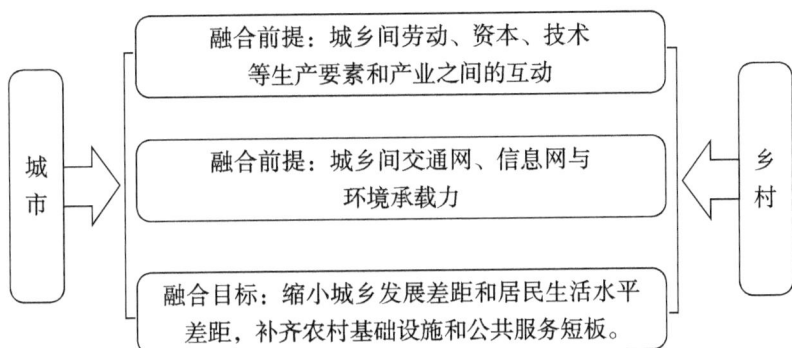

图 3-6　城乡融合发展机制①

脱贫攻坚在一定程度上初步缓和了城乡对立局面。首先，脱贫攻坚期间城乡居民收入差距开始缩小。2019年，山西省城镇居民人均可支配收入为33262.37元，比上年增长7.18%。农村居民人均可支配收入12902.36元，比上年增长9.81%。2016—2019年间农村居民人均可支配收入增速快于城镇，且逐年增快，2016年农村人居可支配收入增速比城镇快0.75%，2019年城乡人均可支配收入增速差距达到2.63%；同时，城乡居民人均可支配收入差距近年来也在持续缩小，由2016年的2.71降为2019年的2.58。

---

① 赵德起，陈娜.中国城乡融合发展水平测度研究 [J].经济问题探索，2019(12):1—28.

表3-6　2016—2019年山西省城乡居民人均可支配收入差距变化

年份	2016	2017	2018	2019
城镇居民人均可支配收入（元）	27352.33	29131.81	31034.80	33262.37
城镇居民人均可支配收入增速（%）	5.90	6.51	6.53	7.18
农村居民人均可支配收入（元）	10082.45	10787.51	11750.01	12902.36
农村居民人均可支配收入增（%）	6.65	6.99	8.92	9.81
城乡居民收入增速差距（%）	-0.75	-0.49	-2.39	-2.63
城乡居民收入差距	2.71	2.70	2.64	2.58

数据来源：中国国家统计局。

　　其次，农村贫困地区基础设施得到了改善。通过新建、改造、配套、升级、联网等方式，实施贫困户入户通信工程补足50%的费用政策，2017年，贫困地区农村通电话的农户比重达到99.4%，能接收有线电视信号的农户比重达到96.4%[①]；截至2019年底，农村宽带接入用户达216.9万户，农村广播节目综合人口覆盖率达到98.29%，农村电视节目综合人口覆盖率达99.3%。经过实施安全饮水提升行动，2020年初，贫困村饮用水均达到安全饮水标准。2017年，进村主干道路硬化的农户比重达99.3%，到2020年12月，100%建制村通硬化路、通客车。农村邮递路线达107925公里。贫困村危房改造全部完成，垃圾定点存放清运率达到100%[②]。2012—2018年城乡社区事务支出占财政支出比重逐年提高，由5.81%提升至8.65%，如图3-7所示。城乡市政公共设施投入差距2016—2018年出现较大幅度缩小，由18.51倍下降至5.63倍。

---

① 数据来源于《2018年中国农村贫困监测报告》。
② 数据来源于《中国统计年鉴2020》。

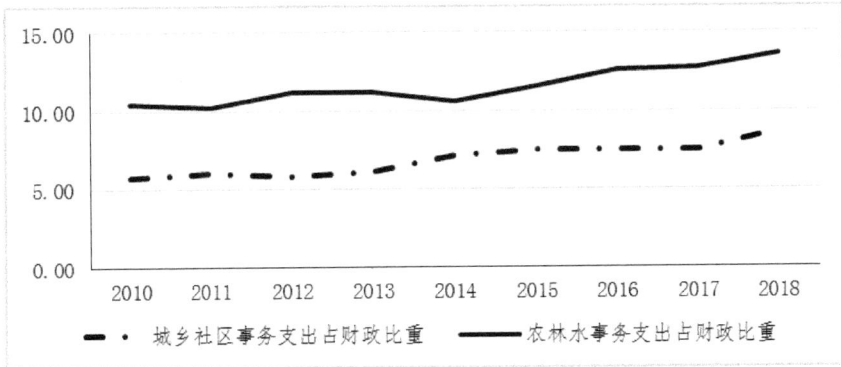

图 3-7　2010—2018 年山西省城乡财政支出变化（农村 =1）

数据来源：中国国家统计局。

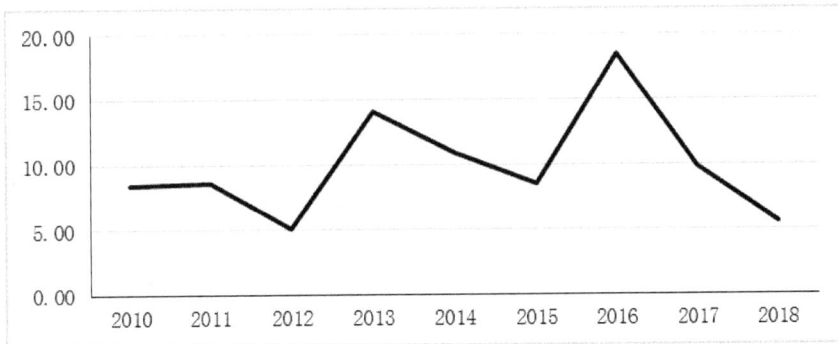

图 3-8　2010—2018 年山西省城乡市政公用设施投入差距变化（农村 =1）

数据来源：中国住房和城乡建设部。

表 3-7　2010—2018 年城乡厕所建设状况

年份	2010	2011	2012	2013	2014	2015	2016	2017	2018
农村卫生厕所普及率（%）	53.5	50.6	52.2	53.2	53.6	56	58.8	61.1	
城市公共厕所（座）	3215	3176	3206	3370	3234	3261	3550	2380	2459

数据来源：中国住房和城乡建设部。

其三，农村公共服务供给也得到改善。统一的城乡义务教育经费保障机制、居民基本养老保险、基本医疗保险、大病保险制度逐步建立，城乡居民医保实现了并轨，山西成为全国首批实现跨省异地就医直接结算的省份之一。将教育资源向农村贫困地区倾斜，使得城乡教育资源分配不均程度得到一定缓解。从 2013—2019 年城乡平均每一位教师负担幼儿数量变动情况来看，2013 年城区、镇区与农村平均每一位教师负担幼儿数量分别为 16 人、24 人与 42 人。截至 2019 年底，这一指标分别下降到 13 人、19 人与 25 人。6 年间，城区、镇区与农村平均每一位教师负担幼儿数量分别下降了 3 人、5 人与 17 人，城区与农村差距绝对值由 26 人下降至 12 人。反映出山西省农村医疗和教育等基本公共服务条件得到了改善。

表 3-8　2013—2019 年山西省城乡平均每一位教师负担幼儿数（人）

年份	2013	2014	2015	2016	2017	2018	2019
城市	16	15	14	14	14	13	13
镇区	24	23	21	20	20	19	19
农村	42	40	36	33	30	27	25
城乡差距	-26	-25	-22	-19	-16	-14	-12

数据来源：《山西统计年鉴（2014—2020 年）》。

其四，城乡间要素流动也在逐步推进。例如，从城镇化进程看，2015—2019 年，全省城镇人口由 2016 万人提高至 2221 万人，城镇化水平由 55% 提升至 60%。

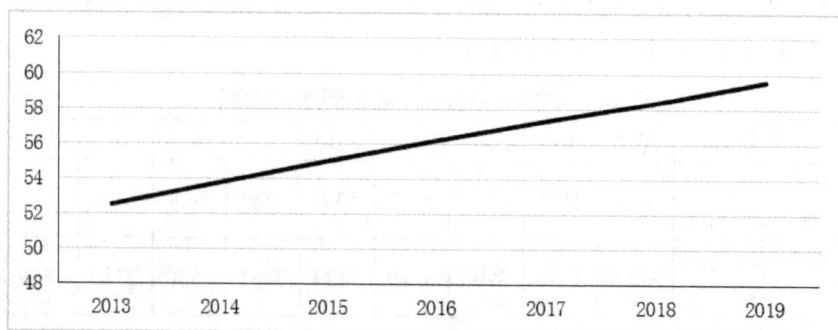

图 3-9　2013—2019 年山西省城镇化率（%）

数据来源：中国国家统计局。

以上情况表明，脱贫攻坚提高了农民收入，一定程度上改善了农村贫困地区基础设施、公共服务水平，城乡差距有所缩小。但应清楚认识到，城乡发展不均衡问题依然明显，距城乡融合发展目标的实现仍存在一定差距。

因此，首先要根据农民不同性质的收入特点，调整相应的收入增长促进机制，构建返贫预警、风险防范和产业增收机制，确保农民收入持续稳定增长，缩小城乡居民收入差距。其次，实施农业支持政策，通过培育新产业新业态、搭建城乡产业协同发展平台等途径，推进乡村产业现代化发展，促进城乡产业融合。其三，将乡村道路、公交、邮政、水利、电力、公厕和垃圾污水处理等设施建设分级分类实现统一规划、建设和管护。其四，促进城乡教育、社会保障一体化发展，提高乡村医疗卫生服务质量与覆盖范围，统筹城乡基本公共服务普惠共享机制，逐步推进均等化。其五，引导人才、技术、资本和金融服务等生产要素下乡，促进城乡要素合理流动与配置。①

（二）"有效市场"与"有为政府"相结合

按照新结构经济学，"有效市场"强调经济发展中市场机制的作用，注重产权保护和要素的市场化配置；"有为政府"强调政府在推进经济发展中扮演积极角色，遵循市场规律，根据资源禀赋相对优势进行产业识别并发挥引导作用，促进产业的资源相对优势转化为竞争优势。在贫困地区经济发展过程中，具有比较优势的要素主要表现为丰富的劳动力和多样化的自然资源，资金、技术、管理、企业家相对而言较为稀缺。由此决定了一些农村地区具有发展差异化特色产业的禀赋。在贫困主体无法凭借自身力量脱贫、市场帮扶力量短期又难以见效的背景下，由于政府能够调节产业扶贫资金的分配与使用，在扶贫过程中的作用显得至关重要。但是，与此同时，也可能导致出现产业雷同、弱而不强等问题，真正有竞争力的市场主体的扶贫带动功能难以有效

---

① 山西省人民政府办公厅.关于建立健全城乡融合发展体制机制和政策体系的实施意见 [EB/OL].(2019-12-17)[2020-06-16].http://www.gov.cn/zhengce/2019-05/05/content _5388880.htm.

发挥，结果"有效市场"机制下的优势扶贫产业发育缓慢。因此，对于贫困地区实现脱贫攻坚与乡村振兴衔接而言，需要合理利用"有效市场"和"有为政府"，更加精准地识别具有市场竞争力和可持续发展潜力的产业。从政府主导的扶贫逐步过渡到市场主导和政府协助的多元主体合作减贫模式。尊重市场运行规律，以价格和需求为引导，支持农户、农民合作社、家庭农场等成为自主决策、自担风险的独立市场主体，政府则在产业规划、市场制度、招商引资、产业发展资金补贴、产业技术服务、人才培训等方面给予宏观政策支持。具体而言：

立足山西省特色资源优势。依托汾河谷地、上党盆地、雁门关、太行山、吕梁山和城郊等区域，鼓励农户、农业合作社、企业等市场主体发展杂粮、畜牧、果业、蔬菜、中药材、酿造业、农产品加工业、休闲观光农业等特色产业，强化专业大户、家庭农场、农民合作社、企业等新型经营主体对小农户的利益带动功能，鼓励新型经营主体通过土地流转、专业合作、订单合同、用工、产品销售、利润返还、技术指导、股份合作等多种方式引导小农户参与生产经营，提升小农户组织化程度，转变小农户在风险应对、市场信息获取等方面的弱势地位，推动小农户融入现代农业发展行列。强化农业主体的集体品牌意识，提升山西小米、山西陈醋、运城苹果等品牌知名度和市场占有率，形成和壮大杂粮、畜牧、蔬菜、水果、干果、中药材、酿造等优势产业集群。

强化政府政策的"有为"功能。以促进企业主导的市场主体发展为目标，培育发展专业大户、家庭农场、农民合作社、企业和农业产业化联合体等新型农业经营主体，形成集约化、专业化、组织化和社会化相结合的新型经营组织。支持和优化特色农产品优势区和农业产业园区建设，例如切实发挥山西农谷、雁门关农牧交错带示范区、运城农产品出口平台的农业产业集聚、农业科技示范与推广、农业主体培育等功能。加快数字信息技术在农业产业中的渗透，推进农业产业信息化建设。继续提高对农业基础设施建设投入力度，建立具有山西特色的有机旱作、功能农业等技术支撑体系和社会化服务体系。

（三）逐步推进兜底保障政策向普惠型、发展型政策转变

脱贫攻坚解决了绝对贫困问题，但是不稳定脱贫人口数量仍然可能增加，部分已脱贫人口、边缘人口仍存在返贫、致贫风险；同时城乡之间、乡村内部发展存在差异，相对贫困问题突出；相对于脱贫攻坚在短期内帮助农村脱离绝对贫困，乡村振兴战略旨在逐步实现农业农村现代化发展，对政策实施效率与持久性提出了更高要求。实现脱贫攻坚与乡村振兴战略有效衔接，实现农村现代化发展，要在保持脱贫攻坚政策总体稳定的基础上，依靠乡村振兴政策推动长效减贫，巩固脱贫攻坚成果，推动乡村的可持续发展。因此，稳步推进兜底保障政策向普惠型、发展型乡村振兴政策转变十分必要。

将兜底保障政策转变为普惠型政策，意味着在保证现有产业扶贫政策延续性的同时，逐步构建山西省现代农业产业体系、生产体系、经营体系，推动特色农业发展壮大。对贫困户实施的扶贫小额信贷等倾斜政策转变为商业保险、普惠金融等旨在增强农民发展能力的均衡性政策。将针对贫困群体的医疗、教育等特惠型补助政策转变为对乡村全部低收入群体的保障政策。对贫困农村实施的易地扶贫搬迁、危房改造补贴政策，转变为改善乡村整体人居环境的发展性政策。弱化贫困县、乡、村、户和非贫困县、乡、村、户之间基础设施和基本公共服务的差异，将针对农村贫困地区实施的基础设施建设与公共服务投入的特惠政策，转变成乡村居民能够同等享受的普惠政策，使农村地区基础设施和基本公共服务供给水平逐步实现均等化。

脱贫攻坚期间实施的一系列兜底保障政策，虽然以最直接的方式使贫困户生活水平快速提升，但往往高度依赖于政府财政转移支付，具有不可持续的特点，并且可能导致效率损失，过高的福利补贴也会引起一定的路径依赖问题，例如助长部分贫困群体滋生不劳而获的心理，部分低效率扶贫产业过于依赖政府资金支持而改革创新动力缺乏

等。由表3-9山西省农村居民收入结构变化可知，2014—2019年，山西农村居民可支配收入中转移支付比重出现较大幅度的增加，2014年比重为18.55%，到了2019年底提高到24.79%，占收入约四分之一。从农村居民获得转移性收入的具体项目来看，2016—2019年，农村居民获得的社会救济和补助、政策性生活补贴、从政府和组织得到的实物和现金、政策性惠农补贴四项非生产性福利补贴合计占比达到总转移支付的五分之一以上。鉴于此，在确保贫困落后地区生产条件和发展能力、增强发展后劲的同时，需要根据农村地区发展新阶段的实际，将部分非生产性扶贫兜底保障政策整合优化为对产业发展有益、提升农民自发动力的发展型政策，以确保农村居民在整个乡村振兴推进期间获得稳定收益，保障乡村振兴顺利实现。

表3-9　2014—2019年山西省农村居民收入结构变化（%）

年份	工资性收入占比	经营净收入占比	财产净收入占比	转移净收入占比
2014	51.88	28.18	1.40	18.55
2015	52.06	27.76	1.50	18.68
2016	51.62	27.08	1.48	19.83
2017	50.63	26.18	1.52	21.66
2018	48.82	26.17	1.64	23.37
2019	47.26	26.32	1.63	24.79

数据来源：《山西统计年鉴（2015—2020年）》。

表3-10　2013—2019年山西省农村居民转移性收入结构变化（%）

年份	2013	2014	2015	2016	2017	2018	2019
养老金或离退休金	25.80	29.32	38.63	38.00	33.51	30.20	26.63
社会救济和补助	4.47	4.54	4.92	5.20	5.89	7.88	8.82
政策性生活补贴	2.43	2.24	4.46	6.47	4.67	5.08	3.47
赡养收入	8.56	9.45	7.31	6.30	7.99	15.34	20.43
报销医疗费	4.93	11.39	8.24	5.18	7.26	6.04	5.38
从政府和组织得到的实物	7.34	5.62	2.65	3.89	2.18	1.51	1.70
现金政策性惠农补贴	9.05	8.71	6.84	6.10	8.56	6.07	7.26
四类福利补贴合计	23.29	21.11	18.87	21.66	21.30	20.54	21.26

数据来源：《山西统计年鉴（2014—2020年）》。

（四）推进农业农村绿色发展

十九大报告提出乡村振兴战略，同时指出了建设生态文明是中华民族永续发展的千年大计，治理乡村污染是其中重要任务之一。山西省农村相对脆弱的生态环境与较大的经济发展潜力客观上要求将绿色发展理念贯穿到脱贫攻坚与乡村振兴战略中。

一方面要推动绿色产业发展。绿色产业发展要求依托本地优势特色资源，构建资源、市场、产业相结合的绿色可持续发展体系。第一，因地制宜发展具有比较优势的现代化特色农业，促进农业标准化、规范化，鼓励新型农业经营主体和服务主体从事绿色低碳生产经营，生产绿色有机农产品，培育壮大农业精深加工产业集群。第二，利用独特的黄土高原风光、丰富的红色旅游资源等优势，加快国家、省级旅游示范区建设，推动健康疗养、休闲娱乐、民俗文化体验等文旅产业发展。第三，借助绿色农产品、绿色旅游等方面的优势，吸引资本进入市场，借鉴发达地区先进品牌管理、市场营销方面的经验，形成乡村振兴与绿色发展协同推进的产业合作链条；构建具有区域特色的公司＋农户模式，形成前连市场、后连农户的完整产业链，推动电商平台、物流配送发展，加快实现特色产品与国内外市场对接。第四，推动与绿色发展不相适应的传统煤炭产业转型升级，融合一、二、三产业，培育与资源环境特点相适应的新兴产业集群，形成低碳循环发展模式①。

另一方面要发展绿色农村。农民是农村绿色发展的主体，要加大对农民关于绿色发展知识的教育与宣传，帮助村民从思想意识上树立绿色发展理念，自觉选择绿色生产生活方式。向农村提供必要的绿色发展资金，持续推进煤改气、生活污水处理与垃圾分类、退耕还林等

---

① 党政军.绿色发展视野下新农村经济转型发展模式研究 [J].农业经济，2020(05):34—36.

绿色行动。健全农村环境保护相关的政策法规，为农村绿色发展提供制度保障。

第四节　乡村振兴起步阶段反映出来的问题与地方实践

一、乡村振兴起步阶段需要关注的问题

（一）农业产业化需要加快步伐

由于自然资源条件、区位交通、发展基础等因素的限制，山西省深度贫困地区耕地零散，集中连片土地较少且交通不便利，农业产业化、现代化发展程度低。由表 3-11 可看出，从农业机械化情况来看，与其他农业大省如河北、山东等相比，山西省农业机械化程度依旧较低，2019 年机械播种面积比例与机械收获面积比例分别为 73.29% 与54.22%；而河北省在 2017 年机械播种面积比例与机械收获面积比例就已分别达到 81.43% 与 66.02%。山西省农业产业规模小，产业链条不完整，销售渠道不畅，集约化程度低。如 2018—2019 年山西农村居民家庭平均每户年末拥有农业生产性固定资产原值分别为 4113.38 元、4590.5 元，而河北省 2018 年就达到 6982.48 元。市场发育滞后，龙头企业少且示范带动能力有限。青壮年劳动力外出务工多，留守的老弱病残文化层次相对较低，缺乏产业发展所需劳动技能。根据 2019 年山西省入户抽样调查数据，在农村劳动力中，受教育水平在小学及以下的占到 32.24%，初高中受教育水平占到 63.04%，受教育水平在大专及以上的仅仅占到 4.73%，由此可见农业产业化人才相对缺乏。

表3-11　2013—2019年山西省农业机械化情况

年份	2013	2014	2015	2017	2018	2019
1.当年实际机耕地面积(千公顷)	2609.24	2683.05	2737.03	2733.19	2670.00	2629.72
2.当年机械播种面积(千公顷)	2516.57	2622.28	2646.58	2616.95	2634.00	2583.27
占总播种面积(%)	66.53	69.31	73.30	73.30	74.10	73.29
3.当年机械收获面积(千公顷)	1703.11	1810.73	1824.81	1854.55	1896.00	1911.12
占总播种面积(%)	45.03	47.86	50.60	52.00	53.30	54.22

数据来源：《山西统计年鉴（2014—2020年）》。

（二）乡村间以及乡村内部发展差距明显

首先，贫困农村之间存在差距。惠农政策特别是脱贫攻坚政策的实施，使得部分基础较好和脱贫较早的农村生产生活条件得到了明显改善，已经开始对乡村振兴战略先行探索，并取得了一定成效。对于地处深度贫困地区的农村，绝对贫困问题基本得到了解决，但是健康医疗、义务教育、住房保障、饮水安全等方面仍然存在薄弱环节。其次，贫困村与非贫困村，贫困群体与非贫困群体间存在差距。在脱贫攻坚进程中，资源向贫困人口、贫困村、贫困县集中的同时，使得略高于贫困线的低收入群体和经济欠发达非贫困地区出现一定的落差。中国农村贫困监测报告统计数据显示，2017年山西省农村贫困地区、农村整体、城镇居民人均可支配收入分别为7330元、10787.51元以及29131.81元，人均消费支出分别为6274元、8424.01元及18403.98元，由此也可看出贫困村与非贫困村、农村与城市之间收入尚存在较明显的差距。

（三）农村老年人等特殊人群亟需关注

农村老龄化、空心化和空巢化的问题较严重。根据山西统计局人口抽样调查样本数据（见表3-12），早在2013年山西省就进入老龄化社会。2014—2019年间山西省城镇以及农村老龄化程度逐年加深，分别由12.02%与15.39%提高至18.35%与24.31%；农村老龄化程度与老龄化增速都高于城镇，2019年两者老龄化率相差5.96%，2014—2019年间农村年平均老龄化率增速11.96%，而城镇为8.86%，两者相差3.1个百分点。人口老龄化加剧农村面临的老人、残疾人医疗、养老保障等问题，也对乡村振兴的实现构成挑战。同时，由于老年人口、残疾人口等健康状况差，缺乏或丧失劳动能力，收入并不稳定，加上这部分群体需要的医疗等支出一般也较大，多重因素导致这部分群体脱贫稳定性较差。

与此同时，山西省农村医疗公共设施相对较少，进入农村的医疗人才也不多，导致农村部分特殊困难群体享有的医疗服务少且质量不高。如图3-10所示，2010—2018年山西省每千农业人口村卫生室人员与乡村医生和卫生员总数持续下降，至2018年每千农业人口拥有村卫生室人员仅为2.07，乡村医生和卫生员总数由43354人降至35642人。农村养老保障服务业严重滞后。2018年全国农村养老服务机构13885所，山西农村养老服务机构241所，低于全国平均水平，仅为全国1.7%。

表3-12　2013—2019年山西城镇与农村老龄化率变动情况（%）

年份	2013	2014	2015	2016	2017	2018	2019
城镇老龄化率	-	12.02	13.18	13.93	15.54	16.81	18.35
增速	-	-	9.70	5.70	11.49	8.21	9.18
农村老龄化率	12.60	15.39	14.95	16.18	18.25	22.65	24.31
增速	-	22.15	-2.88	8.21	12.86	24.10	7.31

数据来源：国家统计局、山西统计局人口抽样调查样本数据。

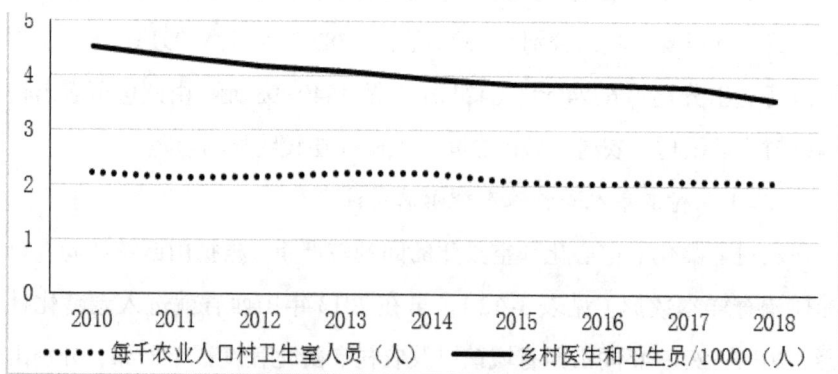

图3-10　2010—2018年山西省农村卫生室人员变化

数据来源：国家统计局，为了数量级一致方便统计，将乡村医生和卫生员在原始数据基础上除10000。

（四）兜底保障政策转向普惠型政策需要克服"路径依赖"问题

随着农村绝对贫困问题的解决，需要逐步将原来专门用于支持贫困村、贫困户发展特色产业的信贷、转移性支付、基础设施建设等措施进行调整，转向推进乡村振兴的普惠型政策。这样的模式转化无疑需要时间。一方面，部分刚刚摆脱贫困的自生能力不稳定的脱贫人口、部分因病因残易致贫者、丧失劳动能力的老年人等特殊群体，都需要一定时间的持续扶持，以防重新陷于绝对贫困。另一方面，一些地区的扶贫产业相对弱小，需要给予一定的后续支持，以确保符合市场需求的产业成长壮大起来。以上因素导致转向实施普惠性政策存在一定的障碍。

（五）"强政府"与"弱市场"的格局短期难以改变

短期内，山西省难以从脱贫攻坚期间的"强政府＋弱市场"模式转为与乡村振兴相适应的"市场主导＋政府为辅"模式。首先，由于在脱贫攻坚期间，部分深度贫困地区地理位置偏远、生态环境恶劣、公共服务供给不足和市场发育不足，产业发展特别是农业产业发展需要政府的支持，但是，长期依赖政府的惯性做法、思想观念等，导致部分农户自身发展能力不足；同时，政府由于缺乏市场运行的专业知识，可能造成扶贫产业与市场的潜在脱节、产业脆弱等预想不到的问题。其次，从山西省乡村振兴初期出台的政策可以看出，政府的支持力度都较大。例如，政府安排大量资金发展农业龙头企业、推动农产品精深加工产业集群发展等。2019年安排资金5.78亿元用于发展产业，2020年为12.59亿元，提高了1.18倍。另外，以财政支出衡量，2017—2019年，政府财政支出占GDP比重也在不断提高，由24.2%提高到27.7%。其三，市场化程度依然较低。根据王小鲁、樊纲等（2018）从政府与市场关系、非国有经济发展、产品市场发育程度、要素市场发育程度以及市场中介组织与法制环境五个维度进行综合打分对全国各地区的市场化程度测算，2013—2019年山西省平均市场化得分 5.48，在全国 31 个省份中排名倒数第十，表明市场体制不够完善。由此可见，转变"强政府"与"弱市场"的格局需要较长的时间。

表 3-13　　2013—2019 年各地区市场化得分及排名

排名	省份	2013	2014	2015	2016	2017	2018	2019	平均
1	浙江	9.37	9.73	10.00	9.97	9.97	9.97	10.09	9.87
2	上海	8.94	9.77	9.73	9.93	9.93	9.93	10.14	9.77
3	天津	9.42	9.29	9.44	9.78	9.78	9.78	9.91	9.63
4	广东	8.64	9.30	9.68	9.86	9.86	9.86	10.12	9.62
5	江苏	9.86	9.64	9.30	9.26	9.26	9.26	9.15	9.39
6	北京	9.12	9.37	8.89	9.14	9.14	9.14	9.21	9.14
7	福建	7.47	8.09	8.96	9.15	9.15	9.15	9.45	8.77
8	重庆	7.22	7.80	7.69	8.15	8.15	8.15	8.35	7.93
9	山东	7.39	7.76	7.85	7.94	7.94	7.94	8.06	7.84
10	湖北	6.58	7.16	7.35	7.47	7.47	7.47	7.68	7.31
11	安徽	6.50	7.40	6.98	7.09	7.09	7.09	7.23	7.05
12	河南	6.51	6.85	7.05	7.10	7.10	7.10	7.23	6.99
13	湖南	5.84	6.78	7.09	7.07	7.07	7.07	7.30	6.89
14	四川	6.18	6.52	7.01	7.08	7.08	7.08	7.26	6.89
15	江西	5.83	6.74	6.82	7.04	7.04	7.04	7.27	6.83
16	辽宁	6.57	6.88	6.66	6.75	6.75	6.75	6.79	6.74
17	吉林	6.11	6.27	6.47	6.70	6.70	6.70	6.81	6.54
18	广西	6.31	6.48	6.26	6.43	6.43	6.43	6.47	6.40
19	陕西	5.62	6.29	6.21	6.57	6.57	6.57	6.81	6.38
20	河北	5.61	6.03	6.32	6.42	6.42	6.42	6.58	6.26
21	黑龙江	6.12	6.16	6.00	6.14	6.14	6.14	6.17	6.12
22	山西	4.97	5.15	5.48	5.66	5.66	5.66	5.81	5.48
23	海南	5.68	5.87	5.21	5.28	5.28	5.28	5.25	5.41
24	宁夏	4.38	5.15	4.95	5.14	5.14	5.14	5.28	5.03
25	内蒙古	5.19	4.96	4.84	4.80	4.80	4.80	4.74	4.88
26	贵州	4.49	4.81	4.52	4.85	4.85	4.85	4.94	4.76
27	云南	4.45	4.81	4.43	4.55	4.55	4.55	4.58	4.56
28	甘肃	3.49	3.86	4.50	4.54	4.54	4.54	4.75	4.32

续表

排名	省份	2013	2014	2015	2016	2017	2018	2019	平均
29	新疆	2.92	3.45	4.15	4.10	4.10	4.10	4.31	3.88
30	青海	2.76	2.53	3.13	3.37	3.37	3.37	3.51	3.15
31	西藏	-0.23	0.71	1.00	1.02	1.02	1.02	1.19	0.82

数据来源：王小鲁、樊纲等人编写的《中国市场化指数报告（2018版）》。需要注意的是，由于该报告提供的数据只到2016年，本书用历年市场化指数的平均增长率作为预测依据，计算出2017—2019年数据。

（六）农村土地的"三权"改革仍需深化

土地资源合理流动和高效利用是实现乡村振兴的关键之一。其前提是做好"三权分置"工作，因为只有合理界定农民围绕土地的权利束，才能在尊重农民利益的基础上，达到盘活土地的目标。因此，界定农民产权特别是正确贯彻实施土地产权制度是关键。从目前的实践来看，所有权、承包权和经营权之间的权利边界依然存在模糊不清的地方，特别是具体实施过程中仍然有待突破。农民集体所有权与使用权权利主体的关系还不够清晰，农民对承包土地的占有、使用、收益等权能还没有得到全面落实，存在"被流转"与"被承包"的现象；土地承包经营权采取转包、出租、互换、转让等方式流转时所签订的书面合同依然欠缺规范性。有些地方的土地撂荒而没有得到流转耕种。结果，距离"让土地成为农民的资产，成为农民财产性收入的主要来源"的目标还有一定的差距。

（七）乡风文明建设任务艰巨

贫困群众内生动力需要继续培育。部分贫困群体安于现状、不思进取、遵循封建旧习，婚丧嫁娶攀比、大操大办、收钱敛财等现象需要改进。个别乡村文明建设落后，邻里纠纷和历史积累的矛盾存在，村民法治观念有待加强。公共文化建设方面存在文化基础设施落后、运营不善等问题。政府投入过分集中于基础文化设施硬件如文化馆、图书室等，对于硬件的有效利用、管理与维护以及乡村文明环境建设关注不够。不仅如此，现有农村公共文化供给存在一定的结构性矛盾，部分文化产品的供给与农民的需求不够匹配。由于老龄村民文化程度较低，难以认识到乡村文化建设的意义，参与度不高，导致形式多于内容的现象。

二、脱贫攻坚与乡村振兴有效衔接的地方实践

在打赢脱贫攻坚战，实施乡村振兴战略进程中，各地从实际出发，初步形成了各具特色的有效衔接思路与做法。

（一）小黄花成就大产业

山西省大同市云州区依托自身资源优势，通过发展黄花产业，逐步使得农民摆脱了贫困并走向乡村振兴之路。

云州区种植黄花历史悠久，因有富锌富硒的火山土，光照足、温差大，生产出的"大同黄花"品质优良，而被称为"黄花之乡"。尽管如此，黄花的成熟周期长达 3 年，采摘及后续处理工序复杂，加上农民对黄花市场欠缺了解，农民自发种植黄花一度并不成功。

2012 年，云州区把黄花作为脱贫攻坚的主导产业，投入大量财力对黄花种植户进行补贴，推动黄花产业发展。2016 年，又与保险公司达成协议为种黄花的村民提供保险。在这些政策的引导下，农民种植黄花的面积不断扩大，2019 年，黄花种植面积由以前的不足万亩发展到 17 万亩，建成上百家黄花专业合作社，年产值达 7 亿元，农民人均收入增长 5000 元，一大部分贫困户通过发展黄花产业彻底摆脱了贫困。

云州区大力发展黄花产业的同时，开始将发展黄花种植加工与科技研发、市场销售、乡村旅游寓于一体，构建黄花产业体系，通过生产规模化、产品品质化、品牌化发展，不断延长黄花产业链，让农民由此走向发家致富之路。在此过程中形成的经验做法主要有以下几点：

首先，建立以政府为导向、农民为主体、社会力量参与的多元化

投入和利益共担体系，为黄花产业营造良好的发展环境。例如，不仅政府利用财政资金鼓励农民种植黄花，而且通过引入保险，扩大黄花产业保险覆盖范围，创新保险产品和服务，解决农民的资金问题，增强农民发展黄花产业的信心。其次，重视科技研发。既重视新品种和先进技术引进，又重视合作研发，提升种苗、高产高效、防病治虫、采摘、储存、黄花产品精深加工、速冻保鲜等技术水平，提高黄花生产技术和产品的科技含量，例如开发科技含量高和附加值高的黄花提纯型产品 5–10 个，从而提高了产品的价值和农民收入。鼓励企业根据国际、国内有关产品质量标准，加强黄花品牌注册、国际质量体系认证等工作，不断提高黄花产品质量安全水平和市场竞争力。其三，将黄花产业建设同生态环境保护、发展文化旅游相结合，带动相关产业发展。例如，大同黄花节的举办和黄花文化旅游月的设立，不仅提高了黄花的知名度、美誉度和影响力，而且也带动了旅游业发展。

（二）"四化联动"实现乡村振兴

2019 年 6 月，左权县全面开展"乡村治理体系堡垒化"工作，实施"四化联动"，提升乡村治理水平，实现脱贫攻坚与乡村振兴互相促进、融合发展。

第一，产业结构调整制度化。左权县紧紧围绕特色产业、农业产业园区以及农业专业合作社，持续三年进行项目安排、技能培训、财政奖补，培育 5 个产业带、5 个省级以上与 10 个市级以上农业产品品牌，确保产业扶持政策不间断。第二，激活农村土地资源。完成农村土地承包经营权、宅基地使用权、林权确权颁证工作，完成 2000 亩荒山、荒沟、荒丘、荒滩使用权登记颁证工作。将农村集体产权制度改革与"三变"改革相结合，推动农村集体闲置资源在国家、省、市各级财政资金扶持项目等的支持下，全部进行清产核资并进入市场交易。通过完善农村资产评估制度，依托乡镇产权流转交易信息服务平台，推进产权流转的网上交易。对村集体资源等实行台账管理，对违反农业政策、超过三年流转期的资源予以收回。第三，农村基础设施标准化。围绕百村振兴，在乡镇政府所在地、千人村和 500 人以上村，推进文体活动中心、村级便民服务平台、老年人日间照料中心、红白理事厅、生活垃圾分类处理设施建设，开展污水管网、卫生室、幼儿园、劳务网点等普及工作，提高农村基础设施水平与公共服务供给质量。将乡镇所在地和千人以上村全部创建成为省级卫生村，500 人以上村中 60% 创建成为省级宜居示范村。第四，乡村治理体系堡垒化。将所有行政村原有的村级社会化管理的各类人员整合为三类，确保人数精简、补贴增加、效率提高。强化对村"两委"工作的指导，规范"两议会"，改进包村乡干部指导村"两委会"制度，指导村"两委"将上级决策部署落到实处。成立"乡贤会"，建立村级干部监管、激励考核等体系，解决农村队伍不稳、管理缺位等问题。"四化联动"工作扎实有效推进，推动了左权县乡村由脱贫走向振兴。①

（三）"产业振兴 + 乡村环境提质 + 组织建设"保对接

阳高县从巩固脱贫成果、提升群众幸福感、夯实产业发展等方面持续发力，确保脱贫攻坚与乡村振兴有效对接。

第一，着力解决"两不愁三保障"问题，为乡村振兴做好准备。筹资 5.3 亿元实施乡村环境提质工程，行政村全部实现村道硬化，通路、通水、通电、通网、通广播电视，有卫生室、文化活动场所的目标。2018 年建成市级示范村 15 个、县级重点村 21 个、改造达标村 88 个，2019 年对 35 个行政村的环境进行整治。同时，实施农村改厕、太阳能路灯亮化工程，开展"联手群众，清洁家园"活动，改善了全县农村环境面貌。第二，强化农村基层党组织建设，为乡村振兴提供坚实的组织保障。以富民增收、劳动力转移、矛盾调解、便民服务、文体活动、

---

① 白拴金，李爱娟 . 左权县实施"四化联动"助推乡村振兴 [EB/OL].(2019-06-26) [2020-08-17].http://www.jzzq.gov.cn/xwzx1/zqyw/content_28427.

村务监督为中心，围绕产业优化、易地扶贫搬迁后续扶持等工作发挥引领和服务作用，增强基层党组织战斗力。第三，以产业兴旺推动脱贫攻坚和乡村振兴战略有效衔接。培育蔬菜、杏果、生猪养殖、旱作农业4个主导产业，同时发展特色养殖、黄花、光伏发电、中药材等产业，构建"4+N"的产业发展体系，保障农民稳定增收。2019年建成10个扶贫设施蔬菜基地、4900栋蔬菜大棚，发展25.6万亩有机旱作农业、3个万亩杏果基地、8000亩黄花、3000亩中药材，共带动27031户农户增收。实施正大集团15万头生猪养殖项目，帮助5634户增收。在北京成立"阳高红"特色蔬菜服务中心，促成"北京新发地"、"海南佳伟"、"凡谷归真"等9家营销企业与6个乡镇建立利益联结机制，签订购销协议，为农产品打开销路，有效破解"小农户与大市场"对接难题。①

（四）生态立县促融合

大同市广灵县在脱贫攻坚与乡村振兴的具体实践中全面贯彻生态立县发展理念，着力打造"宜居、宜业、宜游、宜养"的广灵，实现脱贫攻坚与乡村振兴融合推进。

首先，立足当地特色发展生态产业，通过构建现代农业产业体系和完善农业支持保护制度，推进产业扶贫转向产业兴旺。以食用菌、杂粮、黄花、杏果、畜禽、中药材、光伏等生态经济产业为重点，结合当地生态和人文旅游资源，发展特色旅游业。与山西农业大学、山西省农业科学院建立合作关系，提高谷子种植机械化技术含量，支持以"农户＋合作社＋公司"的经营模式实现规模化种植，实施以奖代补政策鼓励企业发展小米深加工。2018年"东方亮"小米以"西方不亮东方亮"的响亮口号登陆纽约时代广场，打入国际市场，带动谷子种植户户均增收2500多元。扶持集食用菌研发培育、生产种植、加工、销

---

① 李全宏.防返贫与促脱贫同样重要——阳高县巩固提升脱贫成果防范返贫风险的实践[EB/OL].(2019-12-18)[2020-08-10].http://www.dtyg.gov.cn/dtygx/ygdt/201912/d20752648da2496586c3ed1565bd97c9.shtml.

售、技术推广为一体的省级龙头企业北野食用菌业公司，打造并已建成省级现代食用菌产业园区三个。

其次，发展优秀乡村民俗文化。根据一村一规划原则，育乡愁兴旅游，打造"宜居、宜业、宜游、宜养"的广灵乡村，以乡村提质促振兴。其中，涧西村打造古村落田园综合体式乡村的做法成为典范。涧西村原是一处充满人文气息的古村落，现在村内既有宽敞平整的柏油路、下沉公园式广场、千亩药用花卉，又有乡愁满满的片石街、古朴的石头堡墙、5处原貌修缮的清代农耕大院，以及古法烧窑体验区。以典型示范为抓手，根据全面发动、分类推进原则，广灵县投资5亿多元，在全县推进乡村提质工程，帮助143个村基本实现基础设施互联互通、基本公共服务共建共享，显著改善了农村人居环境，打造出一批特色示范村，让乡村环境提升工程成为巩固拓展脱贫攻坚成果和有效衔接乡村振兴的有力举措。①

三、脱贫攻坚与乡村振兴有效衔接的对策

（一）因地制宜发展壮大特色产业

依托各地农业资源优势，推动特色农业大省向特色农业强省转变。首先，持续深化农业供给侧结构性改革。针对"三农"发展不平衡不充分问题，发展晋南苹果、吕梁红枣、平遥牛肉、雁门肥羊、核桃、杂粮、陈醋、太行小米、大同黄花、安泽连翘、隰县玉露香梨等优质特色农产品，借助资源比较优势发展产业，形成省内知名、区域畅销特色农业品牌②。规范完善"生产+加工+科技+流通"的现代农业产业

---

① 赵志成. 广灵县：壶流河畔家乡美 [EB/OL].(2019-07-16)[2020-08-11].http://fpb. shaanxi.gov.cn/newstyle/pub_newschannel.asp?chid=100815.

② 山西省人民政府关于加快推进农产品精深加工十大产业集群发展的意见 [EB/ OL].(2020-04-13)[2020-12-20].http://www.shanxi.gov.cn/yw/zcjd/wzjd/202004/ t20200413_794810.shtml.

园创建，以每县创建 1-2 个产业园为目标，构建国家级、省级、市县级产业园梯度发展格局，推进特色产业的升级。突出山西省优势杂粮、旱作农业、功能农业三大特色，发展酿品、乳品、饮品、果品、肉制品、主食糕品、功能食品、保健食品、中医药品、化妆品等农业产业集群。其次，推广先进农业技术和标准化生产。建设高品质农产品生产基地、打造现代农业高质量发展先行区、培育各类新型经营主体、创新质量和安全标准体系、提升农业品牌。最后，推进农村一二三产业融合发展。将传统的农业产业链向产前和加工、运输等环节延伸，不断优化农业产业结构。

（二）协同发挥市场与政府的配置资源功能

"有效市场"与"有为政府"的高效配合是实现巩固拓展脱贫攻坚成果与乡村振兴有效衔接的根本保障。二者的有效衔接，既要求在短期内集中大量的人才、资金等要素资源，也要保证投入的可持续性。单靠政府推动乡村振兴缺乏可持续性，难以实现乡村产业兴旺、城乡资源双向流动、农民持续增收、农村生态环境宜居等目标，因此，必须清晰地区分政府和市场在脱贫攻坚与乡村振兴战略中的职能差异，探索"有效市场"与"有为政府"在乡村振兴战略中的协作模式和机制。以市场需求为导向，发挥农民的市场主体地位，因地制宜地发展特色产业。政府则在农民种养殖、产品经营销售网络等方面引导第三方提供培训，通过完善土地制度、规范信贷扶持、提供市场信息和技术服务、提升公共产品及公共服务供应水平等方面发挥必要的支撑功能。从目前来看，推动城乡资源双向流动具有特别的紧迫性。实现要素资源向乡村的流动，需要政府提供制度安排，如加大财政对农业、农村转移支付力度以及农村公共设施与服务的投入，以缩小城乡之间吸引要素流动与集聚能力的差距。

（三）提高农村基础设施与基本公共服务供给力度

借鉴浙江"千村示范、万村整治"的经验做法，坚持有所为、有所不为的原则，除了部分不具备居住和生产生活条件的自然村外，根据村实际情况，实现基础设施从"有"到"优"的转变。整合政府和社会资源，推进村路硬化、通信设施优化升级、村级教学条件改善、休闲广场建设等。引进和发展适合黄土高原地貌的农业灌溉和农业机械技术设备，加强对农技推广服务站和农业特派员、农业技术指导员的培养和引导，为农业优良育种、嫁接、施肥、科学管理等提供完善的服务。

（四）推进黄土高原美丽家园建设

持续开展农村垃圾分类、生产生活污水治理、农村环境卫生日常管护、村庄规划编制等农村环境整治行动，保证农村人居环境水平持续改善，建设具有山西地域特色的生态宜居乡村。合理引导农户进行危旧房屋集中改造整治，逐步实现由"住得安全"向"住得舒适"升级。推进厕所革命，在农村逐步加大污水净化处理、垃圾分类处理能力，提升乡村环境卫生水平。制定与本地相适应的环境卫生整治村规民约，激励村民自发遵守，增强文明意识，养成良好生活和卫生习惯。促进城乡互通，让人们望得见山看得见水，记得住乡愁，为乡村振兴的"生态宜居"奠定环境基础。

（五）实施搬迁保障与生活富裕相衔接

政府引导企业进驻搬迁安置产业区和扶贫车间，通过第三方搭建多元化、多形式、多渠道就业创业平台，为搬迁户创造良好的就业创业氛围，帮助其增强发展能力并实现稳定增收。通过对旧式厂房、村集体闲置土地等进行升级改造为安置区厂房车间，免费提供给进驻企业，给搬迁户提供更多就业机会。通过"合作社＋农户"等方式，既为搬迁户提供就业岗位，还鼓励其以土地、资金等形式入股，参与合作社经营管理，年终领取分红，增加搬迁户收入来源。推进和谐社区建设，增强搬迁群众对小区事务的参与意识，提高搬迁户的社区认同感与归属感，加速融入新环境。

（六）培养振兴乡村的人才

人才是实施乡村振兴的关键。要保障农村教育资源投入，不断提高农村教育教学水平，为农村经济社会建设提供人才。新型职业农民是乡村振兴的主体，是引领农业农村经济发展，带领农民致富增收和维护农村社会和谐稳定等方面的带头人。因此，要从经费、配套措施、责任等方面建立新型职业农民教育、培训和培育体制机制。鼓励和吸引各类人才"上山下乡"，继续落实"一村一名大学生工程"，做好"大学生村官""三支一扶"、农技人员等农村基层人才培养工作，鼓励和动员全社会力量投入乡村振兴过程。

第四章　夯实产业兴旺之基：
构建现代特色农业产业体系

　　山西省虽然不是小麦、稻谷和玉米等大宗粮食主产区，但是地势、地貌、土壤、日照、温差等自然条件的多样性特征决定了具有发展玉米、小杂粮、蔬菜、鲜干果、饲草畜牧、中药材等差异化特色农业的资源禀赋优势。多年来的市场竞争加上政府的积极引导，特别是近些年精准扶贫政策的实施，特色农业品质化、产业化和品牌化程度得到了提升，部分产品如陈醋、白酒、小米等畅销海内外。部分贫困户因为收入稳步增长而摆脱了绝对贫困。但是，受人口、农地分布与肥沃程度、灌溉条件等多种因素的影响，农业生产组织化和经营规模化程度不高、农产品深加工度不足、产业附加值低、部分地区产业雷同等问题在未来一段时间还将对特色产业的发展构成重要制约。在乡村振兴时期，需要深化农业供给侧改革，提高农业规模化经营水平和农民的组织化程度，培养城乡一体化的要素市场，引导资源向农村农业流动，逐步建立起现代化的农业生产、经营体系，提高特色农业的效率与效益，实现农民收入的长期稳定增长。

第一节　山西省特色农业发展现状

　　山西省地处黄土高原地区，以山地丘陵旱地为主，生态资源丰富，光热资源充足，但水资源相对缺乏且区域分布不均匀。独特的地理环境和长期的农业耕作传统，使得山西省玉米、小杂粮、蔬菜、干鲜果、饲草畜牧、中药材等特色农业形成了一定优势。

一、山西省农业发展状况

山西省农业基础相对比较薄弱，现代农业发展缓慢。2000—2019年农林牧渔总产值在全国一直位居第22—25位，在中部6个省份一直居于最后一位。近年来，伴随着农业劳动生产率的提高，农业得到稳步发展。农林牧渔业总产值持续上升，从2000年的322.35亿元增加到2019年的1626.54亿元，年平均增长9.54%。在农业产值不断增加的同时，农林牧渔业结构也发生了显著变化。

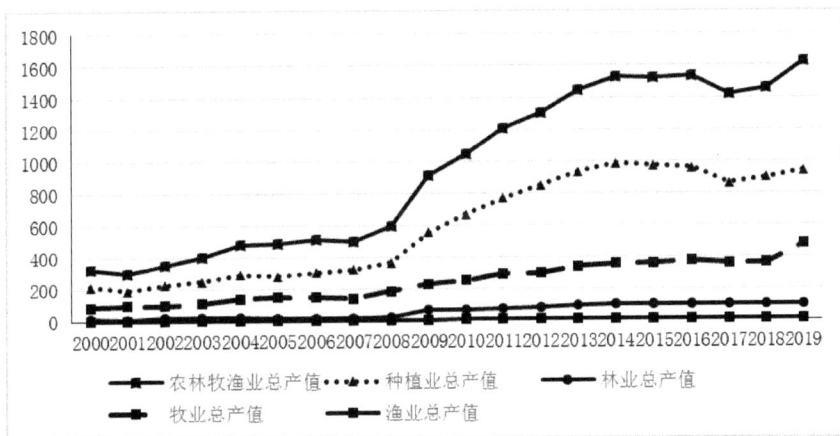

图4-1　2000—2019年山西省农林牧渔业总产值（亿元）①②

数据来源：中国国家统计局。

（一）种植业稳步下降，但小杂粮优势依旧突出

从总量上看，种植业总产值由2000年的218.33亿元增加到2019年的936.76亿元，年平均增长8.78%。但是在农业总产值中所占比重稳中有降，

---

① 根据第三次全国农业普查结果，2007-2017年年度农林牧渔业总产值进行了修订。
② 在2003年以后，农林牧渔业总产值包括农林牧渔服务业产值。

由 2000 年的 67.72% 下降到 2019 年的 57.70%，并在 56%—68% 之间波动。

从种植业结构来看，粮食总产量从 2000 年的 853.35 万吨上升到 2019 年的 1361.80 万吨，其中 2013 年到 2019 年，受水资源短缺、天灾等多重因素影响，粮食产量出现了波动。2019 年粮食总产量占全国比重为 2.10%，排名第 16 位。2017 年，单位面积粮食产量为 4260kg/hm²，在全国仅处于第 27 位。除了烤烟、棉花、甜菜、蔬菜类（含菜用瓜）等单产在全国居第 3、5、5、7 位而比较靠前外，像麻类、稻谷、高粱、绿豆、红小豆、马铃薯、花生、大豆、油菜籽的单产均低于全国平均水平。

表 4-1　2017 年山西省主要农作物单产及全国排名

主要农作物	山西单产 （千克 / 公顷）	全国单产 （千克 / 公顷）	全国排名
粮食	4260	5538	27
烤烟	3486	1913	3
棉花	1400	715	5
甜菜	50526	16128	5
蔬菜类（含菜用瓜）	47496	37184	7
小麦	4146	3853	12
谷子	2088	2081	16
麻类	1984	2372	16
稻谷	6810	6916	18
高粱	2936	3377	20
绿豆	990	1520	22
红小豆	1088	1809	22
马铃薯	2431	3592	26
花生	2263	2958	26
大豆	1307	1965	27
油菜籽	945	1911	28

数据来源：中国农业部、国家林业局、国家统计局、水利部、中国海关。

但是从表 4-2 可以看出，2018 年，谷子、绿豆、胡麻籽、红小豆、葵花籽、高粱、玉米、甜菜、冬小麦等具有山西特色的农作物产量在全国位于前列，分别是第 2、4、4、5、6、7、9、9、10 位，其中，谷子、绿豆、红小豆等小杂粮的优势尤为明显。

表 4-2　2018 年山西省农产品产量及其在全国的排名

农产品种类	产量（万吨）	全国产量占比（%）	全国排名
粮食	1380.40	2.0982	16
夏收粮食	229.89	1.6561	12
谷子	47.26	2.3456	2
绿豆	4.52	2.1199	4
胡麻籽	3.52	0.0026	4
红小豆	1.43	0.0037	5
葵花籽	5.90	1.7391	6
高粱	11.53	1.8286	7
玉米	981.62	3.8170	9
甜菜	0.12	20.1811	9
冬小麦	228.59	3.9629	10
小麦	228.59	5.8522	11
马铃薯	45.33	1.8549	11
豆类	35.62	6.6344	13
大豆	23.60	5.1457	14
芝麻	0.19	1.4780	14
秋粮	1150.51	1.7994	15
棉花	0.36	2.5206	15
薯类	51.56	0.0592	16
谷物	1293.22	0.4506	17
油菜籽	2.37	0.0773	19
麻类	0.01	0.1784	20
烟叶	0.39	0.4405	20
烤烟	0.35	2.3654	20
蔬菜	821.87	10.5043	22
油料	15.47	0.0010	24
花生	1.34	0.0493	24
糖料	0.12	0.0106	25
中稻和一季晚稻	0.56	0.1740	26
稻谷	0.56	0.1659	28

数据来源：《山西统计年鉴（2019 年）》和《中国统计年鉴（2019 年）》。

（二）林业产值波动中上升

2019 年林业总产值为 101.31 亿元，比 2000 年增加 88.58 亿元，年均增长 18.83%。在农业总产值中的比重为 6.23%，高出全国林业在农业总产值的比重 1.57 个百分点。森林覆盖率由 2004 年的 13.3% 逐步提高到 2019 年的 23.18%。其中，2018 年山西造林面积为 340.15 千公顷，比 2005 年增加 210.15 千公顷，人工造林面积达到 308.02 千公顷，占造林总面积 90.55%，2005—2018 年平均占比达 75.14%。

（三）畜牧业平稳运行，蛋奶优势明显

2000 年以来，畜牧业产值占农业总产值的比值较为稳定，维持在 25%—30% 之间。2019 年畜牧业总产值达 478.57 亿元，相比 2000 年增加了 388.90 亿元，年均增长 9.80%。

从结构上看，肉类产量从 2000 年的 63.69 万吨上升到 2019 年的 91.02 万吨，2018 年肉类总产量占全国比重为 1.0794%，在全国排名第 24 位。其中猪肉、牛肉、羊肉产量分别在全国位居第 22、23、16 位。牛奶产量从 2000 年的 33.50 万吨上升到 2018 年的 81.06 万吨，2018 年牛奶产量占全国比重为 2.5715%，在全国排名第 10 位。禽蛋产量从 2000 年的 40.33 万吨上升到 2018 年的 102.58 万吨，2018 年的禽蛋产量占全国比重为 3.2790%，在全国排名第 12 位。其中牛奶和禽蛋的优势较为明显。

（四）渔业比重基本不变

渔业产值占山西农业总产值的比重较低，维持在 0.42%—0.71% 之间。2019 年渔业总产值为 6.91 亿元，相比 2000 年增长 4.24 倍，年均增长 8.69%。水产品产量主要由淡水产品贡献，由 2000 年的 2.60 万吨增加到 2018 年的 4.78 万吨，从淡水产品的角度看，渔业产品相对于北京、青海、宁夏三个地区占有优势，但与其他省份相比优势不明显。

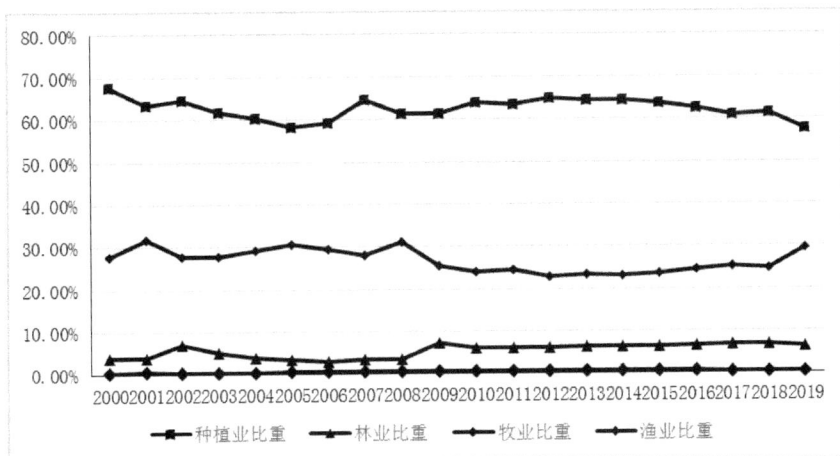

图 4-2　2000—2019 年山西省种植、林、牧、渔业占农业总产值比例变化趋势

数据来源：国家统计局。

二、山西省特色农业发展的禀赋条件

（一）自然资源丰富多样

1.土地多为丘陵旱地，人均耕地相对少

山西省土地面积为 15.66 万平方公里，约占全国总面积的 1.63%。2000 年到 2005 年耕地面积曾一度锐减，从 4341.94 千公顷减少到 3793.19 千公顷。此后至今较为平稳，维持在 4060 千公顷左右，占全省国土面积 25.93%。山西省耕地面积在全国排第 19 位，在中部 6 省中排名第 5，低于河南省 8112.3 千公顷的水平。人均耕地也呈递减趋势，2000 年人均耕地 2.01 亩，2019 年下降到 1.63 亩，略高于 2019 年全国人均耕地 1.52 亩的水平。但是，土地多是丘陵旱地，同时受中度盐碱侵蚀或采煤塌陷等因素的影响，耕地质量相对较低。

表 4-3　2000—2019 年山西省耕地与粮食变化情况

时间	年末常住人口（万人）	粮食产量（万吨）	耕地面积（千公顷）	人均粮食（公斤）	人均耕地（亩）
2000	3247	853.35	4341.94	262.81	2.01
2001	3272	692.10	4290.07	211.52	1.97
2002	3294	925.54	4063.04	280.98	1.85
2003	3314	958.87	3893.87	289.34	1.76
2004	3335	1062.00	3833.78	318.44	1.72
2005	3355	978.00	3793.19	291.51	1.70
2006	3375	1024.50	4062.86	303.56	1.81
2007	3393	1009.33	4063.19	297.47	1.80
2008	3411	1034.40	4063.52	303.25	1.79
2009	3427	954.90	4063.85	278.64	1.78
2010	3574	1107.54	4064.18	309.89	1.71
2011	3593	1225.40	4064.51	341.05	1.70
2012	3611	1309.40	4064.19	362.61	1.69
2013	3630	1362.01	4061.73	375.21	1.68
2014	3648	1387.25	4056.84	380.28	1.67
2015	3664	1314.02	4058.79	358.63	1.66
2016	3682	1380.33	4056.78	374.89	1.65
2017	3702	1355.10	4056.32	366.05	1.64
2018	3718	1380.40	4055.86	371.27	1.64
2019	3729	1361.80	4055.40	365.19	1.63

数据来源：《山西统计年鉴（2001—2020 年）》。

2. 水资源相对缺乏，但日照充足

《2018 山西省水资源公报》数据显示，2018 年，水资源总量仅占全国水资源总量[1]的 0.44%，人均水资源占有量为 327.95m³，只有全国人均水平的 16.6%，属于极度缺水地区[2]。自然降水是水资源的重要来源，

---

[1] 由中华人民共和国水利部发布的《2018 年中国水资源公报》显示：2018 年全国水资源总量为 27462.5 亿 m³。

[2] 根据国际标准：人均水资源低于 3000m³ 为轻度缺水，低于 2000m³ 为中度缺水，低于 1000m³ 为严重缺水，低于 500m³ 为极度缺水。

降水秋季偏多，其余季节偏少，省内除大同东部偏少外，整体呈现由北、中部向西南递减的趋势[①]，降水季节区域分布不均匀。2019年平均降水量为380.2mm，远低于全国平均降水量645.5mm。旱作农业是山西省农业的基本特色。

山西省日照充足，年日照数在2200h-3000h之间，年日照率为51%—67%。绝大部分地区全年日照数在2600h以上，其中2018年年平均日照时数2356.5h[②]。由于地处中纬度属于暖温带、中温带大陆性气候，昼夜温差较大，有利于有机物质的积累，生物资源具有多样性。

（二）劳动力资源条件

2019年末，山西省常住人口总数3729万人，其中乡村人口1508万人，占全省总人口的40.44%，高于全国乡村人口比例1.04个百分点。乡村人口占山西省总人口的比重逐步下降，从2005年的57.88%下降到2019年的40.44%，下降了17.44个百分点。

表4-4　2005—2019年山西省乡村人口数量

年份	年末常住人口（万人）	乡村人口[③]（万人）	乡村人口比例（%）
2005	3355	1942	57.88
2006	3375	1923	56.98
2007	3393	1899	55.97
2008	3411	1872	54.88
2009	3427	1851	54.01
2010	3574	1857	51.96
2011	3593	1808	50.32
2012	3611	1760	48.74
2013	3630	1722	47.44
2014	3648	1686	46.22

① 山西省水利厅.2018年山西省水资源公报[EB/OL].(2020-03-10)[2020-10-01]. http://slt.shanxi.gov.cn/zncs/szyc/szygb/202003/t20200310_91042.html.
② 数据来源于山西省气象局信息服务中心。
③ 乡村人口是指居住在农村或农村聚落的总人口；农业人口指直接从事农林牧渔业的在业人口和农业劳动者家庭中的被抚养人口，自2015年起取消农业户口和非农业户口；农村人口指常住农村的人口，包括农业人口和一部分非农业人口。

年份	年末常住人口（万人）	乡村人口（万人）	乡村人口比例（%）
2015	3664	1648	44.98
2016	3682	1612	43.78
2017	3702	1579	42.65
2018	3718	1546	41.58
2019	3729	1508	40.44

数据来源：《山西统计年鉴（2006—2020年）》。

到2016年末，农业生产经营人员①占乡村人口的比重为39.89%，高于全国3.07个百分点。其中，除种植业生产经营人员占乡村人口比重高于全国外，林业、畜牧业、渔业均低于全国水平。表明山西省从事农业生产活动的人员相对较多，且种植业占较大比重。从事非农业生产经营人员占乡村人口比重为35.26%，与全国平均水平相比差7.41个百分点。其中从事雇主、自营、务工、公职、其他的比重分别为：0.27%、3.94%、26.61%、0.81%、3.62，均低于全国平均水平。

表4-5　山西省农业生产经营人口与全国平均水平（%）

		全国	山西
农业生产经营人口占乡村人口		36.82	39.89
种植业生产经营人口占乡村人口		34.21	38.00
林业生产经营人口占乡村人口		0.81	0.67
畜牧业生产经营人口占乡村人口		1.29	0.85
渔业生产经营人口占乡村人口		0.29	0.01
非农业生产经营人员占乡村人口		42.67	35.26
其中	雇主比重	0.38	0.27
	自营比重	4.76	3.94
	务工比重	32.43	26.61
	公职比重	0.82	0.81
	其他比重	4.29	3.62

数据来源：《中国第三次全国农业普查综合资料》。

---

① 农业生产经营人员：指在农业经营户或农业经营单位从事农业生产经营活动累计30天以上的人员数（包括兼业人员）。另外，人员数来自《中国第三次全国农业普查综合资料》。

从事农业生产经营的劳动力人口受教育程度稳步提高。2016 年底，从事农业生产经营人员中接受大学专科及以上教育的人口占 1.2%，与全国平均水平一致；接受普通高中、中职的人口占 9.5%，高于全国平均水平 2.4 个百分点；接受初中教育的占 58.6%，高于全国平均水平 10.2 个百分点；接受小学教育的占 27.9%，从未上过学的人口数占 2.8%，均低于全国平均水平，说明农业劳动力的受教育程度高于全国平均水平。

从事农业生产经营的劳动力多为大龄人口。截至 2016 年底，山西农业生产经营人员中，35 岁及以下占总人口数的 18.2%，低于全国平均水平 1 个百分点；36 岁 ~54 岁占总人口数的 45.6%，低于全国平均水平 1.7 个百分点；55 岁以上占总人口数的 36.3%，高于全国平均水平 2.7 个百分点。

（三）农业科技条件

农业技术进步体现在以下几个方面：第一，农业技术人员人数呈上升趋势。从 2004 年开始农业技术人员超过了 20000 人，此后平均值维持在 22406 人左右。2017 年农业技术人员占乡村人口的比重为 14.26 人 / 万人，高于全国平均水平的 11.78 人 / 万人。第二，农业机械总动力增长较快，但是存在起伏波动。2000 年到 2015 年不断增加，2015 年达到 3351.65 万千瓦，此后出现下降，到 2018 年下降至 1441.09 万千瓦。第三，农作物机械耕地、机械播种、机械收获面积占比上升。2019 年分别为 75.10%、75.14% 和 54.76%，相比于 2016 年的 72.99%、70.05%、49.16% 有一定提高。第四，2018 年全省有效灌溉面积达 1518.68 千公顷，占耕地总面积的 37.44%，相较于 2005 年，增加了 4.4 个百分点。第五，农业转型发展支撑条件得到了改善。在固定资产投资中，农林牧渔业投资呈现快速增长的态势，2019 年增长 20.6%，比全国农业投资增速 0.7% 高出 19.9 个百分点。

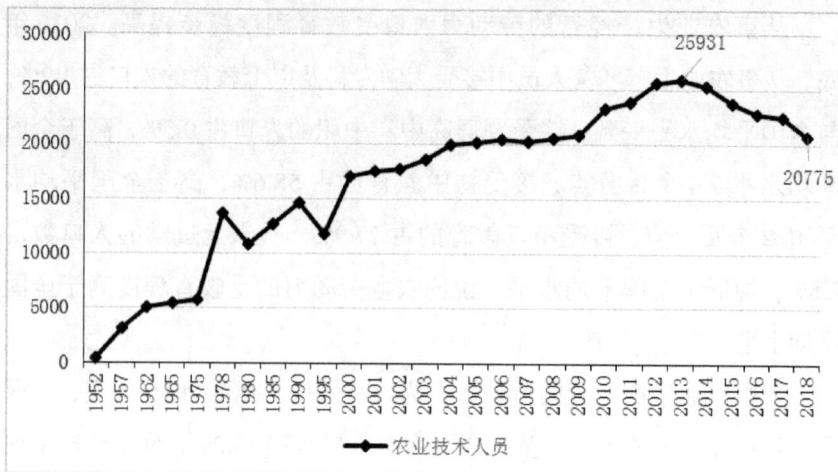

图 4-3　1952—2018 年山西省农业技术人员数量

数据来源：《山西统计年鉴（1953—2019 年）》。

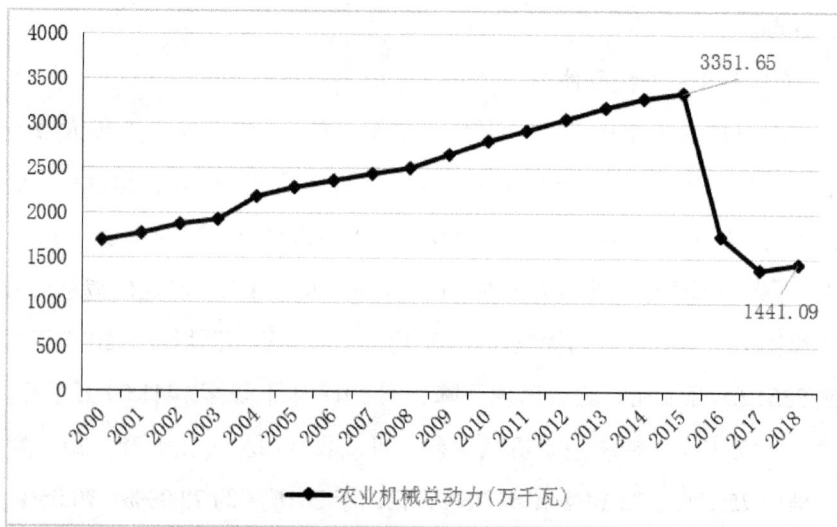

图 4-4　2000—2018 年山西省农业机械总动力

数据来源：《山西统计年鉴（2001—2019 年）》。

（四）特色农业的比较优势显著

山西省地理跨度较大，生态环境复杂多样，光热资源丰富，耕地及牧草地面积比较广阔。虽然与产粮大省相比，受丘陵环境、土地细碎、灌溉滞后等因素的限制，在小麦、水稻和玉米等大宗农作物生产方面优势不明显，粮食单产一直低于全国平均水平，农业劳动生产率还比较低。但是小杂粮等粮食作物、蔬菜等经济作物、干鲜果等林产品、肉蛋奶等畜产品、中药材产业均具有一定的比较优势。基于此，山西省正在不断探索新领域和模式，以推动特色农业的发展，将特色农业比较优势转化为动态经济优势。近年来，顺应农业发展新趋势，加大特色农产品优势区和现代农业产业园建设力度，先后建成18个山西特色农产品优势区，60个现代农业产业园，其中山西省太谷县现代农业产业园、山西省万荣县现代农业产业园先后入选国家现代农业产业园。立足于山西资源禀赋的特色农业正在带动农业产业化发展。

三、农业的整体区位优势

产业集聚是农村经济发展的一种重要组织形式，可以提升劳动者的生产率和创新行为，吸引资本流入农村地区，从而形成良性循环。根据区位熵理论，2009—2019年，山西省相对于全国的农业产值区位熵不断变化。2009—2011年和2016—2017年，农业产值区位熵有所下降，2012—2016年以及2017年后，农业产值区位熵上升，但是始终没有超过1。表明农业产业化程度低于全国平均水平，农业集聚能力相对较弱。对此，需要政府加大农业投入和政策支持，在重点区域精心培育具备产业集聚雏形的产业，引导特色产业集聚式发展。

表4-6　2009—2019年山西省农业区位熵

年份	农业总产值（亿元）	GDP（亿元）	全国农业总产值（亿元）	全国GDP（亿元）	LQ
2009	888.92	7358.31	59311.32	348517.70	0.71
2010	1016.41	9200.86	67763.13	412119.30	0.67
2011	1163.40	11237.55	78836.98	487940.20	0.64
2012	1265.98	12112.83	86342.15	538580.00	0.65
2013	1372.02	12665.25	93173.70	592963.20	0.69
2014	1440.60	12761.49	97822.51	643563.10	0.74

2015	1424.96	12766.49	101893.52	688858.20	0.75
2016	1429.91	13050.41	106478.73	746395.10	0.77
2017	1418.73	15528.42	109331.72	832035.90	0.70
2018	1460.64	15958.13	113579.53	919281.10	0.74
2019	1626.54	17026.68	123967.94	990865.10	0.76

数据来源：《山西统计年鉴（2010—2020 年）》和《中国统计年鉴（2010—2020 年）》。

（一）地市农业区位差异

不同地级市之间农业集聚程度差异明显。一是地级市如运城、忻州、晋中、临汾和朔州的农业产值区位熵大于 1，表明这些地级市的农业实力较强，具有相对优势，农产品基本可以满足本地需求，而且还能够外销从而创造更多的收入。其他地级市如太原、阳泉、长治、晋城、吕梁、大同的农业产值区位熵小于 1，农业产业化进程较慢，相对优势较弱。二是农业产值区位熵大于 1 的地级市，彼此之间的农业集聚度也存在差异。排名第一的运城区位熵的平均数值为 2.84，农业相对优势较强。忻州、晋中、临汾和朔州虽然也体现出一定的优势，但是与运城的差距还较大。朔州农业产值的区位熵均值刚刚超过临界值 1，该地区的相对优势不明显。

表 4-7　2009—2018 年山西省地级市农业产值区位熵、均值及排名

年份	太原	大同	阳泉	长治	晋城	朔州	晋中	运城	忻州	临汾	吕梁
2009	0.3	0.88	0.3	0.69	0.69	1.04	1.39	2.47	1.92	1.23	0.98
2010	0.29	0.89	0.28	0.69	0.68	1	1.34	2.75	1.74	1.29	0.85
2011	0.3	0.98	0.31	0.67	0.73	1.01	1.4	2.8	1.64	1.19	0.76
2012	0.28	0.95	0.28	0.68	0.71	1	1.41	2.99	1.59	1.2	0.78
2013	0.27	0.94	0.29	0.66	0.67	1.11	1.41	2.86	1.53	1.19	0.85
2014	0.25	0.9	0.3	0.67	0.64	1.1	1.43	2.76	1.45	1.26	0.96
2015	0.23	0.86	0.28	0.75	0.75	1.12	1.47	2.83	1.44	1.26	0.9
2016	0.22	0.92	0.28	0.75	0.77	1.12	1.48	2.84	1.4	1.29	0.87

续表

2017	0.22	0.98	0.28	0.73	0.76	1.16	1.44	3.03	1.35	1.29	0.77
2018	0.21	0.98	0.29	0.73	0.68	1.19	1.42	3.1	1.37	1.28	0.81
均值	0.26	0.93	0.29	0.7	0.71	1.09	1.42	2.84	1.54	1.25	0.85
排名	11	6	10	9	8	5	3	1	2	4	7

数据来源：《山西统计年鉴（2010—2019年）》和《中国统计年鉴（2010—2019年）》。

（二）主要特色农业产业差异

从表4-8可以看出，2009年山西农产品中农业产值区位熵大于1的农产品只有小麦、玉米、奶类、禽蛋四种。2012年，豆类和蔬菜类的农业产值区位熵分别达到1.09、1.03，2013年马铃薯达到1.05，产业优势逐步显现。2017年，农业产值区位熵大于1的特色农产品有6种，分别是玉米（2.91）、禽蛋（2.54）、奶类（1.91）、马铃薯（1.78）、小麦（1.33）、豆类（1.18）。

特色农产品中产值区位熵中最大的玉米均值为2.89，最小的麻类区位熵均值只有0.03，说明各类农产品的产业集聚程度差别较大。其中，产值区位熵大于1的农产品除了玉米外，还有小麦、豆类、马铃薯、蔬菜类、奶类、禽蛋等，这些产业在满足本地农产品需求外，外销到其他省份甚至国外。其中，除玉米的产值区位熵均值接近3，其余五类的均值均都小于2，说明即使形成了产业集聚，不同农产品的产业集聚差距较为显著，各类特色农产品的发展水平仍存在着极度不平衡的状况。马铃薯类的产值区位熵一直呈现增长趋势，2013年突破1，说明产业集聚优势初步显现。其他农产品油料、棉花、麻类、烟叶、猪、牛、家禽、猪牛羊肉，产值区位熵尚未达到1，集聚程度还不够高。特别是棉花类的区位熵一直下降，说明棉花种植业的优势正在逐步消失。

表 4-8　2009—2017 年山西省特色农产品产值区位熵

年份	2009	2010	2011	2012	2013	2014	2015	2016	2017	均值
小麦	1.22	1.34	1.39	1.46	1.28	1.39	1.49	1.28	1.33	1.36
玉米	2.66	2.88	3.00	3.00	2.97	2.95	2.75	2.88	2.91	2.89
豆类	0.74	0.85	0.87	1.09	1.31	1.31	1.37	1.59	1.18	1.15
马铃薯	0.88	0.87	0.96	0.96	1.05	1.13	1.12	1.59	1.78	1.15
油料	0.36	0.36	0.38	0.39	0.38	0.34	0.31	0.35	0.33	0.36
棉花	0.88	0.78	0.65	0.47	0.33	0.26	0.18	0.07	0.05	0.41
麻类	0.02	0.05	0.05	0.01	0.02	0.02	0.03	0.04	0.05	0.03
烟叶	0.21	0.27	0.24	0.20	0.20	0.24	0.24	0.24	0.17	0.22
蔬菜类	0.96	0.93	0.98	1.03	1.11	1.14	1.19	1.21	0.90	1.05
猪	0.69	0.68	0.69	0.71	0.75	0.77	0.79	0.81	0.90	0.75
牛	0.50	0.49	0.46	0.49	0.51	0.55	0.57	0.59	0.71	0.54
家禽	0.36	0.35	0.36	0.40	0.42	0.45	0.52	0.58	0.73	0.46
猪牛羊肉	0.69	0.69	0.69	0.71	0.75	0.77	0.79	0.82	0.84	0.75
奶类	1.34	1.33	1.35	1.43	1.62	1.72	1.71	1.92	1.91	1.59
禽蛋	1.83	1.70	1.71	1.78	1.88	1.96	2.08	2.14	2.54	1.96

数据来源：《山西统计年鉴（2010—2018）》和《中国统计年鉴（2010—2018）》。

1. 玉米

玉米是山西的第一大农作物。2019 年玉米播种面积 2572.5 万亩，占全省粮食播种面积 54.86%，播种面积占比在全国排名第 5 位。玉米产量由 2006 年的 666 万吨增加到 2019 年的 939.4 万吨，增加了 273.4 万吨，增幅明显。但是山西出现阶段性供大于求，制约了种植效益和农民收入的提高。由于地形复杂，生态多样，各地具有独特的小气候，造成各地区适宜推广的玉米品种存在差异。为防止造成非优势区粮食种植结构单一，山西省对玉米的种植结构进行了调整，调减非优势区玉米种植的同时提高优势核心产区产能。目前玉米的播种面积已呈现下降趋势，2017—2019 年下降量达 137.8 万亩。

2. 小杂粮 ①

山西省复杂多样的地貌、气候的多变以及充分的光照，为谷子、绿豆、红小豆、高粱等小杂粮产业发展提供了得天独厚的自然条件。山西省小杂粮享誉国内外，产量上均处于全国前列，有"小杂粮王国"的美誉。在晋北、晋西北和晋东南的山区和丘陵地区，小杂粮的播种面积均占总耕地面积的50%以上，杂粮种类多，品质好，产量比较大，以山西沁县"沁州黄"等为代表的一批知名品牌产品，行销到海内外。以小杂粮为主要原料还形成了白酒、食醋等特色产业，"山西老陈醋"、"山西汾酒"等一些知名品牌成为山西的标志。

3. 干鲜果

山西省从北向南形成的大同、忻州、晋中、临汾、运城、晋东南六大盆地，各具自然、气候特色，形成了以黄河沿岸、吕梁山区为主的优质红枣集中产区，以太行山丘陵为主的核桃、花椒集中产区，以晋南黄土丘陵区为主的优质苹果集中产区等。其中，红枣、核桃、花椒、苹果等干鲜果在产量和品牌上均形成了一定优势，从表4-9可以看到：苹果、梨、红枣、核桃等干鲜果的产量均位居中部六省前列，有着明显的规模竞争优势。苹果产量是湖北的388倍，红枣产量是安徽的44倍，红枣与核桃产量均居中部第一。同时，涌现出了"运城苹果"、"吉县苹果"、"隰县玉露香梨"、"绛县大樱桃"、"祁县酥梨"、"吕梁红枣"等区域性品牌，市场竞争力不断提升。以运城苹果为例 ②，截至2019年10月，果品种植面积达到510万亩，年产量630万吨，年出口量超过37万吨，占山西省的80%以上，畅销世界63个国家和地区，成为中国重要优质果品生产基地、果品贮藏基地和区域交易集散中心，

---

① 小杂粮泛指生育期短、种植面积少、种植地区和种植方法特殊，有特种用途的多种粮豆。包括荞麦、莜麦、糜子、绿豆、小豆、豌豆、蚕豆、芸豆、小扁豆、黑豆等。
② 央广网. 山西省举办国际果品交易博览会推动果品产业高质量发展 [EB/OL]. (2019-10-22)[2020-12-14].https://www.sohu.com/a/348632463_362042.

区域带动效应初步显现出来。

表 4-9　2018 年中部六省苹果、梨、红枣产量（万吨）

干鲜果	山西	安徽	江西	河南	湖北	湖南	山西居中部名次
苹果	376.50	36.42	-	402.74	0.97	-	2
梨	63.72	122.61	16.32	122.86	37.31	19.70	3
红枣	66.22	1.50	-	25.23	3.26	3.32	1
核桃①	23.16	2.38	2.00	14.87	12.18	0.81	1

数据来源：《中国林业统计年鉴（2019 年）》。

4. 蔬菜

相对独特的地理、气候条件特别是栽培技术和经验的积累，使得山西省成为国家最佳蔬菜保护地生产区。全省蔬菜播种面积较为平稳，产量呈现先增后平稳的趋势。其中 2007 年到 2014 年的 8 年间，全省蔬菜面积从 173.93 千公顷上升到 180.40 千公顷，平均年增长率为 0.47%；蔬菜总产量从 730.14 万吨上升到 827.83 万吨，平均年增长率为 1.32%，高于面积增长率。2010 年蔬菜总产值为 132.6 亿元，2018 年达到 184.6 亿元，平均年增长率为 6.69%，蔬菜产业发展提高了农村就业，有效地增加了农民收入。

5. 畜牧业

草地是畜牧业发展的最基本生产资料。山西省草地面积较大、分布较广，是我国北方农区草地面积较大的省份之一。拥有天然草地面积 6828 万亩，是耕地面积的 1.12 倍，其中连片面积 300 亩以上天然草地面积 5566 万亩，占草地总面积的 81.5%，连片面积 300 亩以下零星田边草地 1262 万亩，占草地总面积 18.5%。饲用牧草资源丰富，种类繁多，草地资源饲用植物达 500 多种。目前尚有 30% 左右的草地尚未得到有效利用，发展畜牧业的潜力较大②。近年来畜牧业逐步发展起来，

① 基于数据的可得性，核桃产量是中部六省 2017 年的数据。
② 山西省林业和草原局. 山西省林业有关情况 [EB/OL].(2019-10-16)[2020-12-10]. http://www.forestry.gov.cn/ghzj/5341/20191016/145050945928158.html.

2019年，猪牛羊肉总产量达到71.4万吨。其中，猪肉产量56.8万吨、羊肉产量8万吨，牛肉产量6.6万吨。"平遥牛肉""上党驴肉""雁北羊肉"等区域品牌知名度和影响力越来越高。

6. 中药材

山西省的中药材种植历史悠久，是我国重要的中药材种植基地，主要分布在北部、中南部等地区。作为中药材重要产区，中药材的种类、储量、种植面积和产量均处于全国前列。已知中药材种类达1116种，占全国《中药汇编》收载数量的25%。其中应县黄芪种植面积达3.5万亩，安泽被称为"中国连翘第一县"①。

第二节 山西省发展现代特色农业的难点与问题

一、发展现代特色农业的难点

（一）自然条件制约

山西省特殊的丘陵地形与气候变化造就了农产品"特"和"杂"，但同时也对发展特色农业产生不利影响。第一，土地的琐碎与分散影响规模化种植。农户人均耕地1.63亩左右，而且还在缩小。专业合作社分布散、规模小，绝大多数合作社集中经营的土地面积仅50亩左右。以中药材为例，种植、销售主要以家庭为单位，种植面积基本在一百亩以下，其中绝大部分是几亩、几十亩，无法形成合力参与市场竞争。第二，水资源缺乏的限制。尽管用水量与供水量一致，但是，2018年山西实际用水量为74.30亿 m³，农田灌溉用水约占总用水量的54.8%，

---

① 山西新闻网. 山西8味中药材入选国家道地药材库 [EB/OL].(2013-9-19)[2020-12-12].http://shanxi.sina.com.cn/news/report/2013-09-19/093334950.html.

即耕地实际灌溉用水量66.94m³/亩^①，仅为全国的18.34%，农田用水短缺，再加上水土流失等原因，主要靠自然降水无法满足农作物生长的需要，直接影响农作物产量。第三，极端天气多发，不利于农作物的生长甚至直接带来损害。阶段性干旱、区域性极端天气、"倒春寒"在山西发生几率较高。例如，以"阶段性干旱"气象条件为例，2011年、2014年、2015年、2017年、2019年部分地区均发生过干旱，对农作物成长造成损害。其中，2019年的阶段性干旱致使各地秋粮作物不同程度受到影响，粮食产量相比上一年下降1.3%。

（二）农业基础设施薄弱

地形复杂，造成修建水利设施成本高，能有效灌溉的土地不足40%，"靠天吃饭"的局面并未从根本上改变。2018年，山西省农业用水总量为43.3亿立方米，仅为湖南省农业用水总量的22.26%。农田有效灌溉面积为1518.68千公顷，湖南省有效灌溉面积为3261.36千公顷。灌溉方式上，大部分种植户依旧采用粗放型的大水漫灌，用水效率有待提高。

表4-10　2018年中部六省农业用水量（亿立方米）

指标	山西	安徽	江西	河南	湖北	湖南	山西居中部名次
用水总量	74.3	285.8	250.8	234.6	296.9	337.0	6
农业用水	43.3	154.0	160.7	119.9	153.8	194.5	6

数据来源：《中国统计年鉴（2018年）》。

由于山间小盆地、山坡梯田多，耕地之间分割严重，农业机械化推广难度比较大。如4-11所示，2018年山西省农用机械数量低于全国水平，尽管相较过去有提高，但农业机械化水平低依旧是制约农业现代化的难点。

---

① 耕地实际灌溉用水量＝农田灌溉用水量/耕地面积，其中山西农田灌溉用水量40.7231亿m³/亩，全国耕地实际灌溉用水量365m³/亩。

表4-11 2018年全国各省农用机械数量

序号	省份	农用大中型拖拉机数量(台)	排名	小型拖拉机数(台)	排名	大中型拖拉机配套农具(部)	排名
1	北京	4700	30	2200	31	1600	30
2	天津	13798	25	3102	29	18800	22
3	河北	273000	7	1223000	4	405700	4
4	山西	98700	13	280700	18	89200	13
5	内蒙古	316476	5	857441	8	178800	9
6	辽宁	170000	9	407700	13	159700	10
7	吉林	315900	6	901500	7	123600	11
8	黑龙江	551800	1	1057100	6	416100	3
9	上海	7400	28	2600	30	3800	26
10	江苏	165400	10	674400	10	257600	7
11	浙江	13100	26	102500	25	5700	25
12	安徽	227600	8	2078700	2	402000	5
13	福建	5300	29	87500	26	2900	27
14	江西	38400	21	340700	14	33100	17
15	山东	479400	2	2012900	3	584000	2
16	河南	353500	3	3184500	1	631900	1
17	湖北	161700	11	1164900	5	184000	8
18	湖南	112700	12	284300	17	42600	15
19	广东	24430	22	320470	15	20600	21
20	广西	50800	19	517800	11	30400	18
21	海南	20400	23	67100	27	15000	23
22	重庆	2000	31	4800	28	1800	28
23	四川	74400	17	153400	23	23400	20
24	贵州	18100	24	124100	24	1700	29
25	云南	79200	16	305400	16	34600	16
26	西藏	67392	18	206388	21	700	31
27	陕西	98400	14	219900	20	114800	12
28	甘肃	88800	15	735000	9	66400	14
29	青海	12200	27	257700	19	8800	24
30	宁夏	38700	20	172800	22	24700	19
31	新疆	336300	4	432000	12	341600	6
	平均值	136128.9	-	586535.5	-	136309.7	-

数据来源:《中国统计年鉴(2019年)》。

二、发展特色农业面临的主要问题

（一）特色农业产业链条短，农产品加工率低

山西特色农业发展处在初级阶段，产业链条较短，深加工还不足。2019年山西省农产品加工业与农业产值比为1.22∶1，低于全国水平1.77∶1。例如，中药材种植面积由2017年的80万亩增加到2019年的155万亩。但是加工能力不足，每年的中药材加工量达不到总产量的15%，产品主要为原药材及初级加工产品。农产品附加值较低，易受市场价格波动的影响，农民收入因此而不稳定。同样的原因使得抵御市场风险的能力较差。

（二）特色农产品品牌需要培育

尽管特色农业物种资源繁多，特色农产品丰富多样，但除少数几种产品外，大多数并不为消费者所熟悉。部分农产品的影响范围仅局限于本地及周边省份。例如，山西的小杂粮市场主要限于北京、天津、河北等地。2019年底，全国农产品地理标志产品1200多个，山西省达到98个，位居全国第3。吉县苹果、右玉羊肉、晋祠大米、清徐葡萄、沁州核桃等都是山西地理标志保护农产品。但是，由于农产品市场起步较晚，在规划建设、管理运作上还比较滞后，一家一户的种植户无能力推广地理标志产品，因此特色农产品的年产值与保护前比较并没有多大变化，仅是名称得到保护，全国乃至享誉世界的品牌效应仍然有待形成。

（三）小生产大市场矛盾未得到解决

近些年山西在发展特色农业的过程中，尤其是在精准扶贫期间，出现了"农户+企业、基地+企业"等多种形式的发展带动模式，将分散的农户组织起来，根据市场信息和技术统一组织种植生产，促进了规模化、标准化经营，在一定程度上也延伸了产业链条。合作社通过统一提供农资、对成员进行内部监督管理等手段为农产品的质量安全提供了重要保障，信誉的建立促进了销售的提升。合作社还提高了农

民市场谈判地位。

但是，并没有有效解决小生产、大市场的矛盾。个体农业、手工业和合作社的生产规模难以满足以大中城市居民和以农产品为原料的工业企业需求。从合作社的角度来看，合作社规模偏小、数量多，在全国有影响力的合作社数量少。截至 2020 年 5 月底，山西省依法注册登记的农民合作社 10.17 万个[①]，占全国农民合作社的 21.64%[②]，平均每个村拥有 3.6 个合作社[③]，数量位居全国前列。但是，根据农民合作社经营收入、农民出资和入股成员数、盈余返还额等指标分析得到的 2019 年、2020 年 "农民合作社 500 强排行榜"[④][⑤]，2019 年，山西省只有 20 家合作社位列其中，到 2020 年仅剩 4 家，并且 2019 年位居前 100 名的运城市临猗县王万保果品种植专业合作社，到了 2020 年，前 500 名单中已经找不到。

从农户的角度来看，小规模的农业专业合作社使得大部分地区的农民依旧要单独面对市场，生产、加工、销售环节之间缺乏信息交流、产销脱节、生产盲目性大，经常出现 "谷贱伤农" 局面。农村大量劳动人口外出务工致使老龄人口成为合作社主体，缺乏市场意识，加剧了经营风险。

再看企业，由于作为农业生产和市场主体的农户和企业，没能紧密地形成稳定利益共同体，即使在广为流行的 "农户 + 龙头企业" 模式下，

---

① 山西省人民政府 . 习近平总书记考察吉林重要讲话鼓舞我省干部群众——发展现代农业助力乡村振兴 [EB/OL].(2020-07-27)[2020-12-13].http://www.dtyg.gov.cn/dtygx/szfxw/202007/358a99ad9eeb425d97c16cc6fe36db61.shtml.

② 山西省人民政府 .《新型农业经营主体和服务主体高质量发展规划（2020—2022年）》解读一：促进新型农业经营主体和服务主体高质量发展 [EB/OL].(2020-03-23)[2020-09-10].http://www.shanxi.gov.cn/yw/gwyyw/jd/202003/t20200324_783805.shtml.

③ 通过农民合作社数量除以行政村数量得到。

④ 中国农网 .2020 农民合作社 500 强排行榜发布 [EB/OL].(2020-09-26)[2020-10-13].http://www.farmer.com.cn/2020/09/26/99860037.html.

⑤ 中国农网 .2019 农民合作社 500 强排行榜发布 [EB/OL].(2019-02-24)[2020-12-13].http://www.farmer.com.cn/2019/02/24/99547598.html.

农民经营的风险还是很大，农产品市场价格低时，企业压价，甚至毁约现象也会发生；农产品价格高时，农户违约现象也常常出现。企业或中间商在农产品流通、加工中得到的高额利润，还不能留在农民手中。

第三节　山西省实现特色农业产业化的目标和主要对策

一、实现特色农业产业化的目标

（一）推动特色农业产业化

精心培育和维护农业经营者的市场主体地位。不同区域要因势利导，激励农户、合作社与涉农企业合作，加强种子、肥料、灌溉等技术引进与研发，提升种植业科学管理和专业化、规范化、标准化水平，提高特色产业种植业劳动生产率，扩大生产规模与产值，实现特色产业种植业规模化、集约化和现代化。例如，发挥吕梁市汾阳市"汾阳核桃"、运城市绛县"绛县山楂"、晋中市太谷区"太谷壶瓶枣"等特色农产品优势区和太原市清徐县、忻州市、运城市绛县等特色农业产业园优势，以市场为导向，引导现代化农业企业集聚，发挥其辐射和带动特色农业产业化发展的效应。

（二）延长农业产业链

依靠科学技术，按照安全、质量、可追溯等多重标准，生产开发各类农产品及加工品，实现更多农产品深加工，延长农业产业链。不断丰富特色农产品品种、提升质量、提高农产品附加值，提高品牌建设和利用效果，使得农产品加工业支撑特色农业产业化和带动农民增收作用得到充分发挥。

（三）形成规模化特色农业产业集群[1]

持续支持谷子、绿豆、红小豆、高粱等小杂粮产业的发展，在晋中、晋北、晋南[2]等地区培育白酒、黄酒、食醋等酿品产业集群，在晋中、晋北地区布局杂粮食品等主食糕点产业集群，在晋北地区发展功能性杂粮食品等功能性产业集群。发挥红枣、核桃、花椒、苹果等干鲜果的产量和现有品牌优势，在晋东南地区发展果酒等酿品产业集群，在晋南地区布局苹果汁等饮品产业集群，在晋中、晋南地区布局红枣、核桃、苹果等果品产业集群，在晋中地区布局林果等功能食品产业集群。继续推动畜牧业、药茶发展，在晋北、晋中、晋南地区加快形成规模效应，以猪肉、鸡肉、牛肉、羊肉等畜禽资源优势发展肉制品产业集群，在晋中地区发展沙棘叶茶、沙棘汁等饮品产业集群，在晋东南、晋南地区以连翘、柴胡等中药材资源为基础发展中医药品产业集群。

二、实现特色农业产业化的主要对策

（一）培育新型农业经营主体，提高农民组织化水平

新型农业经营主体是发展现代农业、推进农业供给侧改革、带动贫困农户脱贫致富和实现乡村振兴的主体之一。培育现代家庭农场，提高对家庭农场的社会化服务和公共服务水平。引导农民专业合作社走向规范化和持久化。通过完善农民合作社的激励、决策、收益分配、监督制度，引领合作社可持续发展。推动专业合作社联合形成农民专业合作社联合社。以标准化的农业生产基地为依托，引进和自主培育

---

① 山西省人民政府关于加快推进农产品精深加工十大产业进群发展的意见[EB/OL].(2020-02-17)[2020-11-12].http://nynct.shanxi.gov.cn/ztzl/sxyc/202003/P020200306371061712031.pdf.

② 关于山西省内的区域划分，总体上可分为晋北、晋中、晋南、晋东南四个地区，其中晋北指忻州、朔州、大同市；晋中指太原、吕梁、阳泉、晋中市；晋南指临汾、运城市；晋东南指长治、晋城市。

农业企业，形成辐射带动农业发展的增长极。发展和壮大种植基地、加工园区，以加工型企业带动初级农产品加工和精深加工，不断延长农产品产业链，实现农业的产业化，提高农民收入水平。

为了提高农民的组织化水平，要理顺农户与新型经营主体的利益联结机制，建立新型农业产业组织体系。将农民组织起来，实现分散化生产与规模化的统一。引导企业、合作社、家庭农场等与农户形成稳固的产销对接关系，按照合理收购价格收购农产品。尊重农户的农业主体地位，鼓励农户经营种植业、农产品加工和服务业的同时，引导农户通过股份合作、订单帮扶、生产托管等方式，建立起农户间、农户与新型农业经营主体间的利益联结方式，让不同经营主体密切稳定地联系在一起。引导新型农业经营主体与农户共同进行技术研发、制定产品生产标准、打造联合农产品品牌等，促进产业链增值效益更多地留给农民。激励企业、合作社等新型经营主体在农户技能培训、贷款担保、保险资助等方面发挥优势，形成"农户+企业"、"农户+合作社+企业"等多种模式，助力农户增收。

（二）推进特色农业产业集群建设

1. 培育特色种养殖业产业集群

在保证小麦和玉米两大粮食产量的基础上，优化种植结构。依据农业产区的区域优势、产业基础、市场条件和农户意愿，调整玉米种植结构，发展青贮玉米、饲用玉米、甜糯特用玉米，实现粮食种植结构合理化。推动特色小杂粮产业发展。在扩大种植面积的同时，调整小杂粮种植结构，发展有机、绿色小杂粮，提高单产水平和产业化程度，挖掘规模经济效应。对于果品业，改造果品树种生长环境，提升单位面积果品的质量，扩大特色果品市场，提高单位果品的市场价值和利润空间。对于特色蔬菜产业，发展设施蔬菜和露地特色蔬菜，推动蔬菜种植规模化、标准化、集约化，形成多品种、跨季节、互补性强、区域特色明显的蔬菜产业格局，强化产销对接，提高蔬菜的即时配送和销售效率。对于中药材产业，不断提升中药材种植科学化水平和加工水平。加强对大宗中药材产地初加工设施、设备等的建设支持和引导，提高中药材利用率和产品附加值。对于畜牧业，以"立草为业，草畜结合，以草促牧，以牧富民"为目标，利用"四荒地"、退耕地发展饲草业，推进饲用粮生产，挖掘秸秆饲料化潜力，为畜牧业产业化奠定饲养基础。结合资源禀赋和环境特点，稳定生猪产业，重点发展肉羊和肉牛产业，形成具有地区特色的可持续发展的种群结构。建设标准化的养殖园区，提高畜牧业产品的产量和质量。

2. 推进农产品深加工

以特色种养殖业为基础，发展主食糕点、功能性食品、酿品、果品、饮品、保健食品、化妆品、中医药品等加工业，逐步形成产业链完整、可控的农产品加工业集群。就食品加工业而言，围绕传统优势区域，加快功能性、保健性营养食品的开发，形成大中小企业分工协作、区域品牌共享与共同维护的集聚优势。规范和发挥"山西老陈醋""山西汾酒""代县黄酒"等区域公用品牌影响力，持续做强酿品产业。振兴主食糕点"老字号"，如郭杜林月饼、太谷饼、闻喜煮饼等传统老字号，发展精细化生产，壮大中小企业食品加工产业区。对于畜牧产品深加工，引导养殖企业从屠宰加工向深加工企业转型，发展酱卤熟羊、羊汤、五香牛肉、定制牛肉等食品，不断开发新的功能性食品。在培育和维护"平遥牛肉""上党驴肉""雁北羊肉"等品牌的同时，开拓新的品牌产品。就中药材加工而言，鼓励中医药企业开展以中药材为主要原料的药品、保健品、饮料、食品添加剂等研发，提高附加值。引进规模较大的中成药生产企业和中药饮片加工企业，把资源优势转化为产业和经济优势。

（三）发展休闲农业、乡村旅游，推动一二三产业融合

休闲农业将农业向原料加工、就业增收、生态涵养、观光休闲、文化传承等多功能产业拓展，能够带动农产品加工、服务、交通运输

和人文创意等相关产业的发展。一方面，在合理规划的基础上，采取以奖代补、先建后补、财政贴息等方式支持休闲农业发展。建立太原都市多功能示范区，以太原市为核心向周边挖掘农业新的发展功能。引入农业企业进行开发，实施"公司＋协会＋农户"、"股份合作制"等模式，提高农民参与休闲农业发展的积极性和参与度。另一方面，挖掘丰厚的人文历史，保护"名人故居""晋商大院""原貌民居"等特色人文资源，以点连片形成乡村旅游产业带，形成山西风格的乡村旅游产业。通过农村产业融合发展试点和农村产业融合发展试验示范样板，引导乡村一、二、三产业融合。

（四）加大农业科技创新，构建现代农业体系

现代农业持续稳定发展的根本出路在于科技创新。首先，要推进农业科技协同创新。加大农业科技创新的财政支持力度，对农业科技领域的人才、技术等资源进行合理整合，实现产学研、农科教密切协作，推动农业技术协同创新。建设和有效利用农业重点实验室、综合实验基地的技术创新平台功能，引领农业技术创新进程。其次，加快现代农业品种的创新和推广。规范发展种子生产基地，建立从种子研发、试验、培育到测试、推广、登记、监管等一系列的信息化体系，保证农业品种培育和投产过程的科学性。加强晋南牛、太行山羊、边鸡、马身猪、广灵驴等地方物种资源保护和利用。对肉牛、肉鸡、蛋鸡进行品种改良，实现种业资源的多品种、特色化。建立畜禽繁育研发、商业化的育种基地，推动农业生物科技研发和育种技术创新。其三，推进农业生产的机械化。在山区丘陵地带加大机械化扶持力度，推进全程机械化。完善农业机械器具场库棚、机耕道、农地交通、维修网点等公共设施建设，保障农业机械的使用。引进与开发适合山西省农业特点的标准化、智能化、信息化和集成化的农机产品，提高农业生产率。

（五）建立健全现代农业服务体系

只有不断健全完善农业技术服务推广体系，才能推动农业技术进步和农业劳动生产率的提高。建立健全农业技术推广服务体系，以农业技术推广培训和讲座等多种途径，为农业生产提供技术推广服务。培育适应农户需求的农业生产性服务组织，以"互联网＋"为现代农业信息技术支撑，构建"互联网＋"信息服务平台，创新农业技术服务机制，为小农户提供指导服务。加快农村农业大数据基础设施建设，形成完备的具有山西省特色的农业产业数据库。创新农业生产服务方式，结合不同地区不同产业农户的农业生产环节需求，发展单环节、多环节、全程托管等多种托管模式，提升农业生产托管对农户服务的覆盖率。

推进农户农产品产销服务，开展农超、农批、农社对接等多种形式的农产品产销对接活动，拓展农户产销渠道，完善农产品物流服务，以保证为农户提供稳定的农产品流通渠道。发展电子商务是提高农产品流通效率、扩大农产品流通规模的重要途径。建设鲜活农产品和农业生产资料电商平台，积极培育农业新型经营主体，促进新型农业经营主体与电子商务平台合作，实现农产品和生产资料线上线下联合优势互补的销售模式，弥补农村贫困地区信息不对称短板，为农民脱贫致富提供出路。

第五章 聚焦"六新":
蹚出产业转型发展之路

2020 年 5 月,习近平总书记在山西考察时强调,要大力加强科技创新,在新基建、新技术、新材料、新装备、新产品、新业态上不断取得突破。对山西推动转型发展、实施创新驱动、打造创新生态做出重要指示,激励山西省更好地担负起在转型发展上率先蹚出一条新路的历史使命。作为典型的资源型地区之一,山西省在国家战略性经济转型中占据重要地位。然而由于长期过度依赖煤炭、焦化、冶金、电力等传统工业产业,第一、二、三产业及其内部存在的结构性矛盾比较突出,产业融合与协同度较低,特色扶贫产业发展的基础仍然不够牢固等问题,转型面临的挑战较为严峻。山西省认真贯彻习近平总书记重要讲话重要指示精神,坚持不懈地推进供给侧改革,加大对战略性新兴产业和第三产业的支持力度,正在逐步摆脱对传统资源型产业的依赖。

第一节 山西省产业转型的现状

产业转型与产业结构优化是山西省资源型经济转型发展的首要任务,也是关键所在。长期以来,山西兴于煤,也困于煤,"一煤独大"导致的产业单一困境,严重制约了潜在优势的发挥与经济的持续健康发展。为了改变这种状况，立足区域禀赋优势，通过深化市场化和供给侧改革，发展战略性新兴产业、第三产业以及风电、光伏等替代性新能源，稳步推动第二产业实现结构调整和发展路径转型。同时，鼓励特色农业、现代农产品深加工、农村电商、农村旅游发展，实现经济整体转型和贫困户脱贫增收的双重目标。

一、山西省产业发展现状

（一）产业结构整体不断优化

2000—2019 年，山西省生产总值整体呈上升趋势。其中，第一产业发展较为稳定，第二、三次产业变化明显，第二产业先逐年上升而后转为逐年下降并趋稳，第三产业呈逐年上升态势，第三次产业逐步替代第二产业成为推动山西省 GDP 增长的主要因素。三次产业增加值占GDP 的比重由 2000 年的 9.8∶46.1∶43.7 发展到 2019 年的 4.8∶43.8∶51.4[①]，产业结构实现了由"二、三、一"向"三、二、一"的转变。

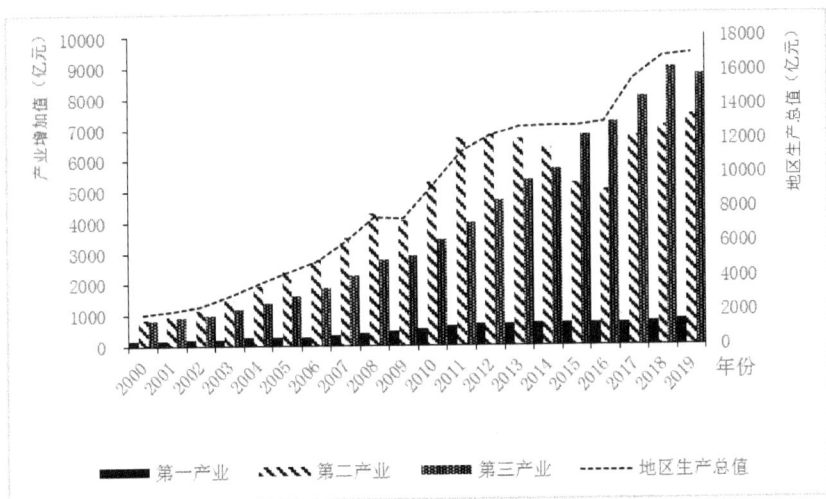

图 5-1　2000—2019 年山西省经济增长速度

数据来源：《山西统计年鉴（2001—2020 年）》。

①根据山西省统计局 2000 年至 2019 年三次产业增加值计算得出。

（二）产业转型逐步推进

1. 制造业发展缓慢

由采矿业和制造业发展占主导地位的工业结构正在缓慢地发生转变。由图5-2可以看出，2000年到2019年，以2012年为界，工业增加值经历了先上升后下降的过程。其中，采矿业增加值占工业增加值比重不断上升，2011年达到63.5%，制造业增加值则由49.9%下降到2012年31.1%。2012年后，由于全球煤炭产能过剩，煤炭价格持续下跌，山西省工业发展一度走低。到2016年，工业增加值下降至4149亿元，较2012年下降比例高达31.9%。2016年工业增速开始回升并保持平稳增长。截至2019年，工业增加值达到4632亿元，其中采矿业增加值2180亿元，占工业增加值比重下降至47.1%，制造业增加值1798亿元，占工业增加值比重为38.8%。

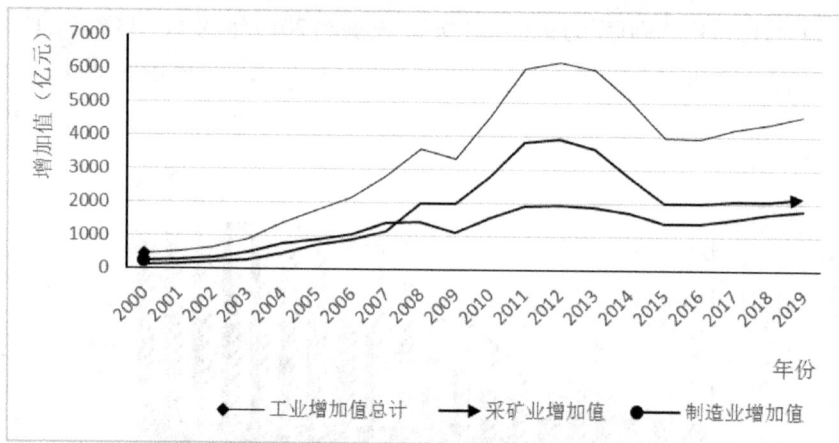

图5-2　2000—2019年山西省工业内部增加值变化

数据来源：《山西统计年鉴（2001—2020年）》。

从采矿业及制造业比重变化趋势来看，2000—2012年，采矿业与制造业增加值比重从49.79%上升到了202.27%，自2012年开始呈现明显下降趋势，如图5-3所示。

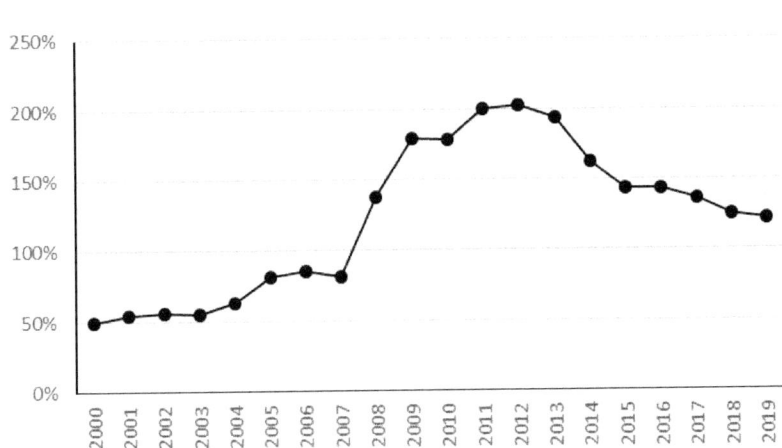

图 5-3　2000—2019 年山西省采矿业与制造业增加值比重

数据来源：《山西统计年鉴（2001—2020 年）》。

2. 重工业依旧突出

整体来看，2000—2019 年，山西省重工业增加值占工业整体增加值比重维持在 81% 至 96% 之间，依旧在工业中占据主导地位。

表 5-1　2000—2019 年山西省轻重工业增加值占整体工业比重

年份	轻工业 在工业增加值构成（%）	重工业 在工业增加值构成（%）
2000	13.3	86.7
2001	11.2	88.8
2002	10.5	89.5
2003	8.3	91.7
2004	6.7	93.3
2005	6.1	93.9
2006	5.6	94.4
2007	5.4	94.6
2008	4.4	95.6
2009	5.0	95.0
2010	4.9	95.1
2011	4.9	95.1

续表

年份	轻工业 在工业增加值构成（％）	重工业 在工业增加值构成（％）
2012	5.6	94.4
2013	5.6	94.4
2014	6.7	93.3
2015	8.5	91.5
2016	7.8	92.2
2017	6.6	93.4
2018	5.4	94.6
2019	5.7	94.3

数据来源：《山西统计年鉴（2001—2020 年）》。

从山西省工业企业数量来看，重工业企业数量整体呈现波动上升趋势，从 2000 年的 2331 个上升至 2019 年的 4091 个。此外，山西省轻工业企业数量变化较为平缓，从 2000 年的 944 个下降到 2019 年的 702 个。2000—2019 年，山西省轻工业增加值与重工业增加值比值整体呈下降趋势，从 2000 年的 13.3% 下降至 2019 年的 5.7%，重工业相对于轻工业的发展优势依旧突出。

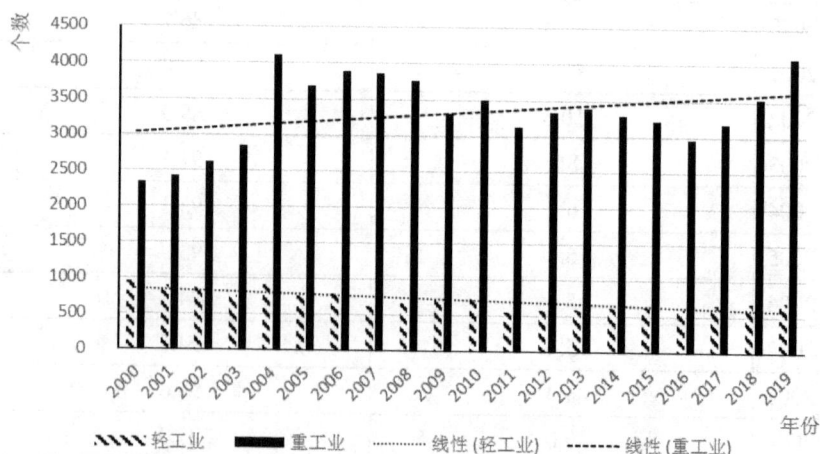

图 5-4　2000—2019 年山西省轻重工业企业数

数据来源：《山西统计年鉴（2001—2020 年）》。

从各工业细分行业企业数量来看，煤炭开采和洗选业、黑色金属矿采选业、电力、热力、燃气及水生产和供应业、电力、热力生产和供应业、化学原料和化学制品制造业、金属制品业以及专用设备制造业等行业企业较多，而食品制造业、橡胶和塑料制品业以及纺织业等轻工业企业数量较少。

表 5-2 2015—2019 年山西省工业行业企业数量（个）

工业行业大类	2015	2016	2017	2018	2019
煤炭开采和洗选业	1123	1034	1070	1103	1286
石油和天然气开采业	16	16	17	17	19
黑色金属矿采选业	192	154	157	155	126
有色金属矿采选业	15	18	22	22	24
非金属矿采选业	7	6	11	11	20
农副食品加工业	169	162	158	159	154
食品制造业	84	79	79	78	75
酒、饮料和精制茶制造业	65	60	62	62	55
烟草制品业	1	1	1	1	1
纺织业	31	28	24	24	24
纺织服装、服饰业	12	14	16	16	17
皮革、毛皮、羽毛及其制品和制鞋业	2	1	2	2	2
木材加工和木、竹、藤、棕、草制品业	13	6	5	5	6
家具制造业	5	6	5	5	4
造纸和纸制品业	21	17	21	21	29
印刷和记录媒介复制业	25	25	26	26	24
文教、工美、体育和娱乐用品制造业	11	12	13	13	9
石油、煤炭及其他燃料加工业	139	128	131	134	143
化学原料和化学制品制造业	220	198	236	237	296
医药制造业	89	82	89	89	99
化学纤维制造业	0	0	1	1	1
橡胶和塑料制品业	61	55	62	62	74
非金属矿物制品业	419	382	411	414	621
黑色金属冶炼和压延加工业	201	168	102	102	128
有色金属冶炼和压延加工业	100	96	94	93	104
金属制品业	148	125	209	206	274

续表

工业行业大类	2015	2016	2017	2018	2019
通用设备制造业	108	88	107	108	146
专用设备制造业	152	137	148	150	218
汽车制造业	38	39	51	50	57
铁路、船舶、航空航天和其他运输设备制造业	28	28	25	23	37
电气机械和器材制造业	70	67	82	84	96
计算机、通信和其他电子设备制造业	26	27	36	37	48
仪器仪表制造业	15	15	18	18	26
其他制造业	4	4	6	2	6
废弃资源综合利用业	3	3	5	6	15
金属制品、机械和设备修理业	15	11	14	14	30
电力、热力、燃气及水生产和供应业	217	256	319	325	498
电力、热力生产和供应业	173	203	255	257	387
燃气生产和供应业	30	39	48	51	81
水的生产和供应业	14	14	16	17	30

数据来源：《山西统计年鉴（2016—2020 年）》。

3. 高新技术产业发展较为薄弱

高新技术产业具有高于传统产业的经济和社会效益，是一个地区发展的重要力量。山西省近年来高新技术企业数量有所上升，从2009 年的 154 个增加到 2018 年的 170 个，但在全国范围及中部地区[①]占比较低。2018 年高新技术企业在中部地区占 2.64%，在全国占比0.51%。

表 5-3　山西省高新技术企业数量占全国及中部地区比重

年份	全国（个）	中部地区（个）	山西（个）	占中部地区比例 (%)	占全国比例（%）
2009	27218	3402	154	4.53	0.57
2010	28189	3773	157	4.16	0.56
2011	21682	3239	118	3.64	0.54
2012	24636	3805	136	3.57	0.55

---

① 中部地区包括六个省份：湖北、河南、湖南、安徽、江西、山西。

续表

年份	全国(个)	中部地区(个)	山西(个)	占中部地区比例(%)	占全国比例(%)
2013	26894	4319	138	3.20	0.51
2014	27939	4850	134	2.76	0.48
2015	29631	5426	139	2.56	0.47
2016	30798	5946	133	2.24	0.43
2018	33573	6449	170	2.64	0.51

数据来源:《中国高科技产业统计年鉴(2010—2019年)》[1]

从山西省五大高新技术企业数来看,山西省医药制造业发展优势明显,虽然2009—2018年间有所下降,但在全省高新技术企业数量占比均占据半壁江山,电子及通信设备制造业、医疗设备及仪器仪表制造业发展较为突出,航空航天器制造业、电子计算机及办公设备制造业发展较为薄弱。

表5-4 2009—2018年山西省五大高新技术企业数量(个)

	2009	2010	2011	2012	2013	2014	2015	2016	2018
医药制造业	104	108	75	81	85	84	89	82	96
航空航天器制造业	1	1	1	2	2	1	1	1	0
电子及通信设备制造业	27	30	28	35	32	30	29	31	44
电子计算机及办公设备制造业	1	1	1	1	1	1	2	2	3
医疗设备及仪器仪表制造业	21	17	13	17	18	18	15	15	23

数据来源:《中国高科技产业统计年鉴(2010—2019年)》[2]

从2009—2018年山西省医药制造业、航空航天器制造业、电子及通信设备制造业、电子计算机及办公设备制造业、医疗设备及仪器仪表制造业五大行业在全国的所占比例来看,山西省高新技术产业在全国所占比重仍处于较低的状态,其中除医药制造业以外,其他高新技术企业在全国所占比例均未超过0.15%,电子及通信设备制造业、电子计算机及办公设备制造业劣势最为明显。具体见图5-5。

---

① 因数据可得性,2017年数据缺失。
② 因数据可得性,2017年数据缺失。

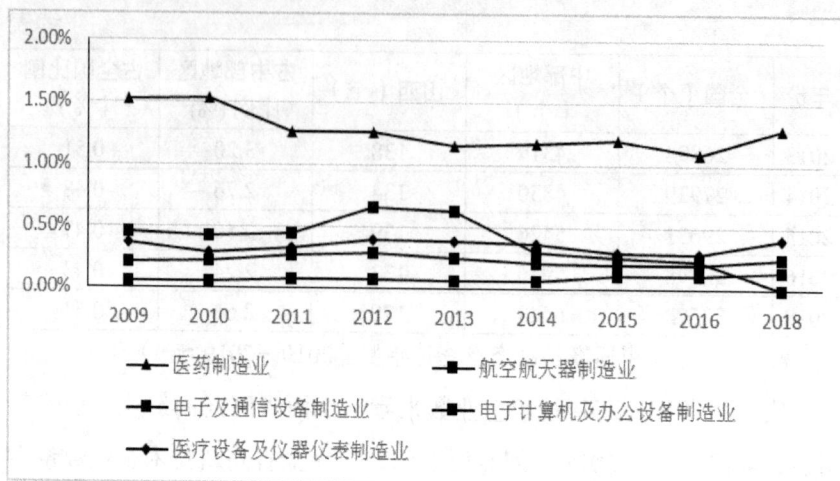

图 5-5   2009—2018 年山西省五大高新技术企业数量占全国比例

数据来源：《中国高科技产业统计年鉴（2010-2019 年）》①。

4. 生产性服务业显著提升②

近年来，山西省生产性服务业大幅提升，生产性服务业增加值从 2004 年的 1376 亿元上升至 2019 年的 8688 亿元，占 GDP 比重从 38.52% 提升至 51.02%。具体见表 5-5。

表 5-5   2004—2019 年山西省生产性服务业增加值

指标	GDP（亿元）	生产性服务业 增加值（亿元）	生产性服务业占地区 生产总值比重（%）
2004	3571	1376	38.52
2005	4231	1611	38.08
2006	4879	1846	37.84
2007	6024	2258	37.48
2008	7315	2759	37.72
2009	7358	2887	39.23
2010	9201	3412	37.09
2011	11238	3961	35.25

① 因数据可得性，2017 年数据缺失。

② 生产性服务业包括除农业、工业、建筑业外其他的批发和零售业、交通运输、仓储和邮政业、住宿和餐饮业、金融业以及房地产业等行业。

续表

指标	GDP(亿元)	生产性服务业增加值（亿元）	生产性服务业占地区生产总值比重（%）
2012	12113	4683	38.66
2013	12665	5272	41.63
2014	12761	5635	44.16
2015	12766	6736	52.76
2016	13050	7179	55.01
2017	15528	7973	51.35
2018	15958	8090	50.69
2019	17027	8688	51.02

数据来源：国家统计局，http://www.stats.gov.cn/.

分行业来看，2004 年至 2019 年，山西省批发和零售业增加值、交通运输、仓储和邮政业增加值、金融业增加值、房地产业增加值均呈现明显的上升趋势。其中，上升幅度最大的是房地产业及金融业，上升比例分别为 2004 年的 11.4 倍和 10.6 倍，住宿和餐饮业增加值变化较为平缓。

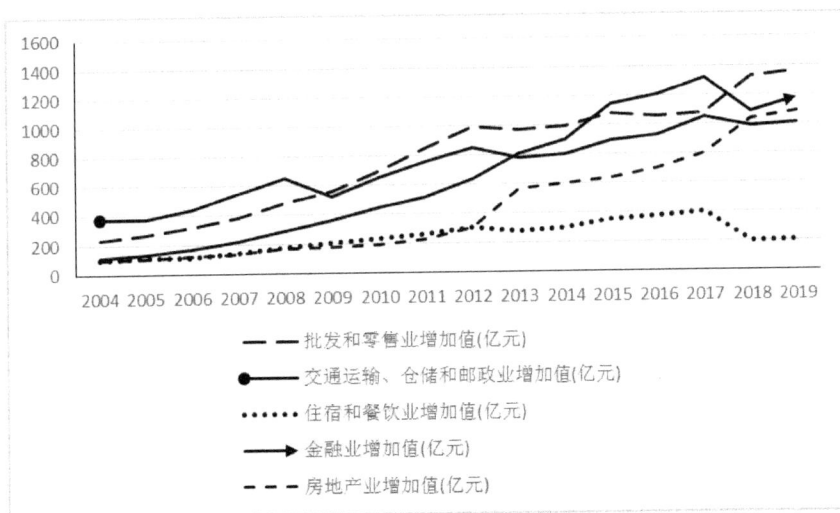

图 5-6　2004—2019 年山西省生产性服务业各行业变化

数据来源：国家统计局，http://www.stats.gov.cn/.

二、产业转型的必要性

资源型经济积累的结构性、体制性矛盾一直是困扰山西发展的难题，造成了过度依赖煤炭、焦炭、冶金、电力等资源性重化工产业，其他产业发展则相对缓慢、经济增长转向高质量难度较大。

（一）偏重依赖资源型产业，制约经济可持续发展

山西省矿产资源丰富，目前已经探明的矿产种类有120余种，尤其是煤炭和铁矿蕴藏丰富，其中煤炭资源储量大，全省探明的煤炭保有储量近2700亿吨，分布面积达到6.2万平方公里。如表5-6所示，山西原煤产量由2010年的7.41亿吨增加到2019年的9.71亿吨，平均增幅达0.59亿吨/年，占全国原煤产量比重高达四分之一。

表5-6　2010—2019年山西省原煤产量

年份	山西原煤产量（亿吨）	山西占全国原煤产量比重（%）
2010	7.41	21.61
2011	8.72	23.17
2012	9.13	23.15
2013	9.22	23.19
2014	9.28	23.95
2015	9.67	26.24
2016	8.30	24.69
2017	8.72	25.31
2018	9.26	26.12
2019	9.71	25.92

数据来源：《山西统计年鉴（2011—2020年）》和国家统计局，http://www.stats.gov.cn/.

山西作为重要能源重化工基地，为国家经济建设提供了大量的矿产资源和原材料，有力地支撑了国家经济发展。1949年至2019年，全省累计生产煤炭超过192亿吨，其中70%外调，覆盖全国2/3以上的省份。同时，煤炭产业也是山西经济发展的重要组成部分，2019年全省煤炭产量

约为 9.71 亿吨,规模以上工业企业中采矿业实现营业收入 8294.1 亿元,占规模以上工业企业营业收入的近 40%,如表 5-7 所示。据统计,山西省境内约有 11 座资源型城市,117 个县(市、区)中有煤炭资源分布的城市占比近 80%。因此,山西经济发展很大程度上依赖于煤炭等资源的开发。但是,煤炭属于不可再生资源,储量随着开发进程逐渐减少乃至耗竭,对资源进行开采和加工的资源型产业也会由兴盛走向衰落。

表 5-7 2010—2019 年山西省规模以上采矿业工业企业主营业务收入

年份	采矿业(亿元)	全省规模以上工业企业营业收入(亿元)	采矿业营业收入占比(%)
2010	5180.8	12690.9	40.8
2011	7356.8	16893.4	43.6
2012	7900.6	17788.4	44.4
2013	7642.9	18404.7	41.5
2014	7551.8	17119.9	44.1
2015	7551.8	14393.7	52.5
2016	5759.2	13957.0	41.3
2017	7177.7	17725.3	40.5
2018	7462.2	19252.1	38.8
2019	8294.1	21123.5	39.3

数据来源:《山西统计年鉴(2011—2020 年)》和山西省人民政府官网,http://www.shanxi.gov.cn/.

如图 5-7 所示,按照产业生命周期理论,一种产品从上市到完全成熟要经历形成、成长、成熟、衰退四个阶段,构成一个生命周期。同样,资源型产业也会经历勘测、开采、兴盛、衰退的过程[1]。最初自然资源开发量少,城市经济总量较低,随着资源开发量的不断增加,城市经济总量也逐渐上升并达到最大值。由于资源的不可再生性,自然资源开发量必然会下降,城市经济总量也随之逐渐下降。

---

[1] 牟丽.资源型城市生命周期的空间经济学分析 [J].经济论坛,2010(04):27—31.

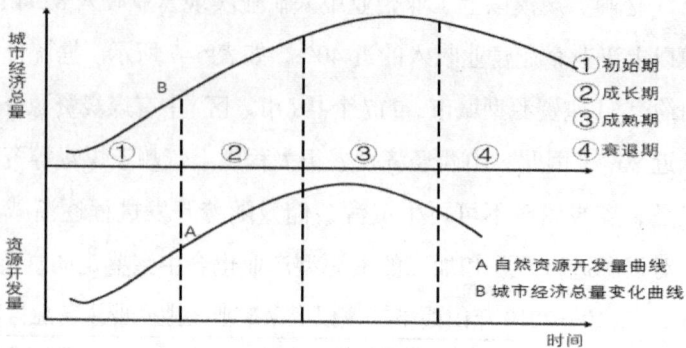

图 5-7　资源型城市生命周期

　　资源型城市的生命周期可以相应分为初始期、成长期、成熟期和衰退期4个时期。历史上，日本北九州和德国鲁尔地区就经历了这样一个过程。北九州曾经是日本以钢铁工业为主的典型资源型城市。20世纪20年代，得益于丰富的自然资源，北九州地区发展成为以钢铁、煤炭、化工等为支撑的重工业基地。到了1960年，北九州地区工业产值占日本工业产值的比重达到4%。但这样倾斜式产业结构存在着巨大隐患。1973年，石油危机爆发，国际市场原材料和燃料价格迅速上涨，重化工产品需求基本饱和，北九州地区大部分煤矿停产倒闭，大量工人失业，严重影响经济社会发展。面对严峻现实，北九州地区及时调整产业政策，以高新技术产业区的建立培育和取代传统的煤矿产业，经过近十年的不断努力，成功推动经济转型。另一个典型例子是德国鲁尔地区，该地区一度是德国最重要的煤炭和钢铁基地，但是从20世纪60年代开始，鲁尔地区先后遭遇了"煤炭危机"和"钢铁危机"，原材料和燃料价格迅速上涨，煤钢为主导的重型工业日渐衰落，相关企业逐渐面临破产、倒闭，导致失业率大幅攀升，社会负债激增，产业结构严重失调。面对困境，德国政府发挥主导作用，转变城市定位，调整产业结构，改造老工业区，经过40年的"经济结构转型"，成功推动鲁尔区城市转型，从一个以煤钢为基础的旧工业区，转变为以高新技术产业为主、服务业及文化产业协调发展的新型经济区。可见资源型城市不可偏重依赖资源型产业，只有培育多元化产业才可以实现经济的可持续发展。

　　资源型城市的经济转型是世界难题，对于山西省资源型城市亦如此。资源型产业因煤炭等资源而兴，一旦煤炭资源产业发展滞后，必然面临经济发展滞后的危险，必须及时调整产业结构，寻找可替代产业，推进资源型经济转型，以便更好地促进经济发展。

　　（二）过于依赖资源开发和重化工业从长远来看不利于就业

　　山西省对煤炭资源开发和重化工业[①]的依赖抑制了山西其他产业的发展，导致劳动者对资源产业的高度依赖。数据显示，2018年山西省的煤炭行业就业人数为88.37万，占全国煤炭行业就业人数的11.54%[②]。如图5-8所示，2000年至2018年，山西煤炭行业在城镇单位就业人员中的占比从14.06%增加到20.75%。

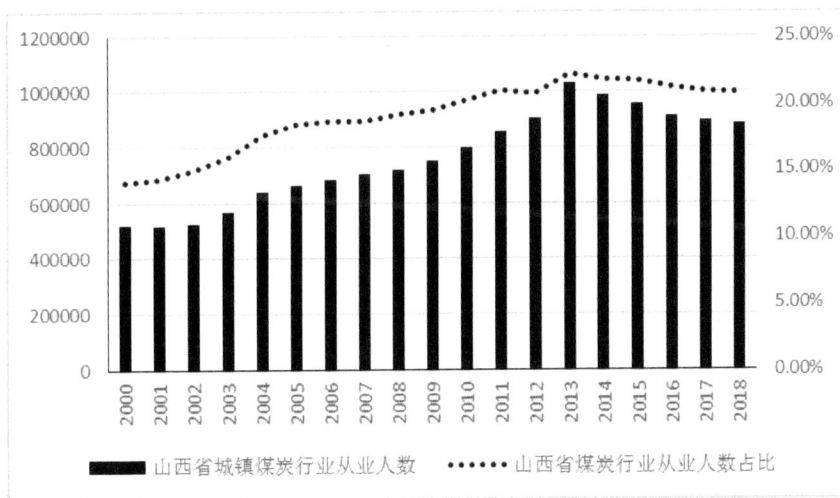

图 5-8　2000—2018 年山西省煤炭行业就业人数及占比

数据来源：《山西省统计年鉴（2001—2019 年）》

---

①重化工业泛指生产资料的生产，包括能源（煤炭、石油、电力等）、机械制造、电子、化学（硫酸、制碱、化肥、石油化学等）、冶金（钢铁、有色金属等）及建筑材料（水泥、玻璃等）等工业。

②根据《中国劳动统计年鉴（2000—2018 年）》及《山西统计年鉴（2000—2018 年）》数据计算。

从山西省工业企业用工人数来看，在全省用工人数前十的各工业行业中，除计算机、通信和其他电子设备制造业外，其他均属于重化工业，在全省用工人数中占比高达 78.49%，可见重化工业行业就业在全省就业人口中有着举足轻重的地位。具体见表 5-8。

表 5-8　2019 年山西省工业行业用工人数

行业	平均用工人数（万人）	所占比例（%）	排序
煤炭开采和洗选业	83.11	44.45	1
黑色金属冶炼和压延加工业	13.10	7.01	2
计算机、通信和其他电子设备制造业	10.32	5.52	3
电力、热力生产和供应业	10.02	5.36	4
石油、煤炭及其他燃料加工业	9.68	5.18	5
非金属矿物制品业	8.94	4.78	6
化学原料和化学制品制造业	7.89	4.22	7
金属制品业	5.10	2.73	8
有色金属冶炼和压延加工业	4.46	2.39	9
专用设备制造业	4.45	2.38	10
医药制造业	3.14	1.68	11
酒、饮料和精制茶制造业	2.66	1.42	12
通用设备制造业	2.62	1.40	13
汽车制造业	2.57	1.37	14
铁路、船舶、航空航天和其他运输设备制造业	2.19	1.17	15
农副食品加工业	20900	1.12	16
燃气生产和供应业	19100	1.02	17
电气机械和器材制造业	18600	0.99	18
黑色金属矿采选业	17900	0.96	19
食品制造业	15900	0.85	20
水的生产和供应业	12200	0.65	21
橡胶和塑料制品业	9400	0.50	22

续表

行业	平均用工人数（万人）	所占比例（%）	排序
其他制造业	8900	0.48	23
金属制品、机械和设备修理业	7200	0.39	24
纺织服装、服饰业	6200	0.33	25
石油和天然气开采业	5800	0.31	26
纺织业	5000	0.27	27
有色金属矿采选业	4500	0.24	28
印刷和记录媒介复制业	4000	0.21	29
仪器仪表制造业	3200	0.17	30
造纸和纸制品业	2500	0.13	31
文教、工美、体育和娱乐用品制造业	1800	0.10	32
废弃资源综合利用业	1300	0.07	33
非金属矿采选业	1200	0.06	34
烟草制品业	900	0.05	35
木材加工和木、竹、藤、棕、草制品业	600	0.03	36

数据来源：《山西统计年鉴 2020 年》。

2019 年，山西省煤炭行业从业人员有 106 万人，其中采矿业就业人员多达 88.4 万人。以煤炭产业为主的重化工企业极易因煤炭等资源开发而产生波动。鉴于此，一方面企业会通过革新技术及设备、引进高技术人才来提质增效，另一方面，随着技术的升级，企业也会裁减人员降低生产成本，结果可能致使工人下岗失业。2020 年 12 月，山西省煤矿智能化建设现场推进会召开，会议对煤矿智能化建设作出要求，指出智能化采煤工作面要减人 60% 至 70%，智能化煤矿要减人 50% 以上[①]。煤炭开采属于劳动密集型产业，从业人员普遍文化水平低、劳动技能单一，尤其长期从事煤炭开采工作的职工对于岗位变化

① 新华网. 山西提速煤矿智能化建设推动"机器换人"[EB/OL].(2020-12-25)[2020-09-18].http://shanxi.sina.com.cn/news/2020-12-25/detail-iiznctke8465642.shtml.

的适应能力不足，难以满足转型新兴企业的劳动需求，重新就业存在诸多困难。

三、山西省产业转型过程

产业转型发展是保障经济长期可持续、加快城市化进程以及保障就业的必然选择。2010 年，经国务院同意，国家发改委批复设立"山西省国家资源型经济转型综合配套改革试验区"，由此山西省开启了艰难的转型之路。2017 年山西省设立总规模达 1050 亿元的转型基金，支持转型培育具备新动能的重要产业，引导战略性新兴产业、文化旅游产业等发展。经过不懈努力，在传统资源型产业尤其是煤炭产业转型、战略性新兴产业及第三产业发展方面取得了明显成效。不仅如此，近年来转型综合改革示范区的建设也为产业转型提供了可复制、可推广的经验。

（一）煤炭产业转型

煤炭是山西省主要重化工产业之一。转型不是抛弃、淘汰煤炭产业，而是转变落后的、粗放式生产方式，淘汰落后产能，同时推进煤炭消费革命，促进煤炭产业健康发展。近年来，山西省通过实施一系列政策措施，推动煤炭行业供给侧改革，煤炭产业发展的格局发生了实质性变化，主要体现在以下几个方面。

一是煤炭生产由长期以来的"大中小煤矿并举"，转变为"大型现代化煤矿为主"。过去，由于缺少建设大型煤矿的技术、装备和能力，为满足省内及国家煤炭需求，大量中小煤矿企业蓬勃发展，在很长一段时间，中小煤矿占到绝大多数的比例。"十三五"期间，通过深化供给侧改革，共关闭中小煤矿 106 座，山西煤炭行业结构发生了巨大变化，大型现代化煤矿成为煤炭生产的主体。

二是通过"去产能"、引进先进技术加快推动煤炭产业转型，优化了煤炭产业结构[①]。2016—2019 年，山西省退出产能达 11586 万吨[②]，退出总量居全国第一、退出产能全国第一，如表 5-9 所示。与此同时发展先进产能，2018 年 169 处生产煤矿达到国家一级安全生产标准化等级，占全国现有一级标准煤矿的 38%。先进产能占比从 2016 年的 36% 提高到 2019 年的 68%。不断提高煤炭开采技术水平和绿色水平，2018 年原煤洗选率达 73%，高于全国平均水平 1.2 个百分点[③]。

表 5-9　2016—2019 年山西省煤矿"去产能"情况

年份	关闭煤矿数量（座）	退出产能（万吨/年）
2016	25	2325
2017	27	2265
2018	36	2330
2019	18	1895

数据来源：新华网，http://xinhuanet.com/。

作为我国能源革命综合改革试点之一，山西省大力推动煤炭智能化建设，引进先进技术，推进 5G 网络通信井下全覆盖。截至 2020 年底，山西已有 80 处综采工作面启动智能化建设，6 座煤矿实现 5G 入井[④]。

三是发展煤炭接替产业，推动煤炭企业转型为新兴产业。在压缩矿产资源产业的同时，通过产业援助政策推动煤炭企业转型发展新兴产业。如开发煤矿勘探旅游、金融投资、物流贸易、新能源、公用事

① 何鑫.供给侧改革背景下山西煤炭产业转型发展分析 [J].内蒙古煤炭经济，2019(19):122.
② 山西省人民政府.我省深入开展能源革命综合改革试点，聚焦"六新"率先突破——能源革命探路领跑 [EB/OL].(2020-12-08)[2020-12-11].http://www.shanxi.gov.cn/ztjj/swsxl/hmsswxl/202012/t20201208_868474.shtml.
③ 中国煤炭工业杂志.70年山西省累计生产原煤 192.4 亿吨 [EB/OL].(2019-12-27)[2020-12-27].http://www.wsxm.net/index.php?m=content&c=index&a=show&catid=19&id=26772.
④ 新华网.山西提速煤矿智能化建设推动"机器换人"[EB/OL].(2020-12-24)[2020-12-27].http://www.xinhuanet.com/local/2020-12-24/c_1126903520.htm.

业、人力资源和化工等行业。2019 年，全省规模以上工业增加值增长 5.3%，快于上年 1.2 个百分点。其中，非煤工业特别是制造业持续引领工业增长，非煤工业增长 6.5%，对全省规模以上工业增长的贡献率达到 61.2%，超过煤炭工业 22.4 个百分点。

（二）大力发展优势战略性新兴产业

一般而言，只有接续资源性产业的其他产业发展起来，才能够逐步压缩甚至取代原有资源型产业的主导地位。2011 年山西省出台《关于加快培育和发展战略性新兴产业的意见》，借助国家推动供给侧改革、发展战略性新兴产业的机遇，下力气培育新能源、新材料、节能环保、高端装备制造、生物、新一代信息技术、新能源汽车产业以及基于山西资源和技术优势的现代煤化工、煤层气产业。2016 年出台《山西省"十三五"战略性新兴产业发展规划》，突出战略性新兴产业在转型发展中的突出地位。2017 年设立 1050 亿元的政府投资基金，引导战略性新兴产业发展。

1. 新能源产业

利用新能源资源蕴藏丰富的特点，发展太阳能、风能、地热能、生物质能等替代火力发电，逐步实现能源转型。到 2019 年底，新能源总装机容量 2339 万千瓦，全国排名第六；新能源占省调装机比重跃升至 34%，全国排名第八；新能源发电量 352 亿千瓦，新能源利用率 99.22%[1]。其中，光伏发电发展迅速。2015 年，大同市采煤沉陷区获批国家先进技术光伏示范基地，山西省成为全国第一批光伏扶贫试点省份，此后逐步在临汾、吕梁、忻州、阳泉、长治等地市发展起来。截至 2020 年 10 月，建成光伏扶贫电站 5532 座，总规模 294.4 万千瓦，其

---

① 山西电力. 国网山西电力召开服务经济社会发展助力脱贫攻坚新闻发布会 [EB/OL].(2020-08-25)[2020-10-20].http://www.sx.sgcc.com.cn/articles/202008/a1000083.html.

中村级电站 5479 座, 集中电站 53 座[①]。光伏发电成为壮大农村集体经济、保障贫困人口持续稳定增收的有效扶贫途径。以大同、临汾光伏扶贫开始, 逐步推广到吕梁山、燕山—太行山两大连片特困区。截至2019 年山西省光伏扶贫累计结算收入 16.78 亿元, 其中发放到村 13.71亿元, 覆盖贫困村 6077 个、贫困户 36.85 万余户。贫困村村集体年均收入 10 万元以上, 相关公益岗位带动 13 万户贫困户脱贫增收, 17.9 万无劳动能力的深度贫困人口获得了光伏补贴[②]。

表 5-10 "十三五"期间山西省风力及光伏发电情况

年份	并网容量（万千瓦）		发电量（亿千瓦时）	
	风电发电	光伏发电	风电发电	光伏发电
2016	771	297	135	27
2017	872	590	165	56
2018	1043	864	212	94
2019	1251	1088	224	128

数据来源: 2019 年山西省电力公司社会责任报告。

另一重要替代能源为风力发电。2008 年 7 月, 山西省第一座风电场正式并网, 风电建设随之开始。北部大同、朔州、忻州等风能资源丰富的优势地区, 主要建造了千万千瓦规模的风力发电基地。在中南部地区丘陵和山区地带, 分散式风电则快速发展起来。

表 5-11 2011—2019 年山西省风电装机容量及发电量

年份	风电装机容量（万千瓦）	风电发电量（亿千瓦时）
2011	103.5	26.1
2012	215.2	36.2
2013	276.6	58.2
2014	485.0	75.2

---

① 山西省扶贫办.山西: 光伏扶贫惠及 56.8 万贫困人口 [EB/OL].(2020-10-26)[2020-11-20].https://solar.in-en.com/html/solar-2367605.shtml.

② 索比光伏网.36 万余贫困人口获光伏收益 [EB/OL].(2020-03-31)[2020-07-31].https://news.solarbe.com/202003/31/323296.html.

续表

年份	风电装机容量（万千瓦）	风电发电量（亿千瓦时）
2015	668.9	100.1
2016	790.7	135.3
2017	871.6	164.9
2018	1043.2	212.0
2019	1251.5	224.3

数据来源：北极星风力发电网，https://fd.bjx.com.cn/.

经过 10 多年的努力，风力发电成为次于火电的第二大电源。到 2019 年底，风电装机突破千万千瓦级大关，达到 1251 万千瓦，由全国第七位上升至第六位，同比增长 19.97%，相比 2016 年增长幅度高达 60%，具体见表 5-11、5-12。

表 5-12　2019 年风电并网运行情况

省（区、市）	累计并网容量（万千瓦）	发电量（亿千瓦时）	利用小时数
全国	21005	4057	2082
内蒙古	3007	666	2305
新疆	1956	413	2147
河北	1639	318	2144
山东	1354	225	1863
甘肃	1297	228	1787
山西	1251	224	1918
宁夏	1116	186	1811
江苏	1041	184	1973
云南	863	242	2808
辽宁	832	183	2300
河南	794	88	1480
黑龙江	611	140	2323
吉林	557	115	2216

续表

省 （区、市）	累计并网容量 （万千瓦）	发电量 （亿千瓦时）	利用小时数
陕西	532	83	1931
青海	462	66	1743
贵州	457	78	1861
广东	443	71	1612
湖南	427	75	1960
湖北	405	74	1960
福建	376	87	2639
四川	325	71	2553
广西	287	61	2385
江西	286	51	2028
安徽	274	47	1809
浙江	160	33	2090
上海	81	17	2065
重庆	64	11	1996
天津	60	11	1965
海南	29	5	1645
北京	19	3	1816
西藏	0.8	0.2	2173

数据来源：国家能源局官网，http://www.nea.gov.cn/.

2. 新材料产业

山西省以资源和技术优势为依托，通过园区示范和政策引导，推进新材料产业向高端化、规模化和集约化方向发展，初步形成了以先进金属材料、新型化工材料、新型无机非金属材料、前沿新材料、生物基新材料五大特色领域为主的新材料产业体系。2009—2019 年，新材料生产企业主营业务收入从 632.5 亿元提升至 1295.9 亿元。

表 5-13　山西省各市新材料产业布局

市区	发展重点
大同市	石墨新材料、玄武岩新材料、花岗岩新材料、新型建筑材料等
塑州市	新型建筑材料、石墨烯、碳纤维、先进陶瓷材料等
忻州市	化工新材料、永磁材料、耐火材料等
太原市	化工新材料、不锈钢材料、铝镁合金、先进复合材料等
阳泉市	粉末冶金、磁性材料、陶瓷、非晶合金材料、动力电池等新材料等
晋中市	新型功能材料、先进结构材料、高性能复合材料和无机非金属材料等
吕梁市	新型轻质铝型材料、高铝耐火材料、钕铁硼永磁材料、金属软磁材料、新型碳纤维材料等
临汾市	新型建筑材料、高端金属建筑材料、特种金属功能材料等
长治市	LED 照明材料、光伏材料、锂电材料、永磁材料、镁铝合金等
晋城市	光电子信息新材料、功能纺织材料、高性能金属新材料、多功能陶瓷材料等
运城市	新型金属材料、新型化工材料、新型建筑材料、纳米材料、航空与军工新材料等

资料来源：新材料在线，http://xincailiao.com/.

3. 新能源汽车产业

新能源汽车产业是绿色经济理念的体现，发展新能源汽车产业可以有效解决汽车尾气带来的环境污染问题，能够促进新能源汽车上游产业链的发展。

山西省依托煤、电、气等产业优势，相继出台一系列补贴政策，包括《新能源汽车产业重大布局推进意见》（2014年）、《关于加快推进电动汽车产业发展和推广应用的实施意见》（2015年）、《电动汽车产业发展和推广应用行动计划》（2016年）、《山西省加快推进新能源汽车产业发展和推广应用的若干政策措施》（2018年）、《山西省新能源汽车产业2019年行动计划》（2019年）等等，根据不同区域发展状况，引导太原、晋中、晋城重点发展电动汽车产业，晋中、长治发展甲醇汽车产业，太原、运城、大同发展燃气汽车产业。在政策的引导下，新能源汽车产业发展初见成效。2018 年，新能源汽车产值达 132 亿元，工业增加值 10.2 亿元。整车产销量分别为 141239 辆和 140992 辆，其中电动汽车生产 44547 辆，销售 44539 辆。与新能源汽车配套的产业也逐步发展起来，例如充电站和充电桩分别建立起 171 座和 2554 个。

（三）推动第三产业发展

山西省近年来第三产业发展迅速。增加值从 2014 年的 5678.7 亿元提升至 2019 年的 8748.9 亿元，同比增长 54.1%。其中，以铁路和公路运输为主的交通运输业快速发展，货物运输量由 16.71 亿吨增长至 21.9 亿吨。作为转型发展的支柱性产业，全省旅游市场持续活跃，旅游总收入由 2014 年的 2846.5 亿元增长至 2019 年 8026.9 亿元。

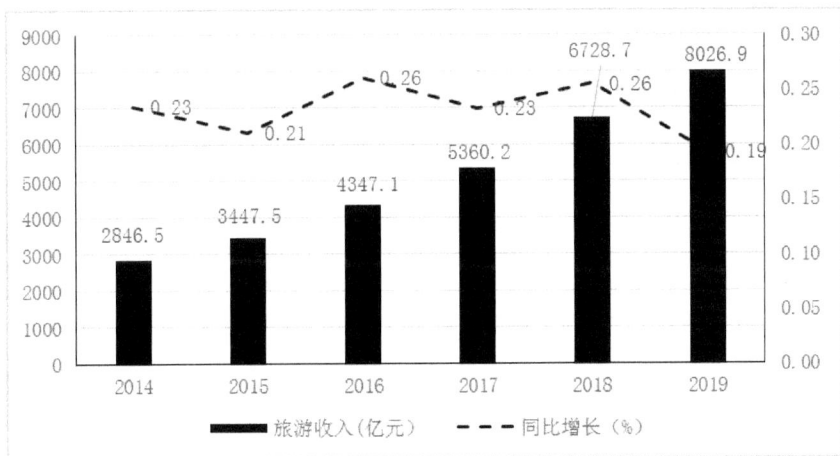

图 5-9　2014—2019 年山西省旅游收入情况

数据来源：山西统计局、山西文旅厅、中商产业研究院整理。

第三产业带动了经济发展。以衡量产业对区域总体经济发展的贡献的指标 DIC 来看[①]，2011—2019 年，山西省三次产业贡献度如表 5-14 所示：第一产业各年贡献度均未超过 1%，第二产业贡献度起伏较大，

[①] 通过产业贡献度衡量第三产业对山西整体 GDP 增长率的拉动作用。公式 DIC=(GRi/GRgdp)×(GRgdp/GDPo)，其中 DIC 表示产业贡献度，GRi 表示产业当期增量，GRgdp 表示 GDP 当期增量，GDPo 表示 GDP 上期量。

第三产业贡献度稳定且一定程度上支撑了山西经济增长。

表 5-14　2011—2019 年山西省三次产业贡献度（%）

年份	GDP 增长率	产业贡献度 DIC		
		第一产业	第二产业	第三产业
2011	22.12	0.86	15.29	5.97
2012	7.90	0.52	0.97	6.41
2013	4.47	0.19	-0.90	5.19
2014	-0.70	0.31	-2.48	2.87
2015	-0.13	0.08	-8.73	8.69
2016	1.54	0.02	-1.80	3.35
2017	19.54	0.04	13.47	6.11
2018	8.31	0.14	2.00	6.17
2019	6.70	0.53	2.37	3.80

数据来源：《山西统计年鉴（2012—2020 年）》。

（四）综合改革示范区牵引经济转型

为实现创新驱动，寻求转型"新突破"，2017 年 2 月，山西省整合太原、晋中八个产业园区[①]，形成总面积达 600 平方公里的山西转型综合改革示范区（简称综改示范区），集中力量发展新能源、新材料、先进制造、电子信息、健康医疗、文化创意等重点产业。示范区从空间上分为北部阳曲产业园区、中部产业整合区以及南部潇河产业园区，在重点产业布局上各有侧重，具体见表 5-15。

———————————

① 包括太原都市区内的太原高新技术产业开发、太原经济技术开发区、太原武宿综合保税区、晋中经济技术开发区等 4 个国家级开发区，太原工业园区、山西榆次工业园区、山西科技创新城等 3 个省级开发区以及山西大学城产业园区。

表 5-15 山西转型综合改革示范区区位布局及发展目标

分区	总规划面积（平方公里）	包括现状园区	现状园区规划面积（平方公里）	重点布局产业
北部阳曲产业园区	104	原太原工业园区基础区	3	新材料、节能环保、绿色食品、文化旅游、健康休闲
		阳曲县的扩展区	101	
中部产业整合区	140	学府产业园区	8	大数据、物联网、电子信息、高端装备、生物医药、绿色食品、文化创意、跨境电子商务、保税物流、科技研发
		唐槐产业园区	25	
		武宿综合保税区	3	
		科技创新城	20	
		晋中汇通产业园区	49	
		晋中新能源汽车园区	9	
		大学城产业园区	28	
南部潇河产业园区	343	潇河产业园区（太原）	205	新一代信息技术、先进制造、新能源、新材料、生物医药、节能环保
		潇河产业园区（晋中）	138	

资料来源:根据山西转型综合改革示范区管理委员会官方网站资料整理。

综改示范区强力推进转型项目建设,建立现代治理体系,营造"六最"营商环境,形成了可借鉴、可推广的转型发展经验。具体包括:

1. 精简优化机构设置,建立现代治理体系

示范区精简整合了管委会内设机构,重点突出综合管理和服务功能,设立了投资合作、项目建设、企业发展、物业保障等服务机构。见表 5-16。

表 5-16　机构体系及管理层级精简状况一览①

数量	精简前	精简后
管委会	6 个	1 个
内设机构	52 个	12 个
事业单位	79 个	29 个
机关编制数	453 名	130 名
领导班子成员	34 名	8 名

此外，示范区出台了 106 条优惠政策及配套细则，设立了政策兑现窗口，推进"互联网+政务服务"，建立网上服务平台，实现项目审批、政策兑现、企业注册、招商引资、公共资源交易等便利化。

2. 以"四个一"管理服务模式，营造"六最"营商环境②

示范区推出"政府服务承诺+企业信用承诺"双承诺制审批服务，建立了项目会商、联审、联勘和事中事后监管机制，率先实行"四个一"，具体见表 5–17。

表 5-17　"四个一"管理服务模式③

"四个一"	具体含义
一枚印章管审批	1 枚审批专用章代替原来的 26 枚公章；50 项审批事项全部集中到行政审批局办理；
一个大厅管服务	以政务服务大厅为办事平台，提供企业注册、投资建设、科技创新、日常运营、政策兑现、问题诉求等 9 大类 246 项服务；
一支队伍管执法	将涉及住建、地震、城管、安监、人社、发改、林业等 9 个行业和领域的共计 338 项行政处罚权，全部集中到综合执法局统一行使，减少同质检查和重复检查；
一网通办管效能	150 项行政审批以及政策兑现、项目推进等涉企服务事项全部实现网上办理，在服务企业内容、量化程度、涵盖范围方面做到了最大化。

① 张纯.山西转型综合改革示范区建设实践与成效 [J].科技创新与生产力，2019(01):1—3+6.

② 六最：审批最少、流程最优、体制最顺、机制最活、效率最高、服务最好。

③ 李珍珍.山西转型综改示范区改革发展经验探究 [J].中共太原市委党校学报，2019(05):27—29.

第二节 山西省产业转型面临的问题

长期以来过于依赖"煤、焦、冶、电"等产业造成的产业结构单一、经济发展效益下滑、转型人才稀缺以及职工安置等问题,致使产业转型进程缓慢。

一、过于倚重资源型产业的产业结构导致经济效益下滑

一般而言,较为单一的产业结构承受市场风险冲击的能力往往较弱。煤炭产能过剩和偏重型的产业结构压缩了经济发展的延伸空间,在一定程度上也容易引发经济波动,如图 5-10 所示。1998 年金融危机造成煤炭行业低迷,经济出现下滑,1999 年山西省经济增长速度为 7.3%,排在全国倒数第三位。2008 年次贷危机后煤炭总需求持续下降,煤炭价格下跌 50%,此后一段时间煤炭总体而言供过于求,2009 年经济增速降至 6%,位居全国末位。2014 年由于全球煤炭价格持续下跌,经济又一次受到影响,增速由 2013 年的 8.9% 跌至 4.9%,降至全国末位,2015 年一季度增速低至 2.5%。2016 年增速为 4.5%,仍然处于全国后列。

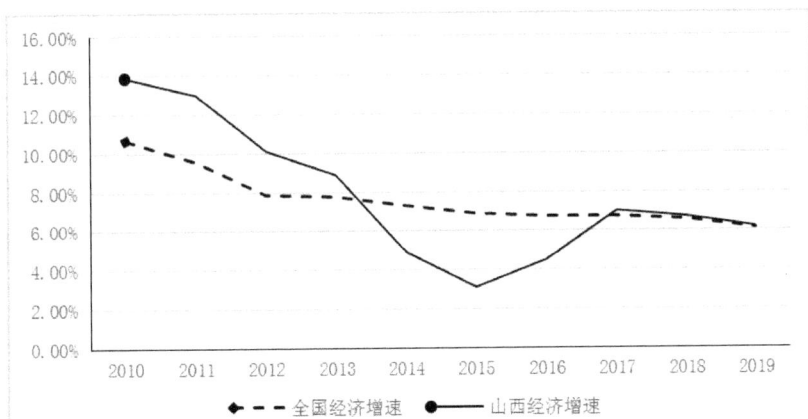

图 5-10 2010—2019 年全国及山西经济增速对比

数据来源:山西省统计局、中商产业研究院。

二、资源型企业转型存在"路径依赖"现象

资源型企业转型面临转型意愿不足、资金匮乏以及技术水平较弱等问题。首先，企业转型意识滞后。由于企业长期从事"煤、焦、冶、电"四大产业或者间接与这些重化工业密切相关联，当市场压力减小或者好转时，认识不到产业转型的重要性。其次，资源型企业转型面临重大沉没成本和转型资金的巨大投入。企业在转型过程中，不仅要压产能，而且需要投入巨额资本改进生产设备、提升工艺技术，还要保障职工基本工资、缴纳社保、负担再培训费用以及经济补偿金等等。最后，技术创新不足是企业转型升级的另一个重要制约因素。产业转型的手段之一是技术改进和生产工艺水平提高，而技术落后恰恰是资源型企业面临的根本问题。

三、地方政府的转型意愿与动力需要激发

山西煤焦冶电等产业对地方经济贡献巨大。2019 年规模以上工业企业中，煤炭、电力、冶金以及钢铁等资源型产业的企业营业收入高达 1.66 万亿元，占全省规模以上工业企业营业收入的 77.57%，利润总额占比超 84.91%[①]。资源型产业作为支柱产业，为一些地区的经济增长作出了巨大贡献。不仅如此，与资源型产业相关，形成了包括机械设备制造、物流、生产服务、生活服务等在内的庞大产业链。因此，产业转型不仅意味着被压缩产业贡献的下降，而且由此引起的负向连锁反应将造成税收降低、就业等问题。显然，这样的关联效应造成的负面影响降低了地方政府的转型意愿，加大了产业转型难度。

---

① 根据"2019 年山西省规模以上工业企业主要财务指标"中相关行业营业收入及利润总额指标计算。

四、产业转型面临"人才"瓶颈制约

尽管山西省技能人才队伍不断发展壮大，但受地理位置、资源型产业对非资源型产业的人才挤出、人力资本投入不足、人才管理体制不健全等问题的制约，技术工人特别是高技能人才占就业人员总量的比例仍较低，且人力资源行业分布不均，产业转型面临着"人才"瓶颈。第一，高层次、高技能人才短缺。2017年，高技能人才84.7万人，仅占技能人才总量286万人的29.6%，在全省1914.1万就业人数中占比不足5%。2019年共有22.4万人参加职业技能鉴定，20.7万人取得职业资格证书，而其中仅3252人取得技师、高级技师职业资格。第二，人力资源行业分布不均。人力资源在地区、部门、产业、行业间分布不平衡，严重影响人力资源效用的充分发挥。人力资源主要集中在农业、采矿业、制造业、建筑业、批发和零售业等产业，如图5-11①，且人员的学历水平偏低。部分专业技术人才聚集在教育、卫生等传统行业的事业单位即体制内单位，新型工业企业人才集聚程度不高，新材料、新能源、生物技术等新兴产业人才尤其短缺。

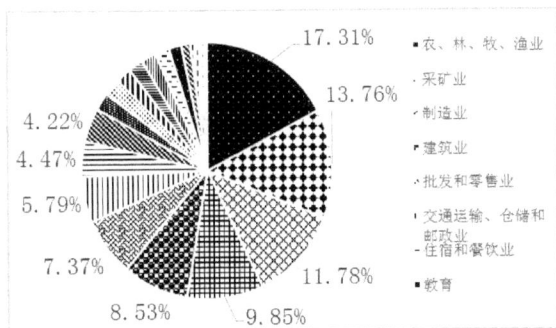

图 5-11　2017年山西省主要行业从业人员占比

数据来源：《山西统计年鉴2017年》。

① 相关从业人员占比根据《山西统计年鉴》中法人单位数、产业活动单位数及从业人数整理计算得出。

五、实现职工培训再就业需要付出巨大努力

传统产业去产能的改革必然造成下岗人员增加。产业转型将造成部分企业关停，企业从业人员将直接面临转业、收入水平降低甚至失业问题。历史上德国的鲁尔就曾经历这样一个过程。20 世纪 50 年代，德国老工业区鲁尔，煤炭、钢铁及相关产业曾创造了高达 70% 的就业岗位。到了 60、70 年代遭遇"煤炭危机"和"钢铁危机"后，失业率曾超过 20%。此后，通过产业援助、培训再就业等途径，逐步伴随产业转型而化解了失业问题。

对于企业而言，受时间、设备等客观条件制约，内部技术培训难以与转型对人才的需求相匹配。此外，企业除了需要负担职工技能再培训的资金之外，还需要负担员工基本工资、社会保险等大量资金压力，转型意愿不强。

对于工人而言，部分年长职工文化层次不高、技能单一，习惯于政府包办再就业，主动再就业观念和择业意识较弱，技能转化困难。下岗职工在接受新技术的能力上相对逊色，因而竞争意识较弱，在劳动力市场重新就业谋生存在一定难度。此外，目前缺人手的工作大部分是第三产业服务性岗位，而下岗职工缺少从事第三产业所需要的专门技术、经营经验和资金投入，畏难情绪较大也在一定程度上加大了再就业难度。

六、研发投入强度偏低，创新生态仍待培育

研发投入强度[①]代表了地区科技投入水平。山西省研发投入强度偏低，2019 年山西省 R&D 经费 191.2 亿元，全国排名 20 位，与广东、江苏、北京、上海等地差距巨大。[②]

---

① 研发投入强度指 R&D 经费与 GDP 的比值。
② 数据来源：《2019 年全国科技经费投入统计公报》。

经济开发区对于产业转型、提升区域自主创新能力至关重要。截至 2020 年 3 月，全国经济开发区数量已超过 200 多家，其中，江苏 26 家，浙江 21 家，山东 15 家，为全国经济开发区最多的三个省份，山西省只有 4 家[①]，具体见表 5-18。

表 5-18　国家级经济技术开发区区域分布情况（单位：家）

省份	数量（家）	省份	数量（家）
江苏	26	广东	6
浙江	21	吉林	5
山东	15	云南	5
安徽	12	陕西	5
江西	10	山西	4
福建	10	甘肃	4
河南	9	广西	4
新疆	9	内蒙古	3
辽宁	9	重庆	3
湖南	8	贵州	2
黑龙江	8	青海	2
四川	8	宁夏	2
湖北	7	海南	1
河北	6	北京	1
天津	6	西藏	1
上海	6		

数据来源：前瞻产业研究院，https://f.qianzhan.com/?f=p1/.

国家高新技术开发区是技术交易以及科技成果分享的聚集地。截至 2019 年，山西省高新技术开发区建设仍处于全国下游，在全国 168 家高新技术开发区中山西省仅占 2 家[②]。

---

① 方舆. 国家级经济技术开发区 2019 年排名及详细名单 [EB/OL].(2020-03-13) [2020-12-31].https://mp.weixin.qq.com/s/qMKJ0Zx4ycy4XYO7tuQ6qA.

② 数据来源：前瞻产业研究院，https://f.qianzhan.com/?f=p1/.

此外，代表创新力的高新技术企业数量较少。以 2017 年中国各省高新技术企业数量为例，山西省以高新技术企业为核心的科技型企业在全国仍处于较低水平，与较发达省份还有较大差距。

表 5-19　2017 年中国各省高新技术企业数量[①]

名次	地区	高企数量（家）	名次	地区	高企数量（家）
1	广东	33356	17	陕西	2229
2	深圳	10988	18	江西	2134
3	北京	20297	19	云南	1250
4	江苏	13278	20	广西	1229
5	浙江	9174	21	山西	1198
6	上海	7668	22	重庆	1182
7	湖北	5177	23	黑龙江	939
8	安徽	4325	24	贵州	702
9	山东	4246	25	甘肃	623
10	天津	4129	26	内蒙古	566
11	四川	3595	27	新疆	543
12	湖南	3211	28	吉林	526
13	河北	3199	29	海南	277
14	福建	3054	30	青海	145
15	辽宁	2600	31	宁夏	96
16	河南	2329	32	西藏	27

[①] 搜狐网.各省&各市高新技术企业数量排名 [EB/OL].(2018-09-17)[2021/1/1].
https://m.sohu.com/a/254341913_99964340/.

第三节 产业转型的路径与措施

一、继续加快产业结构转型升级

山西省通过"去产能""数字化"以及延伸煤炭产业链等方式加快传统产业改造,大力推进战略性新兴产业和第三产业发展,促进产业结构合理化,同时积极引进先进技术、合理利用外资,实现经济的高质量发展。

第一,继续推动煤炭、焦化、钢铁行业退出落后产能,调整以采矿业和能源重工业为主的产业结构。加快传统工业技术和生产工艺升级,推动煤炭开采方式变革,延伸煤炭产业链,向深加工和综合利用多元化转变;以能源革命综合改革试点为契机,推进资源型经济结构调整,逐步建立起多元化的产业格局;推进数字化、网络智能化建设进程,将钢铁、有色、焦化等传统优势产业与现代新型数字技术结合起来,开发新兴产业;推进绿色能源发展,提升清洁能源的消费比重,提高市场竞争力和产业盈利能力,依靠市场力量逐步减少对高耗能、高污染资源的依赖,保证发展的可持续。

第二,健全战略性新兴产业的培育机制。规划布局新能源产业、新材料产业、新能源汽车产业、高端装备制造业、现代医药等具有优势和发展潜力的战略性新兴产业,并利用新型基础设施建设,推动新兴产业发展,提升山西战略性新兴产业市场规模及竞争力;补齐产业短板,发展信创、大数据、半导体、先进轨道交通、煤机智能制造等具有示范效应及国际竞争力的产业集群;发展碳化硅、碳纤维、石墨烯、特种尼龙等具有一定优势的材料,形成碳基新材料、特种金属材料、生物基新材料、半导体新材料等新材料产业集群。

第三,培育数字经济,推进"互联网+"改革,为经济转型注入新动力，推动服务业商业模式转变。加大线上线下消费融合程度，营造便利的消费环境，继而提升山西服务消费质量和容量。发展旅游业和公共服务业，将工业、农业与旅游业结合起来，例如在采煤沉陷区发展工业园区旅游。发展现代物流业，推动构建物流基地、配送中心等多级物流网络与综合运输体系。发展服务贸易，为服务经济发展提供新的动力，推动服务业向专业化和价值链高端延伸。

二、引进先进技术与推进协同创新

企业是技术引进与创新的主体。围绕降低企业创新成本、提高创新收益，建设高水平创新平台，引导企业创新和不断提升竞争力。

第一，加大先进技术的引进力度，利用技术溢出效应提升山西省自主创新能力。对于国外传统的、非核心技术的引进往往存在诸多隐患，使企业处于价值链低端，继而限制企业长期发展。因此，对于国外技术不能局限于技术引进与模仿，应该借鉴、吸收真正的高技术，同时注重技术再创新，实现企业转型的可持续。

第二，完善科技创新机制，建立合理的科研协同创新体系。鼓励企业与高校、科研院所协同创新，加大科技投入力度，加快科技成果转化。合理协调企业、高校、科研院所之间的利益分配与共享关系，鼓励联合研发，提高创新资源使用效率。

第三，提高基础性研发资金投入，通过税收支持、研发补贴对企业、高校与科研院所创新项目进行扶持。引导银行、基金等相关金融机构对科技创新项目予以融资，为企业创新提供资金支持，激发企业科技创新活力。

第四，重视培养转型高水平人才，加强科技创新队伍建设。培养科技创新型人才，引导科研创新成果和战略性新兴产业相融合，提高产业科技创新实力。完善产权保护力度，改善人居和生态环境，提升区域创新竞争力，营造良好的创新环境。提高区域创新竞争力、吸引力，使创新人才能够"引"得进来、"留"得下去。

三、利用外商直接投资推动产业转型

加大引资力度，提高引资质量。创建良好的营商环境，合理降低传统产业、高端制造业以及现代服务业的准入门槛，简化审批程序，提高引资效率。吸引外资投入智能、绿色、高端装备等制造业以及金融、医疗、养老、文化等现代服务业。利用外资带动传统产业、战略性新兴产业以及服务业发展。

第一，利用外资改造传统产业。将生态建设、资源节约与外资引入相结合，利用高质量外资推动传统产业转型，不断延伸传统产业的产业链，提高产业附加值，促进优势传统产业绿色可持续发展。

第二，优化投资环境，通过独资、合资和合作等形式鼓励外商进入新能源、新材料、新能源汽车、装备制造业等战略性新兴产业，利用技术外溢效应，提升企业的科技创新能力，使山西省战略性新兴产业获得技术支撑。

第三，利用外资推动第三产业发展。鼓励外资投入服务业，特别是生产服务业和战略性新兴服务业，合理利用外商对金融保险、文化旅游、商业咨询、教育培训、卫生医疗等基础和技术服务行业的投资，为转型再就业人员创造更多的就业岗位，为产业结构转型升级注入活力。

四、产业转型与扶贫益民相融合

将产业转型与扶贫益民、乡村振兴相融合，是产业转型发展需要重点考虑的问题。从扶持民营企业发展、提供转型技术培训、完善收入分配制度等方面入手，推动乡村建设，带动农民尤其是贫困人口脱贫增收。

（一）扶持民营企业发展，拓展就业脱贫路径

由于民营企业对于实现创新发展、解决就业等发挥着不可替代的作用，因此产业转型应当重视民营企业的发展。

第一，优化融资环境，提升金融支持力度，做好困难企业帮扶工作。利用网上办理的便利性优势，简化贷款程序，提高金融机构贷款效率，适当降低贷款门槛、减免贷款利息，降低民营企业融资成本。利用线下交流会、线上公众平台等加大政策宣传力度，鼓励农民返乡创业。

第二，积极引导村企合作，商农合作，发挥企业带动效应。运用"政府＋企业＋农户"模式，建立利益联结机制，由政府引领，鼓励企业投资农村特色种植业、养殖业、农产品加工业等产业项目，整合地域资源，打造地方特色产品品牌，把地区资源优势转化为产业优势，带动村集体经济增收脱贫。利用民营企业带动就业，鼓励贫困劳动力就业或自主创业，实现就业增收。

第三，引导民营企业投资基础设施、公用事业、战略性新兴产业和现代服务业。鼓励民营企业投资新能源、新材料、新能源汽车、高端装备制造、生物医药等领域的战略性新兴产业。引导民营企业利用农村地区劳动力，开发山西省特色康养业、旅游业，带动脱贫地区长期稳定增收。

（二）加强技术培训，做好劳动力安置

有针对性地做好再就业培训，强化转型人才支撑。只有落后产能，没有落后劳动力，人是最宝贵的财富。因此，必须关注转型过程中职工转岗换岗的就业需求，做好就业服务指导和转移再就业的培训工作。

第一，建立失业职工再就业平台，提高就业安置力度。积极通过线上线下平台宣传就业信息。完善职业培训，帮助转型过程中的失业人群再就业。建立起有针对性的多元培训就业服务平台，实施教育优

惠政策，帮助失业人群了解就业现状，培养学习意识，主动适应产业转型的需求。通过线下以及网络学习平台，为转型失业人群参与职业学习、技术学习提供便利条件。

第二，建立健全转型人才培养教育机制，形成完善的教育体系。加强对高等职业院校学生、高技术水平人才的培养和吸收，鼓励社会、研究院所、企业、高职院校之间互联互通。以重点技能、市场需求以及群众意愿为核心，有针对性地提供高水平职业教育，让专业人才成为战略性新兴产业和现代服务业发展的动力引擎。

第六章　做好绿色发展文章：
生态治理与富民双赢

习近平总书记在党的十九大报告中指出，在经济社会发展过程中必须树立和践行"绿水青山就是金山银山"的理念，坚持实行节约资源和保护环境的基本国策。2019年10月，党的十九届四中全会通过的《中共中央关于坚持和完善中国特色社会主义制度推进国家治理体系和治理能力现代化若干重大问题的决定》强调，要"坚持和完善生态文明制度体系，促进人与自然和谐共生"，提出了建立健全生态环境保护制度的要求。2020年5月，习近平总书记在山西省考察时指出，要发扬"右玉精神"，统筹推进山水林田湖草系统治理，抓好"两山七河一流域"的生态修复治理，扎实实施黄河流域生态保护和高质量发展国家战略。山西省依据国家生态文明建设和产业转型升级的战略要求，立足生态资源状况和问题，加大生态环境治理力度，以创新发展带动产业转型实现绿色发展。

第一节　山西省绿色发展现状

山西省落实生态转型和绿色发展战略，开展生态环境保护，初步形成了山西特色的可持续发展路径。

一、绿色发展的进展

改革开放以来，长时间、大面积、高强度的煤炭等矿产资源开发，出现植被遭到破坏，采矿区塌陷，地下水位骤降，土壤、空气和水严重污染等一系列生态问题。不仅生态治理与恢复的任务异常艰巨，而且一些地方的过度开采和严重污染直接影响农民的种养殖业收益，生态致贫问题突出，生态经济效益状况恶化。

（一）生态资本存量

生态环境建设是推动经济增长的重要力量。从森林覆盖率、湿地占国土面积比重和城市绿地3个指标来看，山西省的生态资本存量具有以下特点。

1. 森林覆盖率稳步上升，但潜力依然巨大

森林覆盖率是反映一个地区森林资源和绿化程度的指标。2003年至2009年，山西省森林覆盖率从13.29%上升到14.12%，2013年上升至18.03%并保持至2017年，整体上呈现出稳定上升趋势，森林面积不断扩大，生态环境有所改善。但是与全国平均水平和中部其他5个省相比，还存在较大的发展潜力。以2017年为例，山西省的森林覆盖率为18.03%，全国平均水平则达到了32.38%，表明山西省的森林覆盖率仍然较低。直到2017年底，与同处中部的其他5省相比，山西省的森林覆盖率与河南的21.5%较为接近，却是中部6省唯一一个森林覆盖率低于20%的省份。经过两年的生态系统综合治理，截至2019年底，山西省森林覆盖率超过20%，达到23.18%的水平①。排名在中部6省中虽然仍处后位，但是具有良好的发展潜力和发展势头。

---

① 新华网.截至2019年底山西省森林面积5450.93万亩[EB/OL].(2020-12-08)[2020-12-18].http://www.sx.xinhuanet.com/2020-12/08/c_1126833177.htm.

表 6-1　2003—2017 年全国及中部 6 省森林覆盖率（%）

年份	全国	山西	安徽	江西	河南	湖北	湖南
2003	26.18	13.29	24.03	55.86	16.19	26.77	40.63
2004	26.18	13.29	24.03	55.86	16.19	26.77	40.63
2005	26.18	13.29	24.03	55.86	16.19	26.77	40.63
2006	26.18	13.29	24.03	55.86	16.19	26.77	40.63
2007	26.18	13.29	24.03	55.86	16.19	26.77	40.63
2008	26.18	13.29	24.03	55.86	16.19	26.77	40.63
2009	30.03	14.12	26.06	58.32	20.16	31.14	44.76
2010	30.03	14.12	26.06	58.32	20.16	31.14	44.76
2011	30.03	14.12	26.06	58.32	20.16	31.14	44.76
2012	30.03	14.12	26.06	58.32	20.16	31.14	44.76
2013	32.38	18.03	27.53	60.01	21.5	38.4	47.77
2014	32.38	18.03	27.53	60.01	21.5	38.4	47.77
2015	32.38	18.03	27.53	60.01	21.5	38.4	47.77
2016	32.38	18.03	27.53	60.01	21.5	38.4	47.77
2017	32.38	18.03	27.53	60.01	21.5	38.4	47.77
平均值	29.27	15.09	25.74	57.90	19.02	31.81	44.11
排名		6	4	1	5	3	2

数据来源：《中国林业统计年鉴（2004—2018 年）》。

2. 湿地面积占比有所下降

湿地面积占国土面积的比重是反映地区生态资源保护程度的指标。2003 年至 2012 年，山西省湿地面积占国土面积的比重稳定在 3.19%，此后到 2013 年一直维持在较低的 0.97%，湿地面积相对减少，如表 6-2 所示。该比重一直低于相应年份的全国平均水平，2016 年仅为全国水平的 10.66%。与中部地区其他 5 省相比，山西省是唯一一个湿地面积占国土面积的比重低于 1% 的省份，表明山西省湿地占比处于较低水平。

表6-2 2003-2016年全国及中部6省湿地面积占比（%）

年份	全国	山西	安徽	江西	河南	湖北	湖南
2003	6.92	3.19	4.73	5.99	3.74	4.99	5.79
2004	6.92	3.19	4.73	5.99	3.74	4.99	5.79
2005	6.92	3.19	4.73	5.99	3.74	4.99	5.79
2006	6.92	3.19	4.73	5.99	3.74	4.99	5.79
2007	6.92	3.19	4.73	5.99	3.74	4.99	5.79
2008	6.92	3.19	4.73	5.99	3.74	4.99	5.79
2009	6.92	3.19	4.73	5.99	3.74	4.99	5.79
2010	6.92	3.19	4.73	5.99	3.74	4.99	5.79
2011	6.92	3.19	4.73	5.99	3.74	4.99	5.79
2012	6.92	3.19	4.73	5.99	3.74	4.99	5.79
2013	9.10	0.97	7.46	5.45	3.76	7.77	4.81
2014	6.76	0.97	7.47	5.45	3.76	7.77	4.81
2015	6.76	0.97	7.47	5.45	3.75	7.77	4.81
2016	9.10	0.97	7.46	5.45	3.76	7.77	4.81
平均值	7.21	2.56	5.51	5.84	3.75	5.78	5.51
排名		6	3	1	5	2	3

数据来源：《中国林业统计年鉴（2004—2017年）》。

3. 城市绿地面积增幅较快

城市绿地面积是反映城市生态环境质量的重要指标。总体上看，山西省城市绿地面积稳步增加，从2003年的14497公顷增加到2017年的63987公顷，每年都在增加，如表6-3所示。但是，与全国平均水平和中部其他省份相比，仍然存在较大的提升空间。以2017年为例，山西省绿地面积总量低于全国水平，仅为全国平均水平的67.9%。不仅如此，山西省绿地面积与中部其他省份相比也位于末位。

表6-3　2003—2017年全国及中部6省城市绿地面积（公顷）

年份	全国	山西省	安徽省	江西省	河南省	湖北省	湖南省
2003	39088.5	14497	36500	21689	32619	54290	34255
2004	42640.8	15359	38079	23384	35856	55282	36107
2005	47362.2	19317	41896	25167	42965	56184	40723
2006	42619.1	20287	63016	24488	47120	41559	35314
2007	56966.5	21775	59147	31127	53158	44035	39742
2008	58249.8	25266	59163	32448	59969	52170	41815
2009	64295.7	27973	67269	37596	62947	54884	42940
2010	68849.6	31061	71463	42288	66790	57883	46028
2011	72350.2	32513	75977	45063	69596	62062	49593
2012	76382	35653	79592	46874	77038	68803	51822
2013	78297.4	36347	83910	49239	80753	71622	53483
2014	81547.2	40448	89512	50809	85661	75546	57273
2015	86115.1	42033	93786	54147	89952	80309	59359
2016	89873.6	42986	98555	56768	95410	82242	61453
2017	94237	63987	102402	63747	101171	86713	67669
均值	66441.2	31300	70684	40322	66734	62906	47838
排名		6	1	5	2	3	4

数据来源：《中国林业统计年鉴（2004—2018年）》。

　　总之，森林覆盖率、湿地面积和城市绿地面积占比都反映出，山西的生态资本存量仍然不够充足，具有较大的发展潜力。因此，转变经济发展方式，将生态转型作为经济发展的突破口和经济可持续增长的动力源是非常必要的。

（二）山西省绿色发展现状

1.大气污染防治工作初见成效

通过调整能源结构、淘汰落后产能、严格大气污染执法等措施，

2014 年到 2019 年，反映空气质量状况的二氧化硫（SO_2）、可吸入颗粒物（PM_{10}）、细颗粒物（$PM_{2.5}$）等指标逐年下降，分别从 2014 年的 65 μg/m^3、114 μg/m^3、64 μg/m^3，下降至 2019 年的 24 μg/m3、93 μg/m^3、48 μg/m^3，其中二氧化硫（SO_2）下降速度最快，如图 6-1 所示。

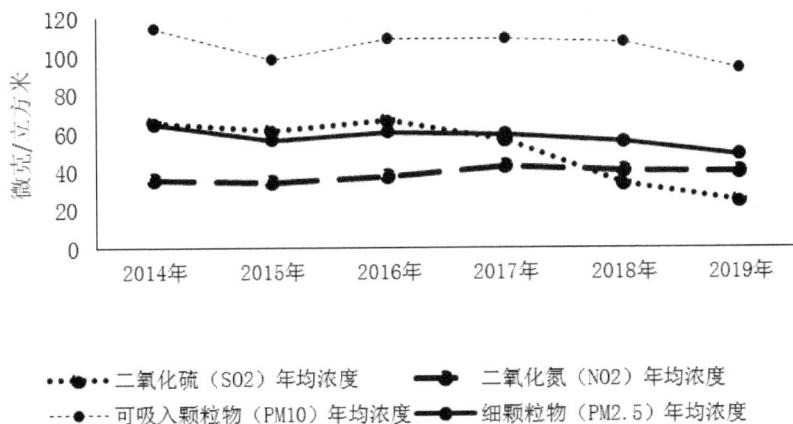

图 6-1　2014—2019 年山西省大气质量情况

数据来源：《山西省环境状况公报（2014—2019 年）》。

从地级城市来看，2014 年至 2019 年，各地级市空气质量综合指数整体上呈现波动下降的态势，表明近 6 年的大气环境质量治理取得了良好效果。其中，空气质量综合指数最好的 3 个城市是大同、朔州、长治，最差的 3 个城市依次是临汾、太原、晋城，如表 6-4 所示。同时，随着对污染重点城市整治力度的加大，各地级市的空气质量指数差异逐渐缩小，污染指数极值差距从 2014 年的 2.85 缩小至 2019 年的 1.78。特别是 2014 年的重点污染城市阳泉、太原的大气污染指数在 5 年间分别下降了 32.6% 和 17.3%，与空气良好地区的差距大大缩小，取得的效果较为明显。

表6-4　2014—2019年山西省11个地级市空气质量综合指数

城市	2014 年	2015 年	2016 年	2017 年	2018 年	2019 年
太原	7.73	7.13	7.66	7.76	6.37	6.39
大同	5.77	5.36	5.21	5.31	4.64	4.97
阳泉	8.62	6.69	7.63	7.28	5.94	5.81
长治	6.74	7.03	7.51	6.88	5.29	5.35
晋城	7.37	6.48	7.35	7.78	6.20	6.26
朔州	6.67	6.77	6.46	5.90	5.00	5.28
晋中	6.85	6.63	7.37	7.68	5.89	5.57
运城	6.96	7.03	7.11	7.64	6.03	5.93
忻州	7.06	6.57	6.61	6.85	5.55	5.41
临汾	6.58	6.7	8.15	8.60	7.05	6.75
吕梁	6.72	6.02	5.89	7.04	5.57	5.37

数据来源：山西省生态环境厅。

2. 水污染防治取得进展

针对严峻的水环境污染问题，通过制定严于国家标准的水污染物排放地方标准，狠抓工业污染防治，强化城镇生活污染治理，推进农业农村污染防治，加强交通运输污染控制，强化饮用水全过程监管和保护，防范地下水污染等一系列措施，水环境质量稳步改善。

2014—2018 年，山西省 11 个地级市综合监测的地表水水质断面中，水质优良断面（Ⅰ～Ⅲ）占比逐年上升，地表水治理取得初步成效，如表 6-5 所示。2019 年，全省 58 个国考断面中，水质优良断面 32 个，达到国家考核要求。山西省地下水保持良好，水质基本稳定。城市集中饮用水水源水质测度显示，山西省水质良好并保持常年稳定状态，基本保持在 87% 以上的达标率，如表 6-6 所示。

表6-5　2014—2018年山西省11个市地表水水质断面占监测断面比率（%）

年份	2014	2015	2016	2017	2018	2019
优良（Ⅰ～Ⅲ类）断面占监测断面比率	47.9	44.0	48.0	56.0	58.0	57.0

数据来源：《山西环境状况公报（2015—2020 年）》

表6-6　2013—2018年山西省城市集中式生活饮用水源地水质达标率（%）

年份	2013	2014	2015	2016	2017	2018
达标率	87.30	87.40	87.90	89.30	87	88.10

数据来源：《山西环境状况公报（2014—2019年）》

3. 农业面源污染治理成效明显

通过农药和化肥减量增效、农作物秸秆和废弃农膜综合利用、畜禽养殖废弃物资源化、完善农村污水垃圾收集处理等措施，对农业面源污染的治理取得了重要进展。

第一，农药使用量上升趋势得到扭转。虽然2014年农药使用量达到了一个小高峰，但是2015年以后农药使用量开始下降，从2015年的3.1万吨下降至2018年的2.65万吨，降幅为14.5%，扭转了2012年至2015年期间农药使用量只增不降的趋势。农药使用更加合理化、环保化，如图6-2所示。

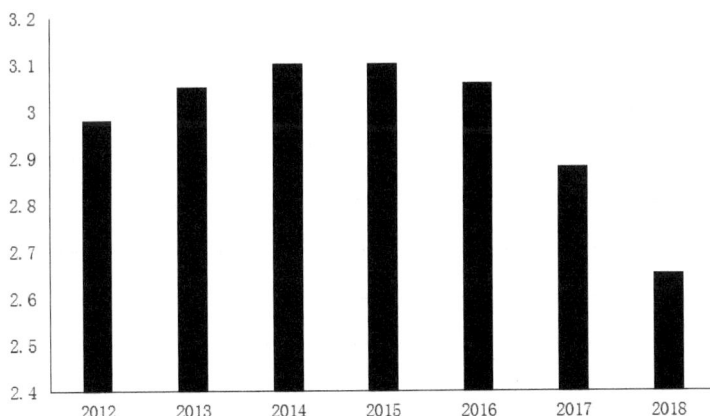

图6-2　2012—2018年山西省农药使用量（万吨）

数据来源：中国国家统计局。

第二，农用塑料薄膜使用量初步得到抑制。农业塑料薄膜对土壤的污染虽然过去一直波动上升，但是2018年终于开始下降，从2017年的49997.61吨下降至2018年的49067.41吨，减少了930.2吨，如图6-3所示。由此显示出逐步改善的势头。

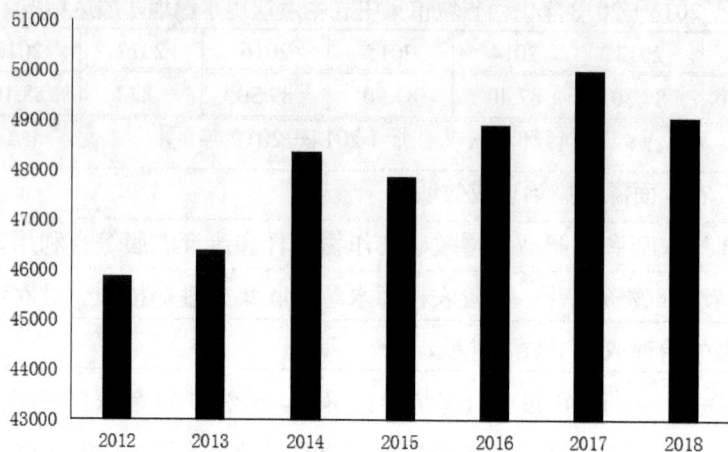

图 6-3　2012—2018 年山西省农用塑料薄膜使用量（吨）

数据来源：中国国家统计局。

第三，农业化肥施用过度问题得到整治，施用更加合理环保。2013—2019 年，化肥施用折纯量总量、氮肥和磷肥施用折纯量均连年递减，其中，2015 年以后农用化肥的施用折纯量从 118.55 万吨下降至 2019 年的 108.41 万吨，降幅为 8.6%。农用氮肥施用折纯量从 2015 年的 33.53 万吨下降至 2019 年的 22.61 万吨，降幅为 32.6%。农用磷肥施用折纯量从 2015 年的 16.02 万吨下降至 2019 年的 10.23 万吨，降幅为 36.1%。整体上看，2015 年至 2019 年四年期间农用化肥用量的总降幅要比 2012 年至 2015 年高，如图 6-4 所示。

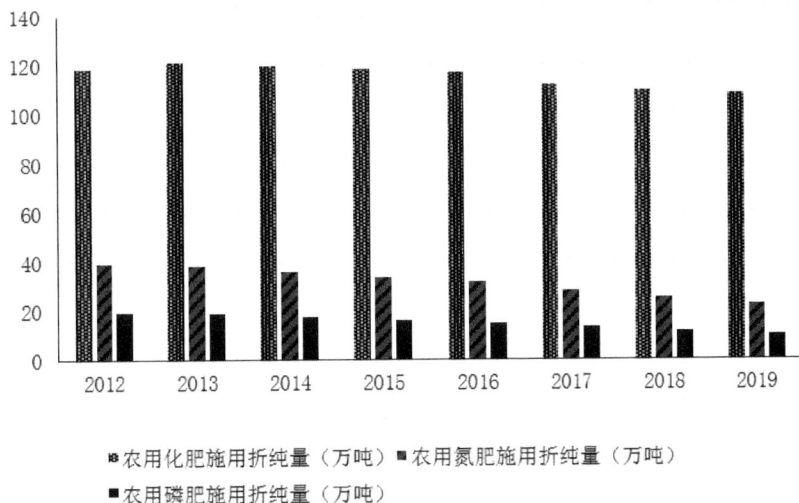

图 6-4 2012—2019 年山西省农用化肥及氮肥、磷肥施用情况

数据来源：中国国家统计局。

总之，导致农业面源污染的化学需氧量、氨氮排放量、总氮和总磷排放量逐年减少，如表 6-7 所示，由农药、化肥、农用塑料薄膜过量非环保使用造成的土壤、水环境污染正在得到控制。

表 6-7 2012—2017 年山西省农业面源污染情况（万吨）

年份	2012	2013	2014	2015	2016	2017
化学需氧量排放量	47.68	46.13	44.13	40.51	22.71	19.52
氨氮排放量	5.69.	5.53	5.37	5.01	3.26	3.09
总氮排放量	8.45	8.29	9.25	8.93	4.49	4.66
总磷排放量	0.81	0.78	1.03	1.06	0.34	0.25

数据来源：中国国家统计局。

对于"三烧"[①]、露天矿山、工业渣土倾倒污染等其他面源污染问题，山西省也加强了治理。截至 2020 年 6 月，晋中市通过优化调整用地结构推进面源污染治理，严格渣土车管理，市城区可机械化清扫率

---

① "三烧"指秸秆焚烧、垃圾焚烧、露天烧烤。

达到 95.3%①。2012 年至 2017 年，山西省烟（粉）尘排放量波动减少，2016、2017 年的下降幅度分别达到 53%、36%，如表 6-8 所示，表明裸露矿山、渣土以及各种焚烧污染行为得到了初步遏制。

表 6-8　2012—2017 年山西省其他面源污染情况（万吨）

年份	2012	2013	2014	2015	2016	2017
烟（粉）沉排放量	107.09	102.67	150.68	144.89	68.15	43.38

数据来源：中国国家统计局。

4. 生态环境监管日益强化

为了改善生态环境质量，山西省严格实施《大气污染防治法》、《水污染防治法》和《环境保护法》，建立健全监管制度，严格生态环境监督，严肃查处重点排污单位超标排污行为，督促超标企业限期整改，实现达标排放②。打击涉重金属非法排污企业，对严重污染土壤环境、社会反映强烈的违法违规行为实施严厉惩罚。2019 年，中央环保督查 60 项整改任务和"回头看"38 项整改任务，完成率达 99.72%，省级生态环保专项督察发现问题 1035 个，转办 545 件，罚款 2200 万元。截至 2019 年 10 月 31 日，山西违法排污大整治"百日清零"专项行动累计检查污染源 22234 个，督办 5363 个问题，整改完成 5294 个，清零率达 98.71%，基本实现"清零"目标③。

二、绿色发展与生态扶贫齐头并进

绿色发展与生态扶贫相结合是绿色减贫理念的体现，是山西省精准扶贫的一项重要创新举措。通过退耕还林奖补、荒山绿化务工、森

---

① 晋中市人民政府. 我市打好污染防治攻坚战全力建设生态宜居城 [EB/OL].(2020-06-05)[2020-07-06]http://www.sxjz.gov.cn/xwzx/bssz/content_335791.
② 山西省生态环境厅. 山西聚焦重点领域开展生态环境监督执法 [EB/OL].(2019-05-30)[2020-07-11].https://sthjt.shanxi.gov.cn/html/snxw/20190530/77196.html.
③ 山西省人民政府. 山西大气环境质量逆势向好 [EB/OL].(2020-01-21)[2020-07-11]. http://www.shanxi.gov.cn/yw/sxyw/202001/t20200121_761812.shtml.

林管护就业、经济林提质增效、特色林产业增收等将绿色发展和生态扶贫融合起来，带动了 52.3 万贫困人口增收 10 多亿元①。

（一）退耕还林增加农民收入

严格落实国家退耕还林政策。2000 年至 2013 年期间实施的退耕还林还草政策，使得退耕户人均纯收入由 2000 年 1905.61 元提高至 2014 年 6746.87 元，增幅高于全省农村平均水平②。在新一轮退耕还林还草过程中，不仅扩大了退耕还林还草规模，而且将退耕还林政策向贫困地区倾斜，既扩大了森林覆盖率，又增加了贫困农户转移性收入，实现了绿色发展和精准扶贫的双重目标。2017 年至 2019 年，累计退耕还林 473 万亩，基本实现应退尽退尽退，其中在贫困县退耕还林 436.57 万亩，占全省总任务的 92.3%③。对贫困县退耕还林任务，省级配套补助 700 元，使每亩补助标准达到 2300 元。2018 年退耕还林 195 万亩，其中 36 个贫困县退耕还林 183 万亩，惠及 8.9 万贫困户④。58 个贫困县 2563 个扶贫攻坚造林专业合作社参与退耕还林，获得劳务收入 8.5 亿元，5.2 万名贫困社员获得退耕还林劳务收入近 4 亿元，人均增收 7000 余元⑤。

（二）植树造林带动农民就业

通过设置造林绿化务工、森林管护岗位等途径，为贫困农户提供就业机会，进而增加了贫困农户的工资性收入。截至 2019 年，58 个贫困县共聘用集体林管护员 3.74 万人，其中建档立卡贫困人口 3.08 万人

① 国家林业和草原局政府网.生态扶贫的"山西路径"[EB/OL].(2020-06-09)[2020-07-11].http://www.forestry.gov.cn/lssbs/29/20200609/104314509475145.html.
② 新华网.退掉贫困换来生机——山西退耕还林 20 年来持续推进生态改善 [EB/OL].(2019-11-19)[2020-07-26].http://www.xinhuanet.com/local/2019-11/19/c_1125250531.htm.
③ 国家林业和草原局政府网.生态扶贫的"山西路径"[EB/OL].(2020-06-09)[2020-06-28].http://www.forestry.gov.cn/lssbs/29/20200609/104314509475145.html.
④ 新华网.山西：36 个贫困县退耕还林 183 万亩惠及 8.9 万贫困户 [EB/OL].(2019-01-16)[2020-07-20].http://www.xinhuanet.com/2019-01/16/c_1210039492.htm.
⑤ 新华网.退掉贫困换来生机——山西退耕还林 20 年来持续推进生态改善 [EB/OL].(2019-11-19)[2020-07-22].http://www.xinhuanet.com/local/2019-11/19/c_1125250531.htm.

（含生态护林员 17522 人），人均年工资超过 7000 元，通过参与生态管护，贫困户不仅获得了工资性收入，更重要的是提高了自生能力。

（三）发展林下经济激发农民增收动力

通过培育龙头企业和林下经济合作社，提供农业技术和金融支持发展林下经济。例如，对贫困县贫困户的低质低效林优先改造实施每亩补助 200 元的政策。通过这一系列政策，2018 年林下经济经营面积达到约 367.52 公顷，产值 16.5 亿元，近 11 万农户参与。其中，临县前曲峪村发展林下养鸡产业和肉牛养殖，2020 年底人均收入达 6500 元以上，凭借林下经济，前曲峪村、后曲峪和刘家圪垛三村 1000 多贫困人口实现了脱贫增收①。在林下经济产业发展过程中，不仅实现了生态保护，更重要的是为贫困农户脱贫增收提供了激励和新的途径。

第二节　绿色发展的难点和问题

一、绿色发展水平相对落后

根据中国省际绿色发展指数，山西省的绿色发展水平仍较低。中国绿色发展指数是基于经济增长绿化度、资源环境承载潜力以及政府支持度 3 个一级指标、9 个二级指标和 62 个三级指标衡量的中国 30 个省（直辖市、区）绿色发展状况的指标。

第一，在动态演化和稳定表现上，2010 年至 2015 年，山西省的绿色发展指数虽逐年递增，但是排名变动不明显，整体上低于全国绿色发展水平。如表 6-9 所示，六年内，山西省绿色发展指数均排在全国后

---

① 中国新闻网 . 黄河之滨的田园综合体：山西临县探索林下经济 [EB/OL].(2020-05-06)[2020-07-11].https://www.chinanews.com/cj/2020/05-06/9176485.shtml.

列，说明山西省生态环境和经济绿色发展的提升空间较大。

表6-9　2010—2015年山西省绿色发展指数和排名

地区	2010		2011		2012		2013		2014		2015		年平均	
	指数值	排名	指数值	排名	指数值	排名	指数值	排名	指数值	排名	指数值	排名	指数值	排名
山西	0.258	29	0.298	25	0.328	25	0.333	23	0.351	24	0.376	25	0.324	26

数据来源：北京师范大学经济与资源管理研究院等.2016中国绿色发展指数报告——区域比较[M].北京：北京师范大学出版社，2017:3—4.

第二，经济增长绿化度、资源环境承载潜力和政府支持度均存在改进空间。根据2019年中国30个省区前五位省份（区、直辖市）和后五位省份（区、直辖市）的绿色发展指数，如表6-10所示，排名前五位的是北京、内蒙古、上海、浙江、福建，排名后五位的是山西、青海、辽宁、宁夏、新疆。另外，山西省在经济增长绿化度、资源环境承载潜力和政府支持度三个一级指标方面，都存在进步空间。

首先，经济增长绿化度包含绿色增长效率和第一、二、三产业增长效率四个二级指标，是对一个地区经济增长绿色程度的综合评价。山西省经济增长效率指标占经济增长绿化度权重高达43.5%，排名27位，低于三次产业的指标排名，如表6-11。根据经济增长效率三级指标体系，如表6-12，说明山西省在该指标体系中的10个指标上存在改进空间。综合该指标体系可以看出，山西省经济增长的能耗、污染气体排放程度较高，技术水平低。因此，绿色发展程度和经济增长效率相对较低。

其次，资源环境承载潜力主要包含资源丰裕与生态保护、环境压力与气候变化两个二级指标，其中资源丰裕与生态保护指标排名较低，排在26位，在资源环境承载潜力一级指标中的权重为31.58%，如表6-13所示。资源丰裕与生态保护指标体系包含6个指标，具体如表6-14。该指标排名较低说明山西省包括人均水资源量、人均森林面积、森林覆盖率、湿地面积占国土面积比重、人均活立木总蓄积量等在内的生态资源存量仍较低，需加大修复和治理力度。

最后，构成政府政策支持力度的指标包含绿色投资、基础设施和环境治理三个二级指标，其中绿色投资指标和环境治理指标两个指标值均低于一级指标排名，分别位列29和22位，如表6-15。绿色投资指标和环境治理指标体系分别包含5个和6个指标，具体如表6-16、表6-17。其值较低说明山西省财政支出需要向环境保护、污染治理投资、退耕还林投资、科教文卫投资、植树造林、废水废气污染控制等方面倾斜。

表6-10　2019年中国典型地区绿色发展指数和排名

地区	绿色发展指数		一级指标（权重%）					
	指数值	排名	经济增长绿化度（30%）		资源环境承载潜力（40%）		政府政策支持度（30%）	
北京	0.529	1	0.183	1	0.145	5	0.201	1
内蒙古	0.412	2	0.064	20	0.179	1	0.169	3
上海	0.401	3	0.138	2	0.097	20	0.166	7
浙江	0.381	4	0.105	5	0.109	14	0.167	6
福建	0.369	5	0.100	6	0.119	11	0.150	13
山西	0.296	26	0.069	19	0.087	25	0.139	19
青海	0.289	27	0.046	30	0.146	4	0.098	30
辽宁	0.288	28	0.063	21	0.098	19	0.128	23
宁夏	0.284	29	0.054	27	0.074	27	0.156	11
新疆	0.282	30	0.058	24	0.065	30	0.159	10

数据来源：关成华，韩晶. 2019中国绿色发展指数报告——区域比较[M]. 北京：经济日报出版社，2020：7—8.

表6-11　2019年山西省经济增长绿化度二级指标值及排名

地区	经济增长绿化度	排名	二级指标（占一级指标的权重%）							
			绿色增长效率指数（43.5%）	排名	第一产业指标值（17.5%）	排名	第二产业指标值（26%）	排名	第三产业指标值（13%）	排名
山西	0.069	19	0.017	27	0.020	9	0.023	18	0.010	13

数据来源：关成华，韩晶.2019中国绿色发展指数报告——区域比较[M].北京：经济日报出版社，2020:20—21.

表6-12　2019年山西省经济增长效率指数三级指标、权重及指标属性

指标序号	指标	指标权重	指标属性
1	人均地区生产总值	1.30%	正
2	单位地区生产总值能耗	1.30%	逆
3	非化石能源消费量占能源消费量的比重	1.30%	正
4	单位地区生产总值二氧化碳排放量	1.30%	逆
5	单位地区生产总值二氧化硫排放量	1.30%	逆
6	单位地区生产总值化学需氧量排放量	1.30%	逆
7	单位地区生产总值氮氧化物排放量	1.30%	逆
8	单位地区生产总值氨氮排放量	1.30%	逆
9	技术市场成交额占GDP比重	1.30%	正
10	人均城镇生活消费用电	1.30%	逆

资料来源：关成华，韩晶.2019中国绿色发展指数报告——区域比较[M].北京：经济日报出版社，2020:28.

表6-13　2019年山西省资源环境承载潜力二级指标值及排名

地区	资源环境承载潜力	排名	二级指标（占一级指标的权重%）			
			资源丰裕与生态保护指标（31.58%）	排名	环境压力与气候变化指标（68.42%）	排名
山西	0.087	25	0.012	26	0.076	20

资料来源：关成华，韩晶.2019中国绿色发展指数报告——区域比较[M].北京：经济日报出版社，2020:38—39.

表 6-14　2019 年山西省资源丰裕与生态保护三级指标、权重及指标属性

指标序号	指标	指标权重	指标属性
1	人均水资源量	2.11%	正
2	人均森林面积	2.11%	正
3	森林覆盖率	2.11%	正
4	自然保护区面积占辖区面积比重	2.11%	正
5	湿地面积占国土面积的比重	2.11%	正
6	人均活立木总蓄积量	2.11%	正

资料来源：关成华，韩晶.2019 中国绿色发展指数报告——区域比较 [M].北京：经济日报出版社，2020:47.

表 6-15 2019 年山西省政府政策支持度二级指标值及排名

地区	政府政策支持度	排名	二级指标（占一级指标的权重%）					
			绿色投资指标值（25%）	排名	基础设置指标值（45%）	排名	环境治理指标值（30%）	排名
山西	0.142	18	0.010	29	0.083	6	0.049	22

数据来源：关成华，韩晶.2019 中国绿色发展指数报告——区域比较 [M].北京：经济日报出版社，2020:54—55.

表 6-16　2019 年山西省绿色投资三级指标、权重及指标属性

指标序号	指标	指标权重	指标属性
1	环境保护支出占财政支出的比重	1.5%	正
2	环境污染治理投资总额占地区生产总值比重	1.5%	正
3	农村改厕的人均政府投资	1.5%	正
4	单位耕地面积退耕还林投资完成额	1.5%	正
5	科教文卫支出占财政支出比重	1.5%	正

资料来源：关成华，韩晶.2019 中国绿色发展指数报告——区域比较 [M].北京：经济日报出版社，2020:62.

表 6-17　2019 年山西省环境治理三级指标、权重及指标属性

指标序号	指标	指标权重	指标属性
1	人均当年新增造林面积	1.5%	正
2	工业二氧化硫去除率	1.5%	正
3	工业废水化学需氧量去除率	1.5%	正

指标序号	指标	指标权重	指标属性
4	工业氮氧化物去除率	1.5%	正
5	工业废水氨氮去除率	1.5%	正
6	突发环境事件次数	1.5%	逆

资料来源：关成华，韩晶. 2019 中国绿色发展指数报告——区域比较 [M]. 北京：经济日报出版社，2020:67.

第三，资源环境承载力指数和绿色发展指数呈现反方向变动趋势。从图 6-5 可以看出，2010—2015 年绿色发展指数整体上呈现上升的趋势，但是，资源环境承载潜力指数低于 2010 年的基期水平，5 年间资源环境增长潜力累计增长幅度为 -17.14%，表明山西省在自然资源和生态禀赋上的改善趋势不明显，甚至出现了下降。经济绿色发展与资源环境承载力之间的矛盾相对突出。

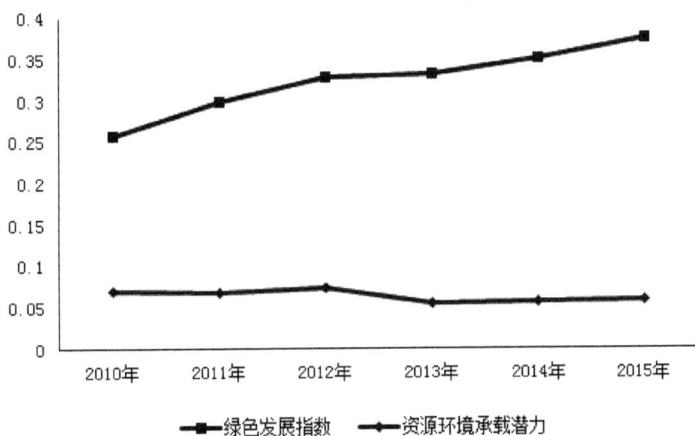

图 6-5　2010—2015 年山西省资源环境承载潜力和绿色发展指数变动情况

数据来源：关成华，韩晶. 2019 中国绿色发展指数报告——区域比较 [M]. 北京：经济日报出版社，2020:33—45.

二、生态系统处于脆弱状态

山西省包括陆地和水域在内的生态系统脆弱性主要表现在几个方面。

第一，森林和湿地生态系统脆弱，人均生态资本存量仍旧处于较低水平。自然环境的相对脆弱性、资源开发和工业发展对森林和湿地资源的破坏、城市发展和人口增长对生态面积的侵占等等，导致森林和湿地等生态资本存量长期处于低位。2016年，山西省人均森林面积[①]拥有量为 7670.77 ㎡/人，仅仅相当于全国水平的一半。山西省人均湿地面积拥有量为 15.19 ㎡/人，不仅与周边省份存在差距，而且仅占全国平均水平的 2.8%，如表 6-18 所示。

表 6-18　2016 年山西省及周边省份和全国人均生态资本存量（㎡/人）

省份	人均森林面积	人均湿地面积
全国	15020.31	536.03
山西	7670.77	15.19
内蒙古	98722.27	601.06
河南	3328.42	62.79
陕西	22377.13	30.85
河北	5881.22	94.19

数据来源：EPS 数据平台《中国环境数据库》，http://olap.epsnet.com.cn/auth/platform.html?sid=EE23EF4CF2A6044268A5B04FE0BCDC8A_ipv433113093.

第二，地表水水质相对较差。一方面是工业污染、畜禽养殖排污不规范，存在未经处理偷排滥排的情况，且大多数流入地表水中，造成地表水污染。另一方面，由于资源型高耗能产业较多，企业环保设备落后，对设备升级的积极性不高，导致山西省水环境中地表水水质仍旧较差。

山西地表水水质一直处于中度污染状态。I～Ⅲ类水质的地表水占比虽然逐年上升，但是与周边省份相比仍处于较低水平，如表 6-19 所

① 此处 2016 年人均森林面积拥有量＝森林覆盖面积/总人口，人均湿地面积拥有量＝湿地面积/总人口。其中，由于部分数据不可得性，山西省和河北省采用常住人口数代替总人口，其结果不影响对人均生态资本存量相对大小的基本判断。

示。山西省所监测的地表水污染断面占比高于河南省、陕西省以及全国水平，如表 6-20 所示，表明在全国仍属于地表水环境污染较为严重的地区。

表 6-19　2014—2019 年山西及周边省份和全国地表水水质（％）

年份	2014	2015	2016	2017	2018	2019
山西	47.90	44.00	48.00	56.00	58.00	57.00
河北	53.33	55.87	54.27	52.26	53.81	58.65
陕西	51.80	56.50	54.20	65.10	78.90	82.80
河南	44.60	43.40	51.10	57.50	60.40	66.30
内蒙古	-	44.40	50.00	50.50	47.10	55.60
全国	-	64.50	67.80	67.90	71.00	74.90

数据来源：《生态环境状况公报（2014—2019 年）》、《中国环境状况公报（2014—2019 年）》。

注："-"表示数据暂且缺失，下同。

表 6-20　2014—2019 年山西省、周边省份和全国地表水污染断面比例（％）

年份	2014	2015	2016	2017	2018	2019
山西	52.10	56.00	52.00	44.00	42.00	-
河北	46.67	44.13	45.73	47.74	46.19	41.35
陕西	48.20	43.50	45.80	34.90	21.10	17.20
河南	55.40	56.60	48.90	42.50	39.60	33.70
内蒙古	-	55.60	50.00	49.50	52.90	44.40
全国	-	35.50	32.20	32.10	29.00	25.10

数据来源：各省《环境状况公报（2014—2019 年）》和《中国环境状况公报（2014—2019 年）》。

注："-"表示数据暂且缺失，下同。

就地表水质量重度污染（劣Ⅴ类）而言，山西省超过 20% 的地表水为重度污染状态，是全国水平的 3.5 倍以上，高于河北省、河南省、陕西省以及内蒙古自治区，如图 6-6 所示，说明山西地表水质量仍处于后位，水环境污染程度较为严重。从 2017 年开始，山西省地表水重度污染（劣Ⅴ类）比例下降的速度缓慢。这都表明山西省在治理重度污染地表水方面还需要加强力度。

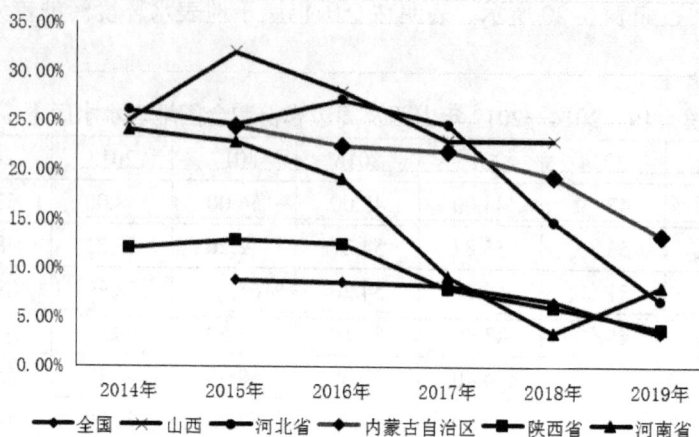

图 6-6   2014—2019 年山西省和周边省份地表水重度污染（劣 V 类）占比

数据来源：《环境状况公报（2015—2020 年）》和《中国环境状况公报（2015—2020 年）》。

第三，大气污染状况仍十分严峻。由于工业生产和冬季采暖依赖煤炭导致的二氧化硫等污染气体高浓度排放尚未得到全面控制。在生态环境部公布的 2019 年 1—7 月全国 169 个城市空气质量排名中，倒数 20 名城市中山西省占据 3 位，分别为临汾、太原、晋城。说明山西省在大气治理问题上尚需付出更大的努力。

三、污染的结构性困境尚待破解

以煤、焦、冶、电为主的工业格局，产业结构偏重、能源结构偏煤炭、运输结构偏公路、用地结构不合理等结构性因素造成的生态污染问题突出，导致环境改善难度较大。

第一，产业结构失衡是造成大气、水污染的重要原因。尽管山西省一直在致力于产业结构调整，但是在 2010 年、2015 年和 2017 年，山西省第二产业的能源使用占比均达 75.5% 以上，如表 6-22 所示。其中以煤炭、焦化、冶金、电力、机械产业为主的重工业能源使用量占第二产业能源消耗比重高达 96.2% 以上，如表 6-23 所示。部分重工业企业在处理工业废气、废水时容易出现不达标排放，由此造成水环境和大气环境污染问题依然严峻。

表 6-21　2014—2018 年山西省产业结构（%）

产　业	第一产业	第二产业	第三产业
2014	5.8	49.8	44.5
2015	5.7	41.1	53.2
2016	5.6	38.7	55.7
2017	4.6	43.7	51.7
2018	4.4	42.2	53.4

数据来源：《山西统计年鉴（2015—2019 年）》。

表 6-22　山西省能源消耗来源占比情况（%）

年份	第一产业	第二产业	第三产业	人民生活
2010	2.44	75.90	12.02	9.64
2015	1.98	76.15	12.21	9.66
2017	1.92	75.51	12.62	9.95

数据来源：《山西统计年鉴（2011、2016 和 2018 年）》。

表 6-23　山西省第二产业能源消耗来源和占比（%）

年份	轻工业	重工业	建筑业
2010	1.93	96.68	1.39
2015	2.39	96.26	1.35
2017	1.49	97.20	1.31

数据来源：《山西统计年鉴（2011、2016 和 2018 年）》。

第二，能源结构偏重煤炭是致使大气污染的直接原因。2010 年、2015 年和 2017 年三年中，山西省煤炭消费占能源消费比重 40% 左右，如表 6-24 所示。其他消费来源为焦炭、电力、石油等。其中，第二产业煤炭消费量占煤炭消费总量的 70% 左右。人民生活用煤占总煤炭消费量的 14% 以上。这说明，第二产业的发展和人民生活对煤炭的依赖性强且消耗量大。对煤炭的过度依赖必然导致大规模的煤炭资源开发，由此产生了森林湿地资源破坏、矿区塌陷、空气污染。工业和人民生活对煤炭资源的过度利用所产生的废气、废渣、废水，同样会造成污染问题。

表 6-24   近年来山西省煤炭消耗的产业分布及占能源消耗比重（%）

年份	第一产业	第二产业	第三产业	人民生活	煤炭占能源消耗的比重
2010	3.09	69.05	8.80	19.06	41.09
2015	2.64	76.40	6.94	14.02	42.01
2017	2.61	75.04	7.62	14.73	39.45

数据来源：《山西统计年鉴（2011、2016 和 2018 年）》

第三，以公路运输为主的运输结构对生态环境的污染依然严重。2014—2019 年，山西省货物运输量中，公路运输量占到 60% 左右，铁路占比接近 40%，如表 6-25 所示。公路运输使用的重型汽车燃料排放中包含 SO_2、氨氮化物、$PM_{2.5}$ 等污染物，由此导致大气遭到污染。换言之，大气污染源较大一部分来自公路运输排放的污染气体。近年来，虽然铁路、民航和水运的运输量增速都高于公路运输增速，但是公路运输依旧占据主要地位。运输结构的不合理造成大气环境污染物含量难以得到有效控制。

表 6-25   2014—2019 年山西省货物运输方式及运量（万吨）

	2014	2015	2016	2017	2018	2019
公路	88492	91240.2	102199.6	114879.6	126213	127960.6
铁路	76412.6	70509.1	64861	74615.9	85260.1	91321.2
民航	5.1	5	5.5	5.5	6.2	6.7
水运	-	-	-	-	23.2	23.9
总量	164909.7	161771.6	167081.1	189501	211502.5	219312.4

数据来源：《山西省国民经济与社会发展统计公报》（2015-2020 年）。

注："-"表示数据暂且缺失，下同。

第四，用地结构不合理造成的生态环境破坏问题值得持续关注。在长期的资源开发过程中，形成了大面积的岩坑裸露矿山和煤矿采空区，由此造成较多扬尘，污染大气，破坏矿山植被，同时采空区存在地下水污染的危险。2019 年，阳泉、晋城、吕梁等地级市多次发出重污染天气黄色预警，其中工矿用地和建设用地中的裸露矿山和施工工地是造成空气污染的重要原因。此外，农地秸秆焚烧、农业氨排放等也是造成地表水污染、大气环境污染的因素。

四、农村各类污染依然需要治理

（一）农村生活污染

随着生活水平的提高，农村废水和生活垃圾的排放呈上升趋势。相对于城市而言，农村的生活污水和垃圾的处理率低，往往直接排放于房前屋后，不仅污染土壤和地下水，还可能导致病毒细菌的传播。

（二）畜禽养殖污染

农村以小规模养殖为主的传统养殖方式，散落于房前屋后，由于缺乏污水和粪便处理系统，造成对环境的负面影响。

五、治污水平有待提高

在一些地方，人们的认识停留在传统发展模式阶段，认为抓生态环境保护必然影响经济，对"绿水青山就是金山银山""建设人与自然和谐共生的现代化""环境就是民生"等思想的自觉认同感有待进一步增强。对大气、水、土壤等环境污染的原因和复杂性缺乏理论的指导，对突击与常态化治理、提高生态产品供给与防治污染的有机结合问题、如何做好生态修复等问题不理解甚至存在误解。对于农村人居环境综合整治与面源污染的控制协同性、操作性缺乏科学指导。对于"散乱污"企业的引导、落后产能的淘汰等任务，往往采取"短平快""一刀切"的方式，搞突击整改，而忽视常态化治理。

六、绿色发展的创新能力不足

绿色发展的创新能力不足不仅源于资源型企业过多，企业的创新能力不足，而且山西省对科技创新的财政支持力度也还不够。根据2014—2018年的数据，如表6-26所示，山西省研究与发展（R&D）经费投入呈现U字型变动，2018年后投入又出现较大的提升。但是，从全国来看，研究与发展（R&D）经费投入和投入强度相对落后，经费额度基本居于全国第20位左右。表明在传统高耗能高污染产业转型期间，生态转型和绿色发展仍处于初期。

表6-26　2014—2018年山西省R&D投入及全国排名

年份	研究与试验发展（R&D）经费额度（亿元）	研究与试验发展（R&D）经费投入强度（%）	R&D经费投入全国排名
2014	152.2	1.19	19
2015	132.5	1.04	21
2016	132.6	1.03	22
2017	148.2	0.95	20
2018	175.8	1.05	21
2019	191.2	1.12	-

数据来源：山西省统计局、国家统计局、中商产业研究院。

注："-"表示数据暂且缺失，下同

七、经济发展与环境保护的矛盾突出

在经济发展的一定时期，受到技术的约束，工矿建设、资源开发、城镇化和农田扩张等必然挤占一定的生态空间，局部区域甚至会出现生态退化等生态环境问题。工业化过程中对煤炭等能源资源的长期依赖所形成的产业结构，转化为低消耗、低污染、高附加值、环境友好的新经济结构，是一个改变路径依赖的长期过程。在此过程中。短期内不仅局部环节和区域仍然会停留在原有模式，甚至部分地方还可能出现反转问题，重经济发展、轻生态环境治理的现象不会完全消失。以大量资源消耗换取经济增长的"资源诅咒"问题仍然可能构成困扰。

反过来，实施生态环境治理、发展环保产业特别是重大环保项目往往具有资金需求大、周期长、不确定性高等特征。对于企业而言，加大环保治理投入在增加成本的同时，不一定能够立即产生效益。因此，投资意愿不足，选择停留在原有的发展路径上。就地方而言，对经济发展的重视程度有时候超过对于生态环境的治理。正是源于此，在个别地方特别是农村，村民对发展工矿项目造成地基塌陷和环境污染存在不满。

第三节　实现绿色发展与富民双赢的目标措施

一、绿色发展目标——绿色发展与富民双赢

根据山西省人民政府 2019 年 9 月印发的《关于进一步加快我省国土绿化步伐的通知》，山西省将"大力实施'两山七河'生态系统保护和修复工程，围绕吕梁山生态脆弱区、环京津冀生态屏障区、重要水源地植被恢复区和交通沿线荒山绿化区四大区域，立足'绿化、彩化、财化'同向发力，实施大规模国土绿化行动，统筹推进城乡绿化美化，大力发展生态富民产业，为全省经济社会转型发展夯实生态基础、拓宽生态空间、强化生态支撑，让三晋大地绿起来、城乡环境美起来、人民生活富起来"。也就是说，秉承绿色发展与富民并行的目标，通过"生态建设产业化、产业发展生态化"的转型路径，兼顾生态、社会和经济效益，推进生态环境治理。

减贫是绿色发展与富民的应有之义。良好的生态环境是贫困地区

可持续发展和稳定脱贫的保障。绿色发展蕴含绿色减贫的重要内涵。第一，实现生态转型和绿色发展的双重目标。进入后脱贫时代，通过发展生态友好的绿色高效农业、制造业和服务业是解决农村相对贫困的根本途径。第二，以绿色发展实现富民是新的动力源。将绿色发展和富民产业相结合才能破除贫困地区困局，才能确保减贫动力源源不断。第三，生态建设是经济社会可持续发展的根本保障。生态扶贫强化了农民的生态保护意识，增强贫困地区可持续发展能力，避免因缺乏发展后劲而再次返贫，实现生态环境质量改善和生态富民的双赢局面。总之，生态扶贫为绿色发展和富民奠定基础，绿色发展则为富民提供长期保障。

二、主要政策措施

（一）推动产业绿色发展

在产业转型中实现生态转型，实现产业转型和绿色发展的良性互动，提高绿色增长效率。

第一，优化产业空间布局。一方面，控制产业污染物排放总量。在此前提下促进相关产业转移，例如推动焦化、钢铁等重点产业向资源禀赋好、环境承载力强、大气扩散条件优、铁路运输便利的城镇下风向工业园区转移。抑制产业污染物增量的过快增长。将"黄河、长城、太行"旅游产业区域、汾河、桑干河、滹沱河、漳河、沁河等河流谷地以及其他生态环境脆弱地区的污染企业控制在合理范围内，使产业规模建设和环境承载力相适应。另一方面，发挥高新技术开发区和经济技术开发区先导作用，发展绿色能源、先进制造业、数字产业、新材料、生物产业等高科技和战略性新兴产业。

第二，分类引导传统产业绿色改造升级。对不同产业针对性地实施节能减排、生态保护措施。对于能源产业，压减传统落后煤炭产能的同时，发展清洁能源和新能源。对低效率的热电联产机组、燃煤锅炉和落后燃煤小热电继续实施整合，利用清洁低碳能源和技术装备替代工业领域燃煤锅炉和工业炉窑。引导焦化企业压减产能、转型升级，以先进焦炉代替陈旧焦炉，强化焦炉煤气、煤焦油和粗苯的高端利用，推动焦化产品转向精深加工发展。促进铝镁铜等有色金属深加工产业走规模化和集聚化之路。最后，发展绿色金融，支持绿色技术创新，促进重点行业和重点领域绿色化改造。

第三，发展环保产业。通过对京津冀及周边地区大气、水污染防治先行企业和个人实施奖励，激励市场主体发展环保产业。利用财政政策引导企业开展环保技术引进与创新，推动环保技术成果转化与利用。引进和培育节能环保龙头企业和新型环保企业，逐步形成环保产业集聚优势。

第四，建立生态产品绿色价格实现的市场机制①。完善生态和自然资源的评价监测和确权登记，建立互利共赢的生态产品市场，逐步形成反映生态产品市场供需状况的绿色产品价格机制，发挥市场配置资源的优势，优化生态资源市场化、多元化的补偿机制。

（二）促进绿色技术创新

技术创新是一个国家和地区追赶阶段完成后实现经济长期稳定增长的关键要素。同样的道理，生态治理和绿色发展过程中，技术创新起着不可替代的作用。因此，需要政府加大绿色技术创新和研发人才的支持力度。尤其是要尊重和突出企业绿色技术创新的主体地位，为企业从事绿色技术研发创新提供良好的经济、技术和社会环境。发挥市场机制作用，鼓励技术水平高、研发能力强的企业平等参与绿色发展进程，不断激发企业创新活力。引导省内外产学研合作，在生态治理和绿色发展的核心技术上争取更大的进展。

（三）发展生态旅游业

正确处理自然环境保护与开发的关系。在严格保护现有风景名胜

---

① 中国政府网．"十四五"时期我国经济社会发展瞄准六大主要目标[EB/OL]. (2020-11-03)[2020-11-23].http://www.gov.cn/zhengce/2020/11/03/content_5557089.htm.

区、森林公园、湿地公园等生态环境的前提下，依据生态环境的脆弱程度、发展生态旅游的可能性及其对生态的影响，对不同区域资源状况进行科学分析，在确切有条件的地方发展生态旅游业。通过"发展森林康养、森林服务产业，建设旅游、调养基地，丰富生态旅游的产业形式"。以发展生态旅游为契机，推动特色生态农产品、农产品加工企业、服务业等的发展与深度融合，"打造具有山西生态绿色有机的特色农产品品牌、加工企业品牌、生态旅游服务业品牌，"①实现生态保护与旅游开发的双重目的。深入推进生态旅游扶贫，鼓励已脱贫户和低收入农民参与生态建设和旅游产业，提高经营性、财产性和工资性收入，为巩固脱贫成果和解决农村相对贫困奠定产业基础。

以绿色发展带动沟域经济发展。山西省多丘陵沟壑，历史文化遗迹、民风民俗等也多分布在沟壑上下的农村，同时这些地区的生态环境往往又比较脆弱，对于这些地区，一方面要继续落实退耕还林还草、植树造林政策，建立起防止水土流失，保护和合理利用水土资源的防治体系。另一方面，根据各地区特点和历史文化资源优势，在合理适度开发的前提下，逐步形成兼具自然生态、传统民俗和山西历史的沟域经济，开拓富民和乡村振兴的新发展路径。②

发展生态农业、观光农业、休闲农业等新产业、新业态。引入新的经济主体，开发森林小镇，完善基础设施和服务功能，建设以提供森林观光游览、休闲度假、运动养生等生态产品与生态服务为主要特色的新兴农业。利用国有林场和国有林区吸引和配置林业特色产业要素的优势，推动资源整合、产业融合，促进产业集聚、创新和转型升

---

① 山西省人民政府网.山西省"十三五"农业农村经济发展规划(2016—2020年)[EB/OL].(2016-12-26)[2020-06-11].http://www.shanxi.gov.cn/sxszfxxgk/sxsrmzfzcbm/sxszfbgt/flfg_7203/szfgfxwj_7205/201612/t20161226_272753.shtml.
② 吕梁政府网.山西省吕梁市创新发展沟域经济[EB/OL].(2019-10-09)[2020-06-11].http://www.lvliang.gov.cn/zfjgzd/llsslj/sldt/201910/t20191009_1327883.html.

级①。以新业态、新产业培育和发展为基础，落实生态扶贫和美丽乡村的建设理念。

（四）稳步推进生态环境治理

发扬和践行"右玉精神"。"右玉精神"是山西省在植树造林和改善生态实践过程中形成的生态治理精神。在实现绿色发展过程中，将"右玉精神"与生态治理结合，贯彻到生态转型全过程，创造生态转型和绿色发展的特色路径。

落实《山西省打赢蓝天保卫战三年行动计划》，依照国家"十四五"规划推进生态环境整治，助推传统产业转型升级，提高经济增长绿化度，改善生态环境质量，促进宜居城市和美丽乡村建设。

第一，加大对传统产业的优化重组力度，全面实施排污许可制。树立产业发展的资源环境质量底线。提高高耗能、高污染产业准入门槛，对资源环境底线开展事前、事中和事后测评，确保环境质量稳中有升。对水泥、平板玻璃、焦化、低端化工、钢铁等高污染传统产业企业，实施分类动态监管，通过改造升级、转型转产、关停和搬迁等措施，确保产业发展造成的污染小于环境容量。采取税收等优惠措施，鼓励传统企业引进和利用环保、节能的新技术和新设备。②实施排污许可制度，推进排污权、用能权、用水权、碳排放市场交易。

第二，调整能源结构，构建清洁高效的能源体系。严把煤炭质量关，规范整顿煤炭销售渠道，集中整顿不达标散煤供应渠道，防止不达标的劣质煤流向市场。确保农村民用洁净煤供应。在11个设区市划定"禁煤区"，在既定范围内，实现煤电、集中供热和原料用煤企业专

---

① 国家林业局办公室.关于开展森林特色小镇建设试点工作的通知[EB/OL].(2017-07-10)[2020-06-12].http://www.gov.cn/xinwen/2017/07/10/content_5209114.htm.

② 山西省人民政府.关于印发山西省打赢蓝天保卫战三年行动计划的通知[EB/OL].(2018-07-29)[2020-06-13].http://www.shanxi.gov.cn/sxszfxxgk/sxsrmzfzcbm/sxszfbgt/flfg_7203/szfgfxwj_7205/201808/t20180806_468873.shtml.

门供应，其他行业和企业禁止煤炭销售与使用。改变煤使用结构，提高电力用煤的同时，降低非电力用煤，实现电代替燃煤和油。落实国家"十四五"规划纲要，降低碳排放强度，支持山西省有条件的地区率先达到碳排放峰值。优化能源供应结构。积极培育天然气市场，增加天然气储备能力。推动水电、风能、太阳能的发展，开发生物质能和地热能等。在农村实施"煤改电"、"煤改气"和电网升级改造，推进农村输变电工程建设，满足农村居民的电力需求。①

第三，发展绿色交通体系。调整货物运输结构，将以公路运输为主的交通货运转变为铁路为主的货运体系。以铁路等为中心，构建绿色物流配送体系。淘汰采用稀薄燃烧技术和"油改气"的老旧燃气车辆，采用节能的新机车。严格监督确保新机动车环保达标，减少移动污染源造成的污染。加强对燃油质量的监管，禁止调和油组分以化工原料名义出售，禁止以化工原料勾兑调和油，严禁运输企业使用非标车用油品。

第四，调整用地结构，加大污染治理力度。严格监管露天矿山、建设工地等的污染排放水平。禁止矿山乱采滥挖和农地垃圾、秸秆随意焚烧等行为。对建设工地等采取围挡、物料覆盖、路面硬化、运输车辆密封和出入清洗等措施，降低扬尘造成的空气污染。

（五）生态建设助力巩固脱贫成果和解决相对贫困

山西省生态脆弱区域大都与深度贫困区相互交织，主要分布在吕梁山、太行山及北部高寒山区。这些区域不仅环境承载能力低，而且经济发展水平落后，农村相对贫困问题不容忽视。因此，要以生态扶贫助力脱贫巩固，通过继续发展经济林、建设生态扶贫经济带、实施退耕还林、合作社造林、生态管护、经济林提质增效等途径，补齐环境承载能

---

① 山西省人民政府.关于印发山西省打赢蓝天保卫战三年行动计划的通知 [EB/OL]. (2018-07-29)[2020-06-13].http://www.shanxi.gov.cn/sxszfxxgk/sxsrmzfzcbm/sxszfbgt/flfg_7203/szfgfxwj_7205/201808/t20180806_468873.shtml.

力短板，将生态治理和脱贫致富有机结合起来，促进增绿和增收共赢。

1.继续落实退耕还林和还草行动

继续落实退耕还林和生态保护政策，建立生态公益林地保护制度，加大森林生态效益补偿力度。继续实施向贫困落后地区倾斜的政策，在国家补助标准基础上对退耕农户每亩增加补助300元，对贫困县造林补助每亩增加400元，非贫困县造林补助每亩增加100元①。根据山西省"十三五"防沙治沙目标要求和"十四五"防沙治沙总体布局，"推进吕梁山生态脆弱区草原生态建设工程，继续实施京津风沙源治理二期工程。"②推进退耕还林、天然林保护建设、三北防护林建设、防沙治沙及低质低效公益林和灌木林改造等生态工程建设，建立永久性生态公益林地保护制度，加大森林生态效益补偿力度。

支持和引导贫困地区恢复草地植被，对现有的天然草地实施保护，重点针对贫困地区的土石山区、水源涵养区、重点水系区、生态脆弱区和"三化"严重地区的草地植被进行修复和保护。加强对因公路、铁路、油气管道等大型工程建设施工而被破坏的周边生态环境监管和修复，恢复生态植被。

2.推进道路沿线植树造林工程

推进沿铁路、省道、国道、沿黄旅游路线的生态修复和绿化工作。在沿黄河经济林建设方面，开展经济林提质增效工程，引导农民尤其是贫困地区的农户种植核桃、红枣等经济作物，形成规模化、特色化种植，提高林业资源和土地资源的经济效益。在造林过程中，发挥扶贫攻坚造林合作社的组织功能，将造林任务安排给合作社，引导合作

① 新华社.山西：58个贫困县退耕还林400余万亩惠及46万贫困人口[EB/OL].(2020-10-19)[2020-10-22].http://lcj.shanxi.gov.cn/zxyw/mtjj/202010/t20201019_309709.html.
② 山西省人民政府.山西省"十三五"脱贫攻坚规划[EB/OL].(2017-04-18)[2020-07-11].http://www.shanxi.gov.cn/sxszfxxgk/sxsrmzfzcbm/sxszfbgt/flfg_7203/szfgfxwj_7205/201704/t20170419_295416.shtml.

社吸纳一定比例的脱贫农户参加。适当提高造林补助标准，确保劳务支出超过造林投资的一定比例、脱贫社员劳务收入占比超过一定比例，增加脱贫农户转移性收入。

3. 完善京津冀水源涵养功能区生态补偿机制

山西省桑干河位于永定河上游，流经山西、北京、河北和天津，承载了首都水源涵养和京津冀水生态屏障重任。根据《京津冀协同发展纲要》和《永定河综合治理与生态修复总体方案》，要继续加大力度实施汾河、桑干河等生态治理工程，将生态保护补偿与实施主体功能区建设结合起来。建立和完善京津冀水源涵养功能区生态补偿机制，推进京津冀水源涵养地和山西省重点河流水系流域的生态修复和治理①。

4. 保持生态护林公益岗位的稳定性

统筹生态护林、天然林保护、森林生态效益补偿等项目资金设置管护岗位，优先选用已脱贫脆弱户、收入不稳定户等成为生态管护员，确保脱贫的稳定性和持久性。

5. 促进特色林业产业升级

促进现有特色林业产业链升级，提高特色林下经济产业的生态和经济效益②。搭建企业与农村对接平台，引进龙头企业、大户等带动主体，发挥产业集成效应。通过规范合作社、家庭农场等主体行为，带动提高农户组织化程度和从事特色林业的收益。为林业发展提供必要的技术服务，提高特色经济林的技术管理水平和农户的经营能力。加大对落后县特色林业产业的支持，提高深度贫困地区特色林业产业抗风险能力。

---

① 山西省人民政府.山西省"十三五"环境保护规划 [EB/OL].(216-12-16) [2020-07-11].http://www.shanxi.gov.cn/sxszfxxgk/sxsrmzfzcbm/sxszfbgt/flfg_7203/szfgfxwj_7205/201612/t20161221_271837.shtml.

② 山西省人民政府.山西省关于做好 2020 年特色产业扶贫工作的实施意见 [EB/OL].(2020-03-02)[2020-07-11].http://www.shanxi.gov.cn/ztjj/gpdzjzws/gpdziyw/202004/t20200403_793279.shtml.

（六）推广吕梁生态转型与富民的成功经验

吕梁市将生态治理与脱贫攻坚结合起来，持续在一个战场上打赢脱贫攻坚和生态治理"两场战役"，成为生态转型与富民的典型市。为完成山西省"100万亩经济林提质增效"目标，围绕荒山增绿、群众增收，吕梁市通过"生态扶贫＋工程""生态扶贫＋产业""生态扶贫＋就业""生态扶贫＋补偿""生态扶贫＋旅游"等五种路径，构建生态建设与贫困群众增收的利益联结机制，实现增绿与增收双赢，形成了经典的"吕梁模式"。

截至2019年6月，吕梁市森林覆盖率每年以1个百分点递增，成立造林合作社1301个，吸纳贫困社员2.8万人。加入造林合作社的贫困户获得退耕奖补、造林务工等6方面收入，直接受益贫困人口100万以上。

1. 生态农林业推动绿色发展——"生态扶贫＋工程"

（1）六大工程促进生态农业发展

吕梁市按照"典型示范引领、六大工程推进"的思路，积极发展有机旱作农业，促进生态农业发展。

第一，提升耕地质量。通过秸秆还田、种植绿肥、配方施肥、增施有机肥等多种途径增加土壤肥力。同时减少化肥过量使用，杜绝盲目使用化肥，加强农业监测，禁止破坏生态平衡。第二，实现农业用水集约增效。在旱区建设旱井、蓄水池、人字闸等集雨蓄水设施，在灌区完善末级渠系，建设田间灌溉管路配套设施。积极利用现代科技和农业生产灌溉技术，实施管灌、喷灌、滴灌、微灌等新型节水灌溉技术。第三，在旱作良种攻关方面下功夫，推动农作物优良种子培育和升级，发展新兴优良育种产业。第四，推进农业技术集成创新。加强有机旱作农业新农艺的试验研究，进一步推广有机旱作农业集成技术。第五，实现了农机配套融合。引进和自主研发小型农具，落实农机购置补贴政策，推动全面机械化。第六，确立绿色循环发展方向。

促进农业向种养结合、农牧循环方向发展，探索休耕轮作制度，落实退耕还林还草，促进生态农业可持续发展。①

（2）植树造林工程助力生态扶贫

第一，造林合作社模式。"合作社＋贫困户"生态扶贫包括"合作社＋贫困户＋造林"、"合作社＋贫困户＋管护"、"合作社＋贫困户＋企业"等模式。在"合作社＋贫困户＋造林"模式下，造林合作社通过承接造林工程，社员共同完成造林任务，换取造林劳务费，增加贫困农户收入。在"合作社＋贫困户＋管护"模式中，贫困户从生态管护中获得报酬。政府通过创新"合作社＋贫困户＋企业"模式，增加了贫困户财产性收入。第二，购买式造林模式。吕梁市购买式造林采用议标的方式，用国家造林资金购买市场化造林成果，为贫困地区脱贫致富提供市场化路径。第三，"林业龙头企业＋扶贫造林专业合作社"模式。通过构建龙头企业和造林合作社的利益联结机制，使吕梁的生态建设更加市场化和多样化，激发林业生态绿色发展的活力，保障贫困户参与度，激发农民生态转型和脱贫致富的内在动力。

2. 林下经济促进致富增收——"生态扶贫＋产业"

吕梁市将发展林下经济作为实施乡村振兴战略、促进脱贫攻坚与乡村振兴有机结合的重要措施。首先，完善林下产业发展规划。采用"企业＋基地＋农户"的模式，发挥基地和农户的生产要素和种养技术优势，发挥企业的产品流通、加工能力、品牌和市场等优势，为农户利用生态资源脱贫致富开拓路径。其次，创新林下经济发展模式。吕梁农业生态经济发展模式主要有六种类型。一是林药模式，在林地种植耐阴的金银花、金线莲等药用植物。二是林禽模式，在林下圈养或放养肉鸡、蛋鸡等禽类。三是林菌模式，林间氧气充足、空气湿度较

---

① 山西省人民政府.关于加快有机旱作农业发展的实施意见 [EB/OL].(2017-11-20) [2020-08-16].http://www.shanxi.gov.cn/sxszfxxgk/sxsrmzfzcbm/sxszfbgt/flfg_7203/ szfgfxwj_7205/201711/t20171121_348716.shtml.

高、光照弱，用于发展种植食用菌。四是林畜模式，圈养或放养肉猪、肉牛、山羊等，粪便为树木提供有机肥料，促进林下经济循环发展。五是观光农业模式，建立休闲观光采摘示范园区。六是复合模式，整合多种林下经济，发展林花、林粮、林渔、林草经济。最后，加大林下经济扶持力度。吕梁市鼓励贫困户加入合作社，发挥合作社带动作用，引领贫困户脱贫增收。

3. 护林员公益岗位助力贫困户就业——"生态扶贫 + 就业"

吕梁市探索建立合作社造林模式，为贫困地区农户设置护林员就业岗位，让合作社社员获得护林员岗位的工资性收入。造林合作社中具备劳动能力的贫困人口达到 60% 以上，通过直接领取劳务工资，贫困社员年人均务工收入达到 6000 元以上[①]，使贫困地区农户在山区"增绿"中实现"增收"。

4. 生态环境改善促进贫困户间接增收——"生态扶贫 + 补偿"

吕梁市严格落实"生态补偿脱贫一批"。制定完善的生态资产产权制度、建立贫困地区生态补偿基金、实施政府购买贫困地区生态公益林制度、制定区域生态建设面积交易制度、建立生态资产价值评估和核算体系、制定全体公民广泛参与贫困地区生态建设制度等六大制度体系，使生态补偿成为全社会参与的生态保护行动。通过生态补偿增加贫困户的间接收入，使贫困户在享受生态补偿中致富，实现了"一人护林，全家脱贫"的目标[②]。

5. 发展生态旅游助推贫困地区绿色发展——"生态扶贫 + 旅游"

第一，大力发展生态农业。发展庭院经济，通过发展共享小院、

---

① 山西省人民政府办公厅关于发展和规范扶贫攻坚造林专业合作社的意见 [EB/OL].(2019-09-28)[2020-08-14].http://www.shanxi.gov.cn/sxszfxxgk/sxsrmzfzcbm/sxszfbgt/flfg_7203/bgtgfxwj_7206/201709/t20170928_337575.shtml.

② 生态补偿.山西林业扶贫带动 42 万人脱贫 [EB/OL].(2017-09-07)[2020-08-14]. https://mp.weixin.qq.com/s/3hDbI61Kf2DNYf1ACLFAYw.

菜园采摘、共享农趣等项目，引导和支持村民种植樱桃、草莓、火龙果、玉露香梨等特色果蔬，满足游客休闲度假和观光旅游需求。推动生态农业特色小镇建设，实现一二三产业深度融合发展。加大宣传力度，编写乡村旅游歌曲、拍摄旅游宣传片、打造农耕文化实景剧、举办采风等活动，丰富特色小城镇内涵①。第二，依托生态资源优势发展乡村旅游。大力整合旅游资源，有计划、分批次推进多个美丽乡村旅游基础设施建设工作，开展生态旅游扶贫，推进贫困地区乡村旅游建设。为了激发乡村旅游活力，推出"旅游＋特色产业"帮扶模式，将地方特色农产品逐步推向市场。总的来看，吕梁市形成了多样化的乡村生态旅游形式，优化了农村产业格局，初步实现了生态转型和脱贫致富的目标。

---

① 吕梁扶贫. 离石区：信义镇特色小镇建设纪实 [EB/OL].(2019-06-24)[2020-09-11]. https://mp.weixin.qq.com/s/L-FSloQVS9ga9fZqeeN2sA.

第七章　推进新型城镇化：协调解决易地扶贫搬迁和就业问题

中国不断推进市场化和工业化进程，大量的农业人口离开农村农业，显著提升了城镇化水平。但近些年来出现了农业转移人口市民化缓慢、部分城市资源环境承载力下降等问题。要通过深化户籍制度改革、共享城镇公共服务、大中小城市协调发展等途径，提高农业转移人口效率，加快农业转移人口市民化，走以人为本、四化（工业化、信息化、城镇化、农业现代化）同步、优化布局、生态文明、文化传承的中国特色新型城镇化道路。山西省顺应新型城镇化进入快车道的趋势，发挥中心城市和城市群的带动效应，推动城市第二、三产业发展，结合易地扶贫搬迁工作，吸引农民进城就业与安家生活，为农村土地集约利用和规模经济效应发挥提供了新机遇。

第一节　山西省城镇化的进展与问题

一、山西省城镇化的进展

新中国成立以来，山西省城镇化进程曲折，大致经历了五个阶段。第一阶段是 1949—1977 年，这个阶段城镇化进程较为缓慢，城镇化年均增长率仅 0.4%。第二个阶段是 1978—1989 年，城镇化进程步入正轨，发展速度有所提升，由原来的年均增长率 0.4% 上升到约 0.83%。第三个阶段为 1990—2000 年，城镇化发展进入相对较为缓慢的时期，特别是 1990—1995 年间，年均增长速度降到 0.24%。这一时期主要是由于煤炭价格下跌，导致以煤炭为主的城市城镇人口减少。第四个阶段是 2001—2011 年，城镇化年均增长率达到了约 1.38%。这一阶段主要是国民经济高速增长带动了城镇化的发展。第五阶段是 2012 年至今，这一阶段为转型发展时期，城镇化保持在高于 50% 的水平上。走中国特色新型城镇化道路加快了城镇化进程。根据孟晓迪（2018）、张娟锋（2000）等构建的新型城镇化指标，山西城镇化进展表现在以下几个方面。

（一）城镇化水平稳步提升

根据国家《关于调整城市规模划分标准的通知》，城市规模分为五类七档：城区常住人口 50 万人以下的城市为小城市，其中 20—50 万人的城市为 I 型小城市，20 万人以下的城市为 II 型小城市；城区常住人口 50—100 万人的城市为中等城市；城区常住人口 100—500 万人的城市为大城市，其中 300—500 万人的城市为 I 型大城市，100—300 万人的城市为 II 型大城市；城区常住人口 500—1000 万人的城市为特大城市；城区常住人口 1000 万以上的城市为超大城市。

按照该指标，截至 2018 年末，山西省 I 型大城市有太原市，II 型大城市有大同市、长治市、朔州市、晋中市、运城市、忻州市、临汾市、吕梁市。其中，从城镇化率来看，太原市包含十个区县，这十个区县中城镇化率低于 50% 的占比约为 30%。同理，阳泉市为 40%，长治市为 75%，晋城市为 66.67%，朔州市为 16.67%，晋中市为 63.64%，运城市为 46.15%，忻州市为 71.43%，临汾市为 82.35%，吕梁市为 69.23%。

山西城镇人口逐年增加，城镇化进程有所提升。2014 年全省只有太原、大同、阳泉、晋城、朔州和晋中6个地区人口城镇化率超过了50%。2018年，11个地级市的城镇化水平都达到了50%以上，表明山西省正在由乡村型社会向城镇型社会转型。同时，地级市间的人口城镇化率差距在不断缩小，2011年，运城、忻州和吕梁城镇化水平相对较低，未超过40%；2019年，相对于其他地级市而言城镇化速度年均增速为1.30%、1.44%、1.31%，城镇化水平分别达到51.24%、52.79%、51.62%。11个地级市城镇化率的最高值与最低值之差为34%，相比2011年降低了22.45个百分点。

表7-1 2011—2019年山西省各市人口城镇化率（%）

地级市	2011	2012	2013	2014	2015	2016	2017	2018	2019
太原	83.35	83.76	84.12	84.25	84.40	84.55	84.70	84.88	85.24
大同	56.49	57.95	59.03	60.04	61.02	62.01	62.94	63.97	65.62
阳泉	61.61	63.04	64.01	64.96	65.86	66.68	67.56	68.49	69.47
长治	43.43	45.31	46.87	48.46	50.02	51.53	52.93	53.96	54.88
晋城	52.75	54.48	55.52	56.49	57.42	58.34	59.04	59.88	60.79
朔州	47.87	50.02	51.09	52.15	53.16	54.21	55.29	56.31	57.51
晋中	45.74	47.41	48.87	50.45	51.72	52.93	54.14	55.37	56.84
运城	39.51	41.41	43.06	44.45	46.12	47.65	48.94	50.20	51.24
忻州	39.80	41.43	43.04	44.66	46.31	47.90	49.44	50.95	52.79
临汾	42.39	44.07	45.67	47.14	48.62	50.03	51.40	52.54	53.56
吕梁	39.84	41.61	43.11	44.67	46.24	47.75	49.25	50.59	51.62

数据来源：《山西统计年鉴（2012—2020年）》。

（二）经济城镇化进展高于全国平均水平

2011—2019年，山西省经济城镇化（第二、三产业增加值占地区生产总值的比重）不断提高。9年来，第二、三产业增加值占比维持在93%以上，9年均值为94.77%，与此同时，全国维持在90%至93%区间内，山西省高于全国第二、三产业增加值占比，超过2.98个百分点。可以看出，山西省经济城镇化水平高于全国平均水平。在第一产业稳步发展的同时，第二、三产业为山西省经济发展做出了巨大贡献。

表 7-2　2011—2019 年山西省与全国经济城镇化比较（%）

年份	山西省	全国
2011	94.29	90.82
2012	94.23	90.89
2013	94.15	91.06
2014	93.82	91.36
2015	93.87	91.61
2016	93.99	91.94
2017	95.37	92.54
2018	95.36	92.96
2019	95.16	92.89

数据来源：《中国统计年鉴（2012—2020 年）》和《山西统计年鉴（2012—2020 年）》。

（三）以太原为核心的都市圈带动功能初步显现

2016 年山西省政府出台《关于深入推进新型城镇化建设的实施意见》，逐渐形成了以太原都市区、太原都市圈和三大城市群为主的"一核一圈三群"的城镇化格局。其中，2017 年，作为"火车头"的太原地区生产总值突破 3000 亿元，与晋中的同城化有明显提升，对阳泉、忻州、吕梁等地的辐射能力也不断增强。2017 年，吕梁市地区生产总值增长率为 31.65%，成为山西省地区生产总值增长速度最快的地区，忻州市位列第二，为 22.11%。与此同时，晋北、晋南和晋东南三大城市群发展步伐加快，长治、晋中地区生产总值增长率都在 10% 以上，大同都市区、上党城镇群和临汾百里汾河经济带建设速度也逐步提高。2018 年，太原、大同、长治、晋城、晋中、运城和忻州 7 个市地区生产总值增长率均达到 10% 以上。

表 7-3 2016—2019 年山西省各地级市 GDP 及增长率

地级市	2016 年（亿元）	2017 年（亿元）	2017 年（%）	2018 年（亿元）	2018 年（%）	2019 年（亿元）	2019 年（%）
太原	2955.61	3382.18	14.43	3884.48	14.85	4028.51	3.71
大同	1025.80	1121.31	9.31	1271.96	13.44	1318.80	3.68
阳泉	622.86	672.02	7.89	733.69	9.18	718.90	-2.02
长治	1270.48	1477.53	16.30	1645.63	11.38	1652.10	0.39
晋城	1049.34	1151.54	9.74	1351.85	17.40	1362.40	0.78
朔州	918.06	980.22	6.77	1065.63	8.71	1061.70	-0.37
晋中	1091.11	1284.92	17.76	1447.60	12.66	1640.00	13.29
运城	1222.30	1336.29	9.33	1509.64	12.97	1562.90	3.53
忻州	716.14	874.49	22.11	989.13	13.11	1001.60	1.26
临汾	1205.18	1320.33	9.55	1440.04	9.07	1452.60	0.87
吕梁	995.31	1310.32	31.65	1420.32	8.39	1512.10	6.46

数据来源：《山西统计年鉴（2017—2020 年）》。

二、山西省城镇化进程中存在的问题

近年来，山西省的经济发展较为迅速，但是与全国平均水平相比还存在一定差距。人均 GDP 由 2011 年的 31357 元提高到 2019 年的 45724 元，年均提高 1596.33 元；但是同期全国人均 GDP 由 36277 元上升到 70328 元，年均提高 3783.44 元。山西省年均增长额未及全国年均增长额的二分之一。

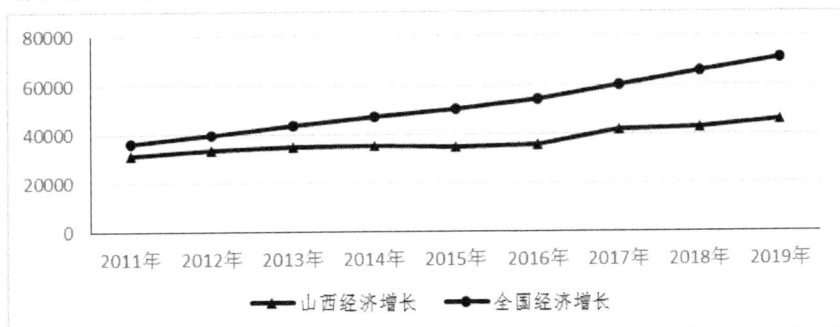

图 7-1 2011—2019 年山西省和全国人均 GDP

数据来源：国家统计局。

从经济增速来看，山西省的经济增长与全国平均水平的差距还在扩大。这表明，长期过度依赖资源开发、市场化滞后等原因造成山西省发展还存在滞后性。受经济整体发展缓慢的制约，城镇化过程中也存在一些问题。

（一）人口城镇化低于全国平均水平

2019年，山西省城镇人口总数为2220.75万人，城镇人口数达到500万人的城市只有运城市，城镇人口达到400万人的城市有2个，分别为太原市和临汾市，300万人至400万人的城市有大同市、长治市、晋中市、忻州市和吕梁市5个，200万人至300万人的城市有晋城市，仍有两个城市即阳泉市、朔州市的城镇人口在200万人以下。从人口城镇化率来看，2011年到2019年，山西省城镇化率分别为49.68%、51.26%、52.56%、53.78%、55.02%、56.22%、57.35%、58.42%、59.55%，同期全国分别为51.27%、52.57%、53.73%、54.77%、56.1%、57.35%、58.52%、59.58%、60.60%，可以看出，山西省城镇化率低于全国水平。二者之间的差距虽然在2011年至2014年有了一定缩小，但是从2015年起，差距又明显增大。

表7-4　2011—2019年山西省与全国人口城镇化占比（%）

年份	山西城镇人口占比	全国城镇人口占比	差距
2011	49.68	51.27	1.59
2012	51.26	52.57	1.31
2013	52.56	53.73	1.17
2014	53.78	54.77	0.99
2015	55.02	56.10	1.08
2016	56.22	57.35	1.13
2017	57.35	58.52	1.17
2018	58.42	59.58	1.16
2019	59.55	60.60	1.05

数据来源：国家统计局。

（二）城镇化与工业化存在一定的不协调

当某一地区 IU 趋近于 0.5，NU 趋近于 1.2 时，该地区城镇化与工业化发展协调度较高，反之，则城镇化发展滞后于工业化进程。由山西省 2011—2019 年数据来看，IU 越来越偏小于 0.5，NU 越来越偏小于1.2，说明除工业与非农业部门外仍有较多劳动力数量，农村人口大量涌向城镇，城镇人口激增，表明城镇化与工业化存在一定的不协调。

表 7-5　2011—2019 年山西省城镇化与工业化协调性测度数量关系（％）

年份	I	N	U	IU	NU
2011	26.90	62.6	49.68	0.54	1.26
2012	27.40	63.9	51.26	0.53	1.25
2013	28.10	64.7	52.56	0.53	1.23
2014	27.10	64.4	53.78	0.50	1.20
2015	26.30	64.4	55.02	0.48	1.17
2016	25.20	64.8	56.22	0.45	1.15
2017	25.30	65.0	57.35	0.44	1.13
2018	23.10	66.3	58.42	0.40	1.13
2019	20.80	64.9	59.55	0.35	1.09

资料来源：根据《山西统计年鉴（2020 年）》计算所得。

（三）社会城镇化低于全国平均水平

人均可支配收入水平衡量的社会城镇化程度反映了人民生活水平。2011 年到 2019 年，山西省城镇人均可支配收入由 18123.90 元增长到33262.37 元，增长了 15138.47 元，年均增长额为 1682.05 元；同期全国从 21426.90 元增长到 42358.80 元，增长额为 20931.9 元，年均增长额为 2325.77 元，山西省年均增长额低于全国年均增长额。从增长率来看，2012 年到 2019 年，山西增长率分别为 12.62％、9.05％、8.14％、7.31％、5.9％、6.51％、6.53％、7.18％，同期全国分别为 12.60％、9.70％、9.00％、8.9％、8.4％、9％、8.7％、7.91％，可以看出，山西省城镇人均可支配收入年增长率低于全国水平，因而社会城镇化水平也不及全国平均水平。

表 7-6　2011—2019 年山西省和全国城镇人均可支配收入

年份	山西省城镇人均可支配收入（元）	同比增长（%）	全国城镇人均可支配收入（元）	同比增长（%）
2011	18123.90	-	21426.90	-
2012	20411.70	12.62	24126.70	12.60
2013	22258.20	9.05	26467.00	9.70
2014	24069.43	8.14	28843.85	9.00
2015	25827.72	7.31	31194.83	8.90
2016	27352.33	5.90	33616.25	8.40
2017	29131.81	6.51	36396.19	9.00
2018	31034.80	6.53	39250.84	8.70
2019	33262.37	7.18	42358.80	7.91

数据来源：国家统计局。

（四）人口城镇化不及土地城镇化

2011—2016 年，城镇建成区面积增长率高于城镇人口占比增长率。尽管 2017—2018 年城镇人口占比增长率超过城镇建成区面积增长率，但总体略低于城镇建成区面积增长率。城镇建成区面积由 2011 年的 957 平方公里上升到 2018 年的 1180 平方公里，增长额为 223 平方公里，增长率是 23.3%，年均增长率为 2.9%。人口城镇化率由 2011 年的 49.68% 增长到 2018 年的 58.42%，年均增长率为 1.09%。总体而言，人口城镇化速度不及土地城镇化的速度。

表 7-7　2011—2019 年山西省人口城镇化与土地城镇化测算

年份	城镇人口占比（%）	城镇人口占比增长率（%）	城镇建成区面积（平方公里）	土地城镇化增长率（%）
2011	49.68	-	957	-
2012	51.26	3.18	1014	5.96
2013	52.56	2.54	1041	2.66
2014	53.78	2.32	1097	5.38
2015	55.02	2.31	1123	2.37
2016	56.22	2.18	1158	3.12
2017	57.35	2.01	1178	1.73

续表

年份	城镇人口占比（%）	城镇人口占比增长率（%）	城镇建成区面积（平方公里）	土地城镇化增长率（%）
2018	58.42	1.87	1180	0.17
2019	59.55	1.13	-	-

数据来源：国家统计局。

（五）城镇公用设施水平滞后于全国

1. 人均公园绿地面积

与全国人均公园绿地面积一样，山西人均公园绿地面积也一直处于上升状态，由 2011 年的 10.17 平方米增长到 2019 年的 12.63 平方米，同期全国由 11.80 平方米增长到 14.36 平方米。但是，就人均公园绿地面积而言，山西省未能达到全国平均水平。

2. 每万人拥有的公共交通车辆

山西省与全国每万人拥有的公共交通车辆均呈现上升的态势。山西省由 2011 年的 7.87 标台上升到 2019 年的 11.30 标台，全国由 11.81 标台上升到 13.13 标台，虽为同步增长，但山西省拥有量略低于全国平均水平。

表 7-8   2011—2019 年山西省和全国的市政公用设施情况

年份	山西人均公园绿地面积（平方米）	全国人均公园绿地面积（平方米）	山西省每万人拥有公共交通车辆（标台）	全国每万人拥有公共交通车辆（标台）
2011	10.17	11.80	7.87	11.81
2012	10.82	12.26	8.47	12.15
2013	11.18	12.64	9.90	12.78
2014	11.30	13.08	8.85	12.99
2015	11.61	13.35	8.53	13.29
2016	11.86	13.70	9.42	13.84
2017	11.98	14.01	9.74	14.73
2018	12.28	14.11	10.57	13.09
2019	12.63	13.36	11.30	13.13

数据来源：国家统计局。

（六）城镇管理滞后于城镇建设水平

在工业化进程中，为了满足人民的居住需求，使人民得到更优质的居住环境，山西省加快了城镇化的建设速度，各级城市无论是居民住宅、还是基础设施和公共服务设施都取得了快速进展。不仅如此，作为新型城市化代表的特色小镇也正在兴起。例如，第一批国家级特色小镇——吕梁市汾阳市杏花村镇，旅游业与酒业同时发展，并以互联网为载体，依托网络销售平台对酒产品进行线上出售，有效带动了经济增长；第一批国家级特色小镇——晋中市昔阳县大寨镇，以旅游业为出发点，集建材业、现代农业、煤炭业、加工业等于一体，创造属于大寨镇的独特品牌；国家第一批运动休闲特色小镇——晋中市榆社县云竹镇，以云竹湖为中心进行规划设计，借助旅游资源的优越性，建立了集运动、休闲、旅游、健康为一体的发展平台；第二批国家级特色小镇——吕梁市离石区信义镇，实现了现代农业与养殖产业的高度融合，加上地理位置优势，举办山花节、摄影节、音乐节，大力发展了旅游产业。

尽管如此，在城市规划体现的现代与传统的结合、城市规划的配套服务与长期性、低碳绿色的现代城市理念、数字城市的体现、环境与交通的综合考量、城市文明的精细化管理、法制化等涉及城市化的软环境建设方面，相对于硬件建设仍然存在滞后性。

第二节　实现城乡基本公共服务均等化

完善的基本公共服务是城镇化水平提高的必要条件和标志。在推进新型城镇化与实现乡村振兴战略进程中，需要统筹规划，加大财政投入，吸引社会力量参与，实现城乡基本公共服务均等化。

一、基本公共服务均等化的进展

在城乡基本公共服务的财政供给方面，山西省低于全国平均水平。2011 年至 2019 年，山西人均一般公共预算支出分别为 6579.04 元、7641.82 元、8347.47 元、8457.46 元、9342.17 元、9312.49 元、10147.00 元、11522.02 元和 12639.13 元，同期全国为 6882.67 元、7916.19 元、8710.79 元、9446.82 元、10936.52 元、11597.02 元、12461.75 元、13487.1 元、14553.69 元，二者差额分别为 303.63 元、274.37 元、363.325 元、989.36 元、1594.35 元、2284.53 元、2314.75 元、1965.08 元、1914.56 元，差距较大。

按照山西省城镇化发展现状，可以用下列指标反映城乡基本公共服务均等化的情况。

表 7-9　山西省基本公共服务均等化指标体系

	一级指标	二级指标
基本公共服务均等化	基础教育	教育支出占财政支出的比例 (%)
		每千人拥有的小学数量（所 / 千人）
		每百人拥有的专任小学教师数量
		小学生师比（人 / 师）
		每千人拥有的中学数量（所 / 万人）
		每百人拥有的专任中学教师数量
		初中生师比（人 / 师）
	基本医疗卫生	医疗卫生支出占财政支出的比例 (%)
		人均医疗卫生经费支出（元）
		每万人拥有的医疗机构数（所）
		医院、卫生院人均床位数（张）
		每百人拥有的医院、卫生院技术人员（人）
	社会保障	城镇享受居民最低生活保障人数占比（%）
		农村享受居民最低生活保障人数占比（%）
		城镇职工基本养老保险参保率（%）
		城镇职工基本医疗保险参保率（%）
		城镇居民基本医疗保险参保率（%）

续表

一级指标		二级指标
基本公共服务均等化	公共文化与基础设施	公共图书馆总藏量（万册）
		博物馆机构数（个）
		移动电话普及率（部 / 百人）
		公路里程（万公里）
	公共就业	城镇登记失业率（%）
		城镇居民人均可支配收入（元）
		农村居民人均可支配收入（元）
		失业保险参保率（%）

资料来源：国家统计局。

（一）基础教育仍需加强

1. 教育支出所占比重不够高

山西省的基础教育支出在财政支出的占比整体上升不明显，由 2011 年的 17.84% 波动至 2018 年的 15.59%，基础教育投入需要持续加强，否则可能导致学生受教育机会不公平，人才潜力得不到有效发挥。

2. 学校数量减少

每千人拥有的小学数量由 2011 年的 4.81 所下降到 2018 年的 2.32 所。普通小学在校学生数 2011 年为 277.19 万人，2018 年下降到 228.50 万人，普通小学生人数减少 48.69 万人。除了每千人拥有的中学数量基本维持在 1.2 所至 1.7 所区间，相对较为稳定外，2011 年普通小学学校有 10936 所，2018 年为 5445 所，减少了 5491 所，学校数量的减少速度超过了学生减少速度，小学承载人数增多，面临的压力较大。

3. 教师数量有所增加

2011—2018 年小学生师比有所下降，从 14.68 下降到 13.60；中学生师比也在下降，从 13.77 下降到 10.50，教师相对数量的增多为教育质量的提升提供了保障。

表 7-10　2011—2019 年山西省基础教育指标

年份	教育支出占财政支出的比例(%)	每千人拥有的小学数量（所/千人）	每百人拥有的专任小学教师数量	小学生师比（人/师）	每千人拥有的中学数量（所/万人）	每百人拥有的专任中学教师数量	初中生师比（人/师）
2011	17.84	4.81	6.81	14.68	1.27	7.26	13.77
2012	20.22	3.84	7.04	14.20	1.35	7.87	12.71
2013	17.90	3.90	7.86	12.72	1.54	9.09	11.00
2014	16.44	3.07	7.88	12.70	1.57	9.51	10.52
2015	17.61	2.82	7.62	13.12	1.68	10.04	9.96
2016	17.70	2.66	7.55	13.24	1.69	10.09	9.92
2017	16.52	2.48	7.41	13.49	1.70	10.01	10.00
2018	15.59	2.38	7.35	13.60	1.57	9.53	10.50
2019	-	2.32	-	-	1.54	-	-

数据来源：《山西统计年鉴（2012—2020 年）》。

（二）基本医疗卫生状况逐步改善

1. 医疗卫生支出占财政支出比重与人均医疗卫生经费支出有所提高。医疗卫生支出占财政支出比重由 2011 年的 6.73% 提高到 2018 年的 8.38%。人均医疗卫生经费支出由 2011 年的 442.86 元增加到 2018 年的 965.55 元。医疗卫生支出提高表明人们的医疗条件在逐步改善。

2. 每万人拥有的医疗机构变化不大。每万人拥有的医疗机构数基本保持在 11.2 到 11.4 区间内，变动幅度较小，表明在人口增加的同时，医疗机构数也在增加。

3. 医院、卫生院人均床位数与每百人拥有的医院、卫生院技术人员有所增加。医院卫生院人均床位数由 2011 年的 0.45 张增加到 2019 年的 0.58 张，增幅为 28.89%；每百人拥有的医院、卫生院技术人员由 2011 年的 0.55 人增加到 2019 年的 0.69 人，增幅为 25.45%。

表 7-11　2011—2019 年山西省基本医疗卫生指标

年份	医疗卫生支出占财政支出的比例（%）	人均医疗卫生经费支出（元）	每万人拥有的医疗机构数（所）	医院、卫生院人均床位数（张）	每百人拥有的医院、卫生院技术人员（人）
2011	6.73	442.86	11.23	0.45	0.55
2012	6.54	499.41	11.13	0.46	0.55
2013	6.64	554.08	11.10	0.48	0.58
2014	7.91	668.70	11.18	0.49	0.57
2015	8.49	793.42	11.19	0.50	0.58
2016	8.77	817.11	11.46	0.51	0.61
2017	8.55	868.02	11.48	0.53	0.63
2018	8.38	965.55	11.32	0.56	0.66
2019	-	-	11.26	0.58	0.69

数据来源：《山西统计年鉴（2012—2020 年）》。

（三）社会保障水平有所提高

1. 居民最低生活保障人数比重下降。城镇与农村享受最低生活保障人数占比都有所下降，城镇下降速度较农村更快一些，说明农村部分居民虽然已经解决温饱问题，但是与城镇居民相比生活水平存在一定差距。

2. 保险参保率有待提高。虽然城镇职工基本养老保险与基本医疗保险参保率均在上升，但仍需要随着经济发展而提高，要保证老有所依、看病有保障。

表 7-12　2011—2019 年山西省社会保障指标（%）

年份	城镇享受居民最低生活保障人数占比	农村享受居民最低生活保障人数占比	城镇职工基本养老保险参保率	城镇职工基本医疗保险参保率	城镇居民基本医疗保险参保率
2011	5.14	7.57	17.36	16.58	27.97
2012	4.81	8.55	17.96	17.20	29.29
2013	4.46	8.70	21.11	17.81	29.93
2014	3.70	8.35	18.97	18.02	30.17
2015	2.97	7.43	19.50	17.25	12.58

续表

年份	城镇享受居民最低生活保障人数占比	农村享受居民最低生活保障人数占比	城镇职工基本养老保险参保率	城镇职工基本医疗保险参保率	城镇居民基本医疗保险参保率
2016	2.56	7.35	20.62	17.93	12.52
2017	2.17	7.04	21.49	17.94	86.84
2018	1.65	6.50	22.52	18.46	87.86
2019	-	-	23.36	18.82	87.59

数据来源：《山西统计年鉴（2012—2020年）》。

（四）公共文化与基础设施建设不断推进

1. 公共文化发展取得了进展

2011—2018年公共图书馆总藏书量从1320.16万册增加到1859.92万册，增加239.76万册；博物馆机构数从89个增加到152个，增加63个。图书量与博物馆机构数的增加可以丰富居民的文化生活，让居民享受基本公共文化资源。

2. 基础设施有所改善

公路里程从2011年的13.48万公里增加到2018年的14.33万公里，公路里程的增加为出行提供了便利。

表7-13　2011—2018年山西省公共文化与基础设施指标

年份	公共图书馆总藏书量（万册）	博物馆机构数（个）	移动电话普及率（部/百人）	公路里程（万公里）
2011	1320.16	89	68.46	13.48
2012	1461.92	92	76.90	13.78
2013	1465.68	97	85.55	13.94
2014	1471.75	99	91.35	14.04
2015	1548.46	100	88.46	14.10
2016	1727.14	105	91.42	14.21
2017	1751.19	138	98.53	14.29
2018	1859.92	152	106.55	14.33

数据来源：《山西统计年鉴（2012—2019年）》。

（五）公共就业

1. 城镇登记失业率与失业保险参保率有所缓和。2011—2019 年，城镇登记失业率由 3.48% 下降到 2.7%，失业保险率也有一定幅度的提升，由 2011 年的 8.61% 提高到 2019 年的 11.9%。

2. 城乡居民可支配收入差距较大。城镇居民可支配收入由 2011 年 18123.9 元上升到 2019 年 33262 元，增长 15138.1 元；农村居民可支配收入由 2011 年 5601.4 元上升到 2019 年 12902 元，增长 7300.6 元。城乡之间居民可支配收入差距增大，2019 年农村居民可支配收入还不及 2011 年城镇居民水平，农民生活开销受到一定限制。

表 7-14　2011—2019 年山西省公共就业指标

年份	城镇登记失业率（%）	城镇居民人均可支配收入（元）	农村居民人均可支配收入（元）	失业保险参保率（%）
2011	3.48	18123.9	5601.4	8.61
2012	3.38	20411.7	6356.6	10.83
2013	3.30	22456.0	7154.0	11.04
2014	3.40	24069.4	8809.0	11.18
2015	3.50	25828.0	9454.0	11.23
2016	3.52	27352.0	10082.0	11.28
2017	3.40	29132.0	10788.0	11.36
2018	3.26	31036.0	11750.0	11.59
2019	2.70	33262.0	12902.0	11.90

数据来源：《山西统计年鉴（2012—2020 年）》。

二、城乡基本公共服务均等化存在的问题

（一）城乡基础教育差距明显

2011 年以来，山西省地方财政在教育方面的支出总体不稳定。2011 年投入额为 421.79 亿元，2012 年增加了 32.30 个百分点的投入，2013 年与 2014 年的投入增长率却为负值，此后也有较大幅度的变动。

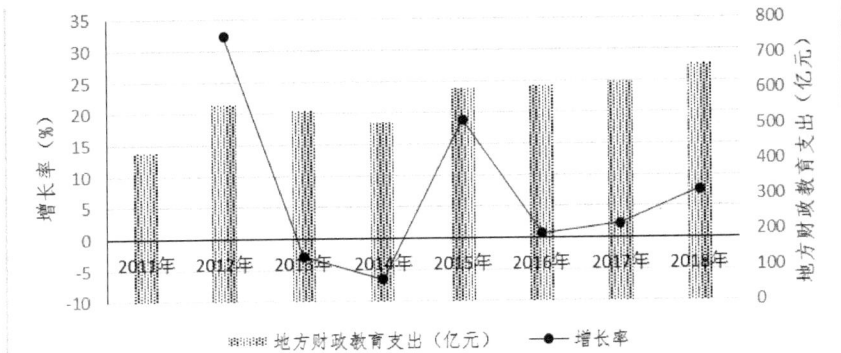

图 7-2 2011—2018 年山西省地方财政教育支出

数据来源：《山西统计年鉴（2012—2019 年）》。

1. 城乡小学师资力量差距悬殊。2011—2018 年，山西省城乡小学适龄人口入学率均较高，都在 99% 以上，但是总体来说，农村小学适龄人口入学率仍落后于城镇，2018 年城镇为 99.94%，农村为 99.87%。城镇小学专任教师与非专任教师比高于农村，城镇由 2011 年的 9.51：1 上升到 2018 年的 17.31：1，农村由 2011 年的 7.44：1 上升到 2018 年的 10.84：1，说明城镇专任教师比重相对较大，教师能力、经验均优于农村，优越的师资力量集中于城镇。

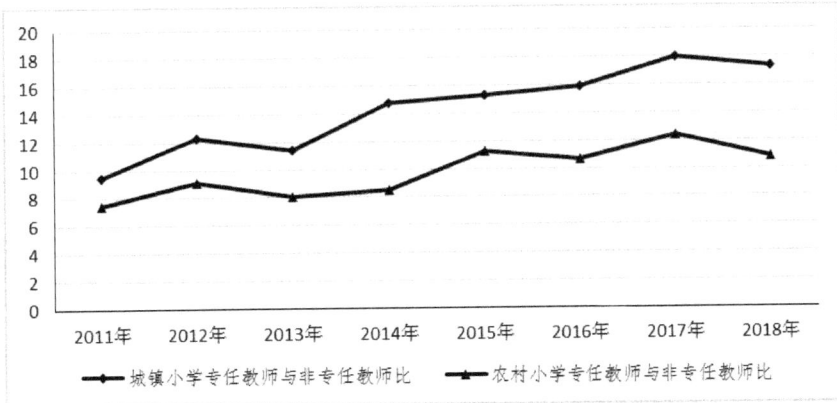

图 7-3 2011—2018 年山西省城乡小学师资力量对比

数据来源：《山西统计年鉴（2012—2019 年）》。

2. 城乡幼儿师资力量差距也较大。在平均每一教师负担幼儿数中，城镇略有优势，由 2011 年的 21 人减少到 2018 年的 16 人，农村则由 2011 年的 50 人减少到 27 人，虽然农村下降速度较快，但是教师负担幼儿数量仍然高于城镇，说明农村幼师资源相对薄弱。

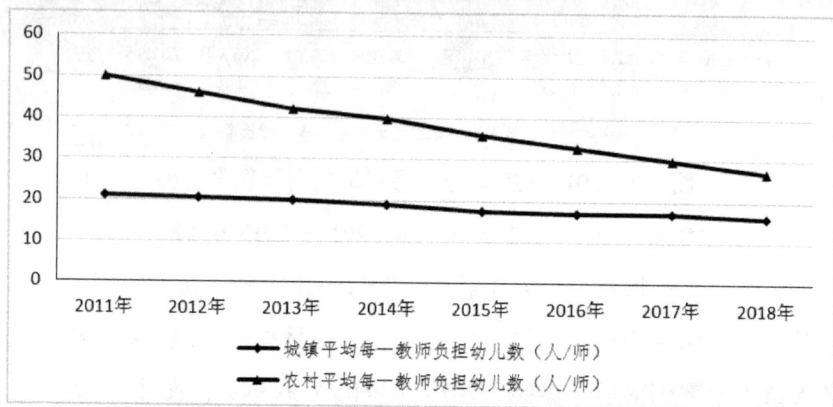

图 7-4　2011—2018 年山西省城乡幼师资源对比

数据来源：《山西统计年鉴（2012—2019 年）》。

（二）城乡基本医疗差距较大

山西省地方财政在医疗卫生方面的投入逐年增加，从 2011 年的 6358.19 亿元增加到 2018 年的 15412.90 亿元，年均提高 17.8%。但长时间来看，公共医疗卫生资源倾向于城镇，农村资源相对不足。2011—2018 年的数据显示，城乡之间的差距非常明显。从每万人拥有的卫生技术人员数来看，城乡之间大致保持在 2.5 : 1 的差距范围内；据每万人拥有执业（助理）医师数指标，城乡大致保持在 2.3 : 1 的差距范围内；据每万人拥有注册护士数指标，城乡差距有了一定程度的缩小，由 2011 年的 3.30 : 1 缩小到了 2.83 : 1；据每万人医疗机构床位数指标，城乡之间的比例由 2011 年的 2.30 : 1 增加到 2018 年的 2.46 : 1，差距进一步扩大。综合来看，城镇医疗卫生资源是乡村医疗卫生资源的两倍多，农村医疗卫生资源有限，医疗技术水平落后，医疗卫生环境相较城市也差，使得农村医疗卫生保障水平相对较低，农村居民看病难、救治不及时等问题还存在。

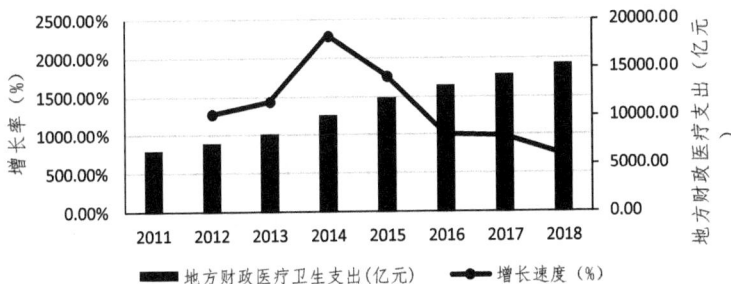

图 7-5 2011—2018 年山西省地方财政医疗卫生支出情况

数据来源：《山西统计年鉴（2012—2019 年）》。

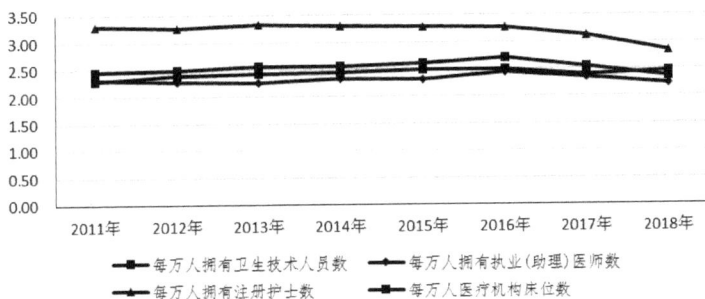

图 7-6 2011—2018 年山西省城乡医疗卫生资源情况（农村为 1）

数据来源：《山西统计年鉴（2012—2019 年）》。

（三）城乡社会保障差距仍旧显著

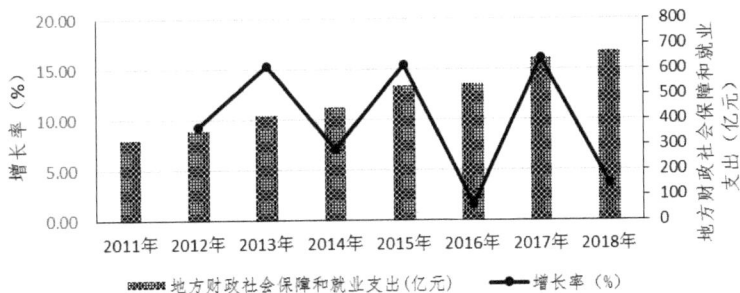

图 7-7 2011—2018 年山西省地方财政社会保障和就业支出情况

数据来源：《山西统计年鉴（2012—2019 年）》。

《中共中央关于构建社会主义和谐社会若干重大问题的决定》提出"到 2020 年覆盖城乡居民的社会保障体系基本建立"。山西省不断加大在社会保障和就业支出方面的投入，由 2011 年的 321.6 亿元提高到 2018 年的 671.65 亿元，年均增加 9.82%。虽然基本建立了遍及城乡的社会保障制度框架，但并未缩小城乡之间的社会保障差距。2018 年山西省居民最低生活保障标准，城市平均每人每年4888元①，而农村只有 4048 元，每人每年相差 840 元，农村仅为城市的 82.82%。

（四）城乡基础设施存在差距

山西省农村基础设施发展较为迅速，但是与城镇相比，总体水平还比较落后。到 2018 年底，山西农村公路固定资产投资累计 264.1 亿元，通油路村达99.54%；全省新增 300 个建制村通客车，共计 26116 个建制村通客车，农村通客运车辆达 25711 辆。但是有的村子由于地理位置偏远，山路崎岖，进出村子耗费较长时间。有的村子仍然使用生火烧柴的古老方式做饭烧水，燃气并未全面普及。2011—2018 年，山西省的城镇投递路线由 31406 公里增加到 38886 公里，农村投递路线由 116345 公里减少到 109231 公里，虽然二者之间的差距有所缩小，但是农村投递路线仍然是城市的 2.81 倍，城乡之间的差距较为悬殊。城市宽带接入用户从 366.6 万户增加到 794.3 万户，农村宽带接入用户从 49.5 万户增加到 196.7 万户，农村宽带接入用户仍不及城镇的四分之一，城乡差距明显。

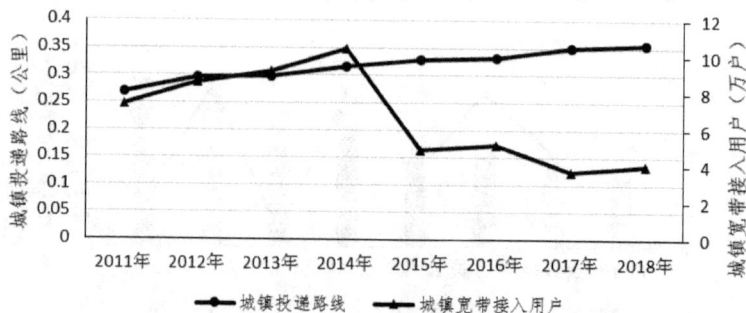

图 7-8　2011—2018 年山西省城乡基础设施情况

数据来源：《山西统计年鉴（2012—2019 年）》。

---

① 山西省人民政府. 山西 2018 年国民经济和社会发展统计公报 [EB/OL].(2019-03-18)[2020-12-12].http://www.shanxi.gov.cn/sj/tjgb/201903/t20190318_522329.shtml.

（五）城乡居民生活质量差异明显

1. 城乡居民消费水平的差异

2011 年以来，山西省居民消费水平呈现整体上升趋势。人均消费支出从 2011 年的 7970.65 元增长到 2018 年的 14810.12 元，年均增长10.73%；城镇居民人均消费支出水平从 2011 年的 11354.30 元增长到 2018 年的 19789.84 元，年均增长率为 9.29%；农村居民人均消费支出水平从 2011 年的 4587.00 元增长到 2018 年的 9172.22 元，年均增长率为12.50%，但城乡之间的差距还较为明显。2018 年，城乡居民人均消费支出相差较大，差值为 10617.62 元。

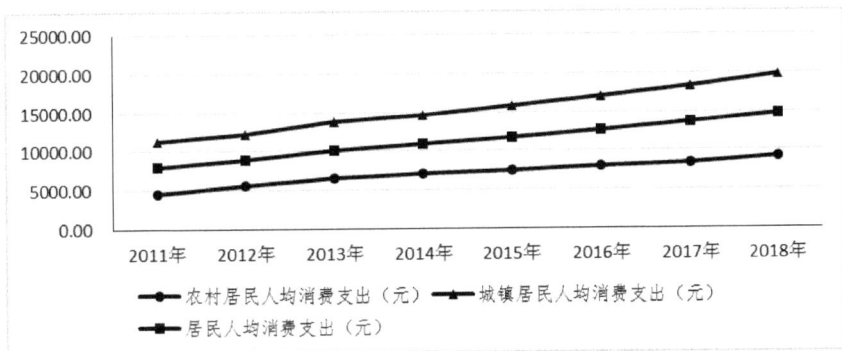

图 7-9　2011—2018 年山西省居民人均消费水平

数据来源：《山西统计年鉴（2012—2019 年）》。

2. 城乡居民生活质量有别

恩格尔系数可以衡量生活质量，高于59%为贫困，50%—59%为温饱，40%—50%为小康，30%—40%为富裕，30%以下为最富裕。2011年以来，山西省城乡的恩格尔系数均处于下降的态势：城镇从 2011 年的 31.3% 下降到 2017 年的 23.8%，下降 7.5 个百分点；农村从 37.7% 下降到 27.7%，下降 10 个百分点。城镇生活质量依旧优于农村，2018 年城乡间恩格尔系数相差 3.9 个百分点。

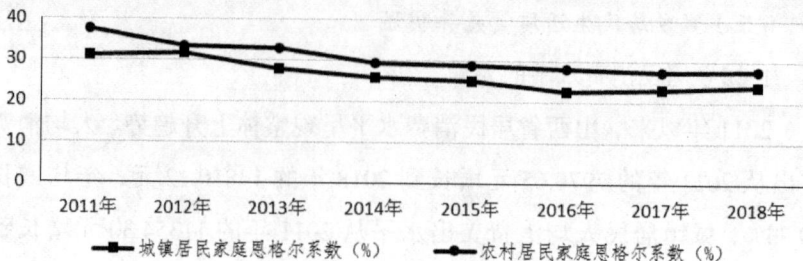

图 7-10　2011—2018 山西省城乡居民恩格尔系数

数据来源：山西省统计公报（2012—2019 年）。

3. 城乡居民耐用消费品数量差距大

2018 年山西城镇居民拥有洗衣机 99 台 / 百户、电冰箱 94.3 台 / 百户，相对应农村只有 86.5 台 / 百户、75.9 台 / 百户；城镇居民家庭汽车拥有量为 36.1 辆 / 百户，而农村只有 18.8 辆 / 百户；城镇居民家庭移动电话拥有量为 239.9 部 / 百户，其中接入互联网 183 部 / 百户，而对应农村拥有量为 219.5 部 / 百户，接入互联网 141.2 部 / 百户。[①]

三、缩小城乡基本公共服务不均等的对策

（一）加大财政资金投入，并向农村倾斜

加大农村基本公共服务财政支出，重视教育，改革社会保障制度，完善医疗卫生条件。深化农村基本公共服务的供给侧结构性改革，鼓励企业将资金向乡村基本公共服务倾斜，有效改善乡村基本公共服务。

（二）完善农村基础教育和医疗卫生条件

为优质教育资源流入农村创造条件。通过改善教师待遇，吸引优秀师资，加大对现有教师团队的培训水平，提高教师质量，完善学校硬件和软件条件，为学生和老师营造更好的教育环境和氛围，促进农村办学水平提升。

---

① 山西省统计局 . 消费市场蓬勃发展消费结构持续优化——新中国成立 70 年山西经济社会发展成就系列报告之八 [EB/OL].(2019-09-05)[2020-12-12].http://tjj.shanxi.gov.cn/sjjd/sjxx/201909/t20190903_102953.shtml。

针对农村医疗卫生问题，要继续加大农村医疗资源投入，保障药品供给和基本医疗设备配置，鼓励优秀医学人才下乡，坚持农村医疗卫生队伍的人才吸纳举措，保障农村居民有病可医。

（三）提高农村社会保障服务水平

为了消除农民后顾之忧，必须进行社会保障兜底，提高财政在农村基本养老等方面的支出，建立起乡村居民基本养老制度，提高农村居民最低生活保障标准，不断缩小城乡间差距，推动城乡基本公共服务向均等化方向发展。

（四）完善农村基础设施

健全完善的基础设施是现代农民生产和生活的基本条件。在脱贫攻坚政策奠定的基础设施基础上，从脱贫村和原非贫困村的现状出发，逐步实现村村通硬化路、通物流、通燃气、通公共汽车、通互联网络等。大力鼓励农村电商的渗透与发展，创新农产品网络营销方式，实现农村居民安居乐业。

第三节　农民和农民工进城面临的障碍

一、山西农民工的基本情况

（一）农民工规模、分布及流向

2017 年，山西省农民工总量达到 517.67 万人，与 2016 年相比增加了 15.857 万人，其中男性占比超过 72%，已婚占比超过四分之三，平均年龄超 39 岁，新生代农民工占比 17%，同比增加 1.8%。本乡（镇）以内就业的农民工人数为 263.97 万人，乡（镇）外省内就业的农民工为 192.12 万人。省内就业的农民工占比超 88%，表明省内就地就近就业为农民工转移就业的首选方式。

（二）农民工就业状况

从农业转移出去的农民主要从事第二和第三产业。2017 年，山西省从事第一产业的农民工数量占比为 0.18%，同比不变；第二产业的占比 38.15%，同比减少 0.47%；从事第三产业的占比 61.67%，同比增长 0.47%。

二、农民和农民工进城面临的障碍

（一）户籍制度障碍

众所周知，农民和农民工进城难的首位原因是户籍制度限制。山西省的一部分城市虽然放松了落户的政策要求，但是像诸如符合合法稳定就业与住所、社保达到一定年限等规定，仍然铸造了农民工进城难以逾越的高墙。

在对户籍制度进行改革的进程中，实施的分权户籍管理制度需要付出较大的成本，成本的增加无疑给地方政府带来压力，甚至挫伤地方政府的积极性。据估算，山西省农民工市民化过程中耗费的人均总成本为 64111 元，其中政府成本为 18190 元，占总成本的 28.37%；企业成本为 24727 元，占总成本的 38.57%；私人成本为 21194 元，占总成本的 33.06%[1]。高成本无疑加大了地方财政压力，进而也成为农民进城的阻力。

新生代农民工市民化的实际需求与城镇户籍制度改革不完全匹配。目前为了限制大城市人口规模，有关部门通过放开中小城镇落户限制吸引农民落户。问题是放开户口的中小城镇经济水平相比大城市较为落后，个人发展机会较少，收入较低，对农民特别是新生代农民吸引力不足，他们落户小城镇的意愿较低。

2015 年出台的《关于进一步推进户籍制度改革的实施意见》相对滞后，跟不上城镇化发展进程中农民工进城的现状，因此需要结合实际情况在运用过程中不断调整完善。例如需要创新人口管理，建立统一的户

口登记制度，改变目前以农业和非农业作为性质区分标准的户口类型，在这一制度中，虽不区分户口性质，但是农业人口与非农业人口所享有的权利还具有相当大的区别；建立居住证制度中提到"要结合随迁子女在当地连续就学年限等情况，享有随迁子女在当地参加中考和高考的资格"，连续就学年限表述并不清晰，会造成该政策的落实可能不太到位，即使就学年限足够长，最终也可能无法享有城镇中考或高考的资格。

（二）农村居民相对城镇居民素质存在差距

经济快速增长的同时，城乡之间的差距也在逐渐拉大，城镇居民人均可支配收入高于农村，而且绝对差越来越大，由2011年的12522.50元扩大到了2019年的20360.00元，扩大了7837.5元，年均差距扩大约870.83元，这个数值比农村居民人均可支配收入的年均增长额还要大。2011年，城镇居民人均可支配收入约为农村的3.24倍，到2018年，约为2.58倍。农民收入低于城镇居民导致农民进城的生活负担较重，进而阻止了农民进城获得体面生活的可能性。

不仅如此，农民文化程度相对较低，所掌握的职业技能有限，难以直接胜任城市一些工作。对农民工而言，进城打工具有一定的盲目性，与此同时，政府对于职业技能的培训有待完善，农民、农民工与城市市民之间还存在"沟壑"。

表7-15　2011—2019年山西省城镇和农村居民可支配收入

年份	城镇居民人均可支配收入（元）	城镇同比增长（%）	农村居民人均可支配收入（元）	农村同比增长（%）	城镇与农村居民人均可支配收入之间的差距（元）
2011	18123.90	-	5601.40	-	12522.50
2012	20411.70	12.62	6356.60	13.48	14055.10
2013	22258.20	9.05	7949.47	25.06	14308.73
2014	24069.43	8.14	8809.44	10.82	15259.99
2015	25827.72	7.31	9453.91	7.32	16373.81
2016	27352.33	5.90	10082.45	6.65	17269.88

续表

年份	城镇居民人均可支配收入（元）	城镇同比增长（%）	农村居民人均可支配收入（元）	农村同比增长（%）	城镇与农村居民人均可支配收入之间的差距（元）
2017	29131.81	6.51	10787.51	6.99	18344.30
2018	31034.80	6.53	11750.01	8.92	19284.79
2019	33262.00	7.18	12902.00	9.80	20360.00

数据来源：国家统计局。

（三）医疗保障制度等基本公共服务歧视

2018 年，山西省常住人口超过 3718 万人，人口城镇化率为 58.41%，拥有城镇户籍，并且享有与其同等待遇的人口数占比 40.85%。在城镇人口中超过百分之三十的人口没有城镇户口。这意味着，户籍制度壁垒导致这些人不能同等享受医疗、教育和社会保障等城市公共服务政策。

虽然按照现在的医疗体系，绝大多数农民和农民工已被纳入新型农村合作医疗体系，但该体系对于农民和农民工的就医地点、就医医院等等做出了具体限制，尚未实现与城镇的对接和一体化，也就是说，不能凭借参与新农合的身份，在所工作的城市享受到相应医疗服务。相反，他们往往需要回到原籍县乡医院就医。换言之，城乡分立的医疗体系使得他们工作和居住在城市却遭到城市的医疗歧视。

在教育方面，农民和农民工的随迁子女教育问题未得到根本落实。城市稀缺教育资源的限制性和封闭性使用造成没有户籍的农民随迁子女上学面临较大障碍。中国"特色"的高代价陪读、回原籍高考等教育现象表明，农民进城不仅自身遭遇进入壁垒，而且下一代也存在难以避免的教育障碍。

在社会保障方面，农民和农民工遇到的歧视最为明显。尽管国家不断通过完善相关法律制度加强对进城务工农民权益的保护力度，但是农民工利益得不到保护、与城市工人同工不同待遇的问题依然广泛存在。部分农民工不仅工资相对较低，而且"五险"只有其中一二，有的什么都享受不到，部分建筑业短期农民工甚至拿不回全部工资。山西进城的部分农民和农民工同样面临着这样的社会保障歧视。

（四）城乡分割造成农民就业不稳定

城乡分割造成农民就业不稳定，这种不稳定主要体现在两个方面：留城稳定性差和回流稳定性差。

留城稳定性差的原因主要有：在现代社会，越来越多的农村年轻人选择外出打工，他们作为新生代农民工，有着更高的生活期望，对职业期望程度更大，这样直接影响到他们选择更换工作的次数，并可能会主动提出结束劳动合同，以寻求下一个工作目标，直到找到一份适合自己并且薪资比较满意的工作。新生代农民工工作变换频繁，且多为跨企业或跨城市变换从而造成留城的稳定性较差。

回流稳定性差的原因在于，一方面，农民和农民工"离土离乡"所占的比重相对较大，也就是大部分农民工选择离土离乡作为就业方向。问题在于，即使取消城镇户籍限制，一段时期内农民工仍将面临生活成本较高、教育、社会保障歧视等问题。矛盾的是，由于农民工外出时间长，对农业生产不再熟悉、生产技能不熟练、生产技术不先进等又不愿或者无法正常回归农村。另一方面，给中小城市带来压力，中小城市的承载力是有限的，因为土地面积、经济实力的有限性，对于那些离开大城市的农民来说首选回到离自己家乡很近的中小城市，很少有回到自己所在的家乡，这样给中小城市带来了一定的压力。

第四节　统筹新型城镇化、易地扶贫搬迁与就业

2016年山西省印发《关于深入推进新型城镇化建设的实施意见》，从目标、步骤、具体政策措施等十个方面对新型城镇化做出了战略部

署。脱贫攻坚任务的完成和乡村振兴战略的提出，要求政府将乡村振兴战略与新型城镇化结合起来，统筹解决农民市民化和就业问题。

一、新型城镇化的目标

结合国家发改委于 2020 年 4 月发布的《2020 新型城镇化建设和城乡融合发展重点任务》，山西省从所处中部地区和城镇化现状出发，明确了城镇化的主要目标。

（一）提高农业转移人口市民化质量

促使城区常住人口 300 万以下城市全面放开户籍制度。城区常住人口 300 万以上的城市，逐步取消对重点人群的落户限制。对非户籍人口落户实施方便快捷服务。让未落户常住人口与常住人口同等享受城镇基本公共服务。实现农业转移人口与城镇人口就业机会和就业能力均等化。加大"人地钱挂钩"配套政策的激励力度。

（二）优化城镇空间格局

加快重点城市群的发展。推动都市圈建设，提升中心城市的竞争力和影响力。推动城镇走特色化、差异化之路。将新型城镇化建设与易地搬迁紧密衔接起来，协同推进，融合发展。

（三）提升城市综合承载能力

合理规划和安排建设用地，科学设计与市场化招标相结合，建立和完善城镇基础设施，特别是搞好新基建，增强长期高效的城镇基建服务功能。提高城镇公共卫生、应急预警处理、公共服务、环境整治和治理能力水平。强化政策引导，采用现代投融资机制增加新型城镇化投入。

（四）推进城乡融合

推进城乡融合发展试验区建设。实现城乡公共基础设施、公共服务互联互通和公平共享。综合施策鼓励资本等生产要素由城市向乡镇流动，实现城乡良性互动发展。

二、协同推进易地扶贫搬迁与农民进城问题

在山西省脱贫攻坚过程中，易地扶贫搬迁是助推贫困农户脱贫致富的一条重要途径。虽然脱贫攻坚任务胜利完成，但并不意味着农村贫困已经消失，易地扶贫搬迁特别是进城农户的后续生计和融入城市难等问题仍然存在而需要解决。

2020年以后，可以将新型城镇化、易地扶贫搬迁和就业问题进行统筹安排。农业转移人口市民化是新型城镇化与易地扶贫搬迁关注的核心问题，在保障户口有效落实的同时协同易地搬迁政策，切实让农业转移人口实现安居乐业。

在尊重搬迁农户意愿的基础上，让农户转为市民，对于取消户籍限制可以起到推动作用。对于易地扶贫搬迁农户子女提供就近优质的城镇教育资源选择权，实质上也同样打破了城镇教育资源的封闭性，为进城务工随迁子女就学提供了改革突破口。医疗卫生资源特别是城镇人口享有的社会保障特权对搬迁农户的逐步开放也为消除对农民的歧视提供了契机。

为了让搬迁群众搬得出、稳得住、能致富，在精准脱贫过程中，政府建设或者鼓励企业就近建立起了配套产业园区和扶贫车间，或者通过对吸纳贫困农民就业的企业实施奖励。鼓励企业开发公共管理服务岗位和公益性岗位，对农民开展有针对性的职业技能培训。不仅如此，还引导农产品加工企业组建农业产业联合体，免费开展电商培训等扩大农民就业。这些措施无疑有助于农民进城就业，更重要的是通过规范企业和农民的关系，可以逐步解决搬迁人口就业问题并打破城镇人口与农民身份的二重性。

总之，要统筹协调新型城镇化、易地扶贫搬迁和农民进城三者的关系。易地扶贫搬迁可以加快推动农民进城速度，在搞好扶贫工作的同时，加快了农民市民化和城镇化进程。随着易地扶贫搬迁工作的推

进，农民和农民工进城面临的壁垒逐步减弱，能够逐步与城镇人口享受同样的社会福利政策。由于转移出来的农民不再回到农村，由此释放出部分农业用地，有利于农村土地资源的优化重组与合理配置。

三、协同推进新型城镇化、易地扶贫搬迁与就业的措施①

（一）深化户籍制度改革

有序放开城镇户籍制度。制定公开透明的城镇户口标准和切实可行的指标，出台和落实医疗、卫生、教育、就业、住房、社会保障等配套政策，使进城农民工生活有保障，享有同等权利、履行同等义务。同等条件安置进城人员与城镇职工，实行居住证制度，保证持证人享有同等的义务教育、劳动就业、基本医疗卫生服务、计划生育服务、公共文化体育服务、法律服务，以及国家规定的其他基本公共服务，切实保障未拥有城镇户籍但在城镇居住人口的基本生活，不断缩小与户籍人口所享有的公共服务差别，推进常住人口城镇基本公共服务全覆盖。

建立健全就业服务体系，逐步消解具有城镇户籍依附功能的社会福利，提高地方财政在教育方面的支出，实现城乡平等的义务教育，保证农民工子女的受教育权。

（二）将易地扶贫搬迁与新型城镇化紧密结合起来

因地制宜创新搬迁模式，落实后续产业支持政策，引导移民转产就业，妥善解决搬迁群众的居住、看病、上学等问题，实现搬迁户"搬得出、稳得住、能发展、可致富"。对县城周边建设移民新区集中安置的搬迁户和进城入镇的搬迁户，实施以二、三产业为就业重点的培训计划。对城郊或中心镇配套产业开发建设移民新村、中心村就近

---

① 山西省人民政府关于深入推进新型城镇化建设的实施意见 [EB/OL].(2016-06-07)[2020-12-12].http://www.shanxi.gov.cn/sxszfxxgk/sxsrmzfzcbm/sxszfbgt/flfg_7203/szfgfxwj_7205/201606/t20160607_145806.shtml.

安置的搬迁户，同步落实产业开发措施。搞好迁出区宅基地复垦和生态环境治理。

（三）逐步完善城镇住房制度体系

建立城镇住房购买与租赁协同推进的制度，鼓励有能力买房的人购买商品房，对于购买力较弱的常住居民，鼓励他们通过住房租赁市场租房，并对低收入人群提供公共租赁或租赁补贴。完善城镇住房保障制度，实行以租金补贴为基础的住房保障政策。加大专业化住房租赁市场发展力度，鼓励企业投资房地产开展经营租赁业务。利用税收优惠政策引导居民出租住房，鼓励商业银行开发与住房租赁业务相适应的信贷产品。健全房地产市场的调控机制，发展个人住房贷款保险业务，鼓励农民在中小城市购房。

（四）创新投资融资机制

融资模式分为BOT（Build-Operate-Transfer）融资模式、TOT（Transfer-Operate-Transfer）融资模式、PPP（Public-Private-Partnerships）融资模式、ABS（Asset-Backed-Securitization）证券产权融资模式四大类。BOT融资模式为先建设后经营同时还能转让的融资模式；TOT融资模式即转移-经营-移交融资模式，对于政府建成的项目，在一定期限内可将产权和经营权有偿转让至投资商，投资商可自己决策实现最大化利益，到期后政府继续接收该项目；PPP融资模式是企业和政府合作的融资模式。由于政府与银行资金供给的有限性，此时需要借助ABS模式进行融资。在建设城际交通、高速铁路等基础设施时，可借鉴BOT与ABS融资模式。对于已经建成的基础设施可借鉴TOT融资模式。在推进完善住房体系过程中需要建设大量的保障房，可以借鉴PPP融资模式。由此，不仅可以节省地方财政资金，而且通过向民间资本融资，有助于实现政府与企业的有效合作。

（五）不断完善城乡土地利用机制

建立鼓励城镇低效土地再开发的政策。对于城镇的存量土地，原土地使用权管理者在条件允许的情况下，可以进行再开发、改建。在适应资源环境承载能力的前提下，确定开展未利用地开发试点项目，加强黄河滩地和集中连片盐碱地的开发利用，扩大矿废弃地复垦试点，并逐步扩展到交通水利等基础设施废弃地的开发利用。健全农村宅基地使用权流转机制，不断完善土地经营权和宅基地使用流转机制，提高土地的使用效率，避免不必要的土地闲置与浪费。

（六）利用科技创新推动新型城镇化

坚持"以人为本"，不断通过技术创新推动城镇化，走具有山西特色的新型城镇化道路。

探索科技创新在新型城镇化过程中的应用机制，在各个地级市城镇化布局中突出科技创新的要求，在城镇化规划、设计、建设和管理过程中，加强现代科技的应用，发挥科技在新型城镇化中的支撑和引导作用。加强能源、交通、市政与水利等基础设施建设，吸引创新资源涌入，促进新兴产业发展，规避过于依赖资源带来的"荷兰病"。建设城乡一体的信息管理平台，围绕就业创业、社会保障、基本医疗、流动人口以及贫困人口等，建立健全社会治理体系、城市运营及公共服务平台，提升社会治理能力和公共服务精准化，真正实现社会治理和公共服务现代化。

（七）引进优质人才推动城镇化

顺应"十四五"的趋势，吸纳、引进新型城镇化建设人才。平衡城乡之间的"人口数量"的同时，缩小城乡之间的"人口质量"差距。针对各市区的发展优势以及大中小城市与小城镇的发展特点，因地制宜地引进人才，例如对高校毕业生进行补贴吸引就业，促进城镇化的协调推进。

第八章　塑造文明乡风：
建设美丽宜居乡村

　　乡风文明既是乡村振兴战略的基本内容之一，也是实现中国传统优秀文化与现代文明相结合的必然要求。山西省黄河农耕文明源远流长，乡村孝道、礼仪、和谐等文化底蕴深厚，在中国传统文化挖掘、继承与发扬中占有重要历史地位，在对外开放进程中展现中国古老的文明魅力具有特有的价值。经过脱贫攻坚，乡村文化硬件得到了显著改善，文明新风、传统美德正在广泛普及，一些农村婚丧事大操大办、赌博、好吃懒做等不良风气初步得到了扭转，村容村貌明显改观。但是，不容否认的是，诸如封建迷信、铺张浪费等与现代文明相抵触的一些糟粕也还存在。由于形塑习惯是一个潜移默化的非正式制度变迁过程，不可能一蹴而就，因此文明乡风的改变是一个长期的历史过程。在脱贫攻坚取得的重大成就基础上，山西省正在通过深入推进农村教育、环境整治、移风易俗和文化旅游事业发展，稳步提升乡风文明水平。

第一节　山西省乡风文明建设的进展

　　乡风是历史沉淀而成的农民为人处世的行为方式、礼仪和习俗，它既表现为农民的行为，也体现在饮食、衣着、宗教、建筑、交往规则等软硬件上。脱贫攻坚以来，山西省从普及教育、引导宣传、建设文化基础设施、整治村容村貌等方面加快了乡风文明建设进程。

一、村容村貌明显改观

由于多年来大批青壮年外出务工、贫困县财力偏弱等原因，一些农村出现了萎缩甚至衰败迹象。一些偏远的山村，有的人烟稀少，院落破旧不堪。旱厕夏季不卫生，冬季使用不便。土路坑洼不平，雨季泥泞，冬季湿滑。路边家畜粪便、柴草、生活垃圾等随处堆放。部分村生产与生活污水随意倾倒，随处可见。针对这些问题，近些年山西省对农村危房加大了分类改造力度，对贫困村实施了道路硬化工程，同时，各级扶贫干部群众通过开展卫生评比，创建"文明家庭"、"道德银行"等活动，激励和监督农民广泛参与家庭卫生、生活垃圾处理等行动，使得村容村貌发生了明显改变。

原来破旧失修的危房变成了整洁安全的新房。2016—2020年，山西省累计完成33.38万户危房改造任务①。农村居民人均住房面积由2010年的28.7㎡增加到2019年的39.9㎡，增长率达39.02%，不仅很大一部分人住进了新房，而且原来破损的房屋和围墙变得整齐划一，建筑风貌焕然一新。2016—2018年，山西省投资525亿元，建设公路2.26万公里，实现了具备条件的建制村全部通硬化路，大部分村子从街头到巷尾几乎都变成了水泥路。各地下大力气对村容村貌进行综合整治，大部分街道和房前屋后变得整洁干净，垃圾随处堆放和污水肆意横流的问题得到了初步遏制。

---

① 李楠.山西：农村建档立卡贫困户危房改造"静态清零"[EB/OL].(2020-10-31) [2020-1-2].https://baijiahao.baidu.com/s?id=1682078388284884900&wfr=spider&for=pc.

二、文化场所遍地开花

为了丰富农民的文化和精神生活，改变业余生活单调导致的赌博、懒惰、不思进取状况，实现移风易俗目标，山西省积极推进贫困地区公共文化服务体系建设。支持文化馆、公共图书馆、美术馆和乡镇综合文化站建设，每个馆补贴 20 万元，每个站补贴 5 万元，对行政村（社区）文化建设补助 1 万元，贫困县村级文化活动室设备购置资金补助 2 万元，仅 2017 年就投入资金 2925 万元，贫困县（区）建成 58 个公共图书馆、58 个文化馆、12 个美术馆、658 个乡镇（街道）综合文化站，并已实现免费开放[①]。为贫困县乡村文化活动场所配送设备，实行免费送戏下乡活动。2019 年送戏下乡达到 2.74 万场。实现了几乎村村有文化活动场所、村村能够开展文化活动的目标。

首先，实现了文化场所村村覆盖。2020 年，建成县级文化馆 118 个，乡镇文化站 1196 个，村级综合性文化服务中心 18619 个，这些场所几乎全部安装了必要文化设施、体育健身器材等。其次，改扩建了图书馆和农家书屋。例如，吕梁市临县南圪垛村农家书屋在改建之前只有 2 个书架，1500 册图书，改造之后不仅增添了 3000 册新书，还安装了 4 台电脑、1 台电子图书借阅机，开通了无线网络，并升级成为吕梁市图书馆南圪垛分馆，成为农民学习的"知识技能库"[②]。再次，开展丰富多彩的文化活动。例如，一些地方通过开展村规民约宣讲、制定展示宣传栏，组织道德讲堂、举办文明户评选活动等方式，将乡贤文化和红色文化渗透到群众心中。通过线上线下相结合的方式，为乡镇干部、贫困户、创业青年和在校师生举办了将近 80 场公益讲座，受

---

① 孙蕊.文化扶贫的山西实践[EB/OL].(2017-8-16)[2021-1-2].http://www.ce.cn/culture /gd/201708/16/t20170816_25054478.shtml.

② 孙蕊.文化扶贫的山西实践[EB/OL].(2017-8-16)[2021-1-2].http://www.ce.cn/culture/gd/201708/16/t20170816_25054478.shtml.

益人次多达 320 万①。阳高县运用农村大喇叭讲述村民能听懂、可接受、愿意听的奋斗故事，向村民宣传国家政策，讲解科学知识；利用文化场所办农民夜校，向农民讲政策、讲法律、讲技术经验。排演二人台《杏泉沟》等文艺作品，激发农民奋斗动力。天镇县许家窑村通过举办摄影展，将老百姓生产生活中的精彩瞬间展示出来，让老百姓成为摄影展的主角，激发村民对美好生活的向往。包括陵川县在内的多个县农村文化广场建成后，几乎都成了中老年人跳广场舞的场地。和顺县、娄烦县、蒲县等组织村民参加广场舞大赛等文化活动，让群众在脱贫致富的路上享受丰富的文化生活。

三、农村生活设施得到改善

通过加快贫困地区电力、交通、卫生、通讯、教育、水利等基础设施建设，农民生活设施得到明显改善，生活质量得到了提高。一是贫困地区自然村全部通电。2019 年贫困地区自然村电话通讯几乎全面覆盖，通宽带的农户比重达到 95.9%。集中处理垃圾的农户比重为 81.9%，比 2017 年提高了 15.5 个百分点。通公共汽车的比重达到 91%，相较于 2017 年上升了 3.5 个百分点。②二是 58 个贫困县的贫困户均能享受到较好的公共设施服务。2019 年乡镇卫生院个数达 1313 个，村卫生室达 28106 个，所有贫困户实现了医疗有保障。因自然环境约束无法进行基础设施建设的也通过易地扶贫搬迁等方式得到了解决。三是农村教育条件不断改善。截至 2019 年，建成 689 所乡村中学、2904 所乡村小学，小学学龄人口入学率达到 99.13%，所有贫困地区符合义务教育条件的儿童均能享受到教育。四是饮水安全基本得到保障。2000—2019 年，累计投资建设资金 140 余亿元，建成农村饮水工程 3.3 万处，

---

① 山西省文化和旅游厅. 图解：山西打造文化大餐民众尽享精神盛宴 [EB/OL].(2020-6-17)[2021-1-2].http://wlt.shanxi.gov.cn/sitefiles/sxzwcms/html/zwgk/zcjd/34532.shtml.
② 袁璐.2019 年中国农村贫困监测报告 [M]. 北京：中国统计出版社，2019:164.

集中供水率达到 95.8%，供水保证率达到 94.8%，自来水普及率达到92.4%，水质达标率达到 94.7%，受益人口 2418 万人 ①。

第二节　乡风文明建设遇到的主要问题

由于乡风文明建设是一项系统工程，不可能在短时间内一蹴而就，而是需要经历较长的时间才能见效。因此，乡风文明建设中也必然存在一些问题。

一、文化素质需要持续培育

农村留守人口大多年龄偏大，这些人中很大一部分由于历史原因文化水平较低。2019 年，农村居民家庭常住人口中年龄在 50 岁及以上的劳动力人数占比为 47.24%，学历在初中及以下的人口占比83.17%②。在一些贫困县，户主受教育水平在小学及小学以下的将近总人数的一半。有些农民学习的积极性不高，在农闲时期往往通过打麻将、玩牌、闲聊等方式消磨时间，主动去农家书屋学习的少之又少。这意味着培育一批有知识、有技能的农民队伍需要耗费较长的时间和较大的人力、财力。特别是对于老年人而言，需要采取更为持续而且潜移默化的方式，才能让他们接受新的文化与技能。部分乡村留守儿童需要持续的教育和社会关爱，才能培养起他们健康的身体和心灵。

---

① 赵建军，李婧宇. 幸福之水汩汩来——我省农村饮水安全攻坚观察 [EB/OL]. (2019-11-22)[2021-1-2].http://slt.shanxi.gov.cn/sldt/tbtj_358/sxrb_3069/201911/t20191122_90185.html.
② 数据来源于《山西统计年鉴 2020》。

二、环境治理任重道远

受习惯、技术、资金等因素的影响，农村环境治理需要走很长的路。首先是人畜尚未完全分离。多个县以发展养殖业振兴县域经济，其中很大一部分养殖主体为个体养殖户。在个体养殖规模较小、牲畜粪便等循环利用技术费用高昂的条件下，必然产生屋前房后、街道等局部环境污染问题。其次是垃圾清洁处理与再利用需要科学引导。部分村子垃圾处理采取了填埋、焚烧等简单的方式，没有能够实现废物利用和循环经济，不仅不利于改善环境还浪费了资源。再次是个别地方不合理的土地利用、矿产资源开发引起的环境污染依然构成潜在的问题。个别村落周边的矿产资源开发，不仅导致土地塌陷，而且影响居民的生活用水。

三、传统美德需要弘扬

（一）农村敬老问题有所显现

孝文化是中国传统文化的精髓，山西省是孝文化的发祥地。但是，由于青壮年常年在外务工，很少回家探望父母，不仅留守老年人缺乏精神抚慰，对老人不孝顺的问题也有所显现。例如，2017年，有学者在某县调研中发现，有32.4%的村民认为存在对老人缺少关爱的情况，有26.4%的村民认为当前农村不孝顺的情况比较普遍，43.9%的村民认为只是子女表达孝顺的方式不明显，仅29.6%的村民认为孝顺问题处理得还算合适。

（二）陈旧习俗加重负担

随着经济的发展，有些农村"礼"越来越重，甚至衍生出攀比和斗富的风气。从买房、结婚到生日宴、寿宴等等，随礼名目繁多，场面和礼金越来越高。有学者在山西某县做的一项调查问卷显示，68%的村民认为这种现象比较严重。盲目的炫富和礼节行为不仅造成资源的浪费，也给部分农民的生活造成沉重负担，有的农户甚至因此成为贫困户。这与勤俭持家的传统美德显然是背道而驰的。

四、部分文化设施尚未得到有效利用

由于留守人口多为老年人，村民年龄、文化水平差异较大因而对于文化设施的需求不同等原因，有的地方部分文化设施如图书室、文化站等似乎没有得到有效使用。当然也存在个别惠民工程的供应与村民需要脱节的现象。例如，有些地方的幼儿园、卫生室、文化活动中心、日间照料中心和配套体育锻炼器材等虽然齐全，但看上去存在利用率不高，甚至存在闲置的现象。

五、乡村"懒汉"问题

个别农户不思进取，缺乏脱贫致富的内在驱动力，成了所谓的"懒汉"。他们当中有些人抱着"等、靠、要"态度，希望吃低保和成为贫困户，"指望政府补助政策过日子"。根据调研，大约2/5的贫困县反映存在这样的问题。在未来的农村乡风文明建设进程中，对于这部分人需要继续坚持扶贫与扶志相结合，引导和激励他们自己动手，增强自生能力，让勤劳致富回归为每一位农民的本分。

第三节　塑造乡风文明的目标与主要措施

一、乡风文明建设目标

乡村是中华传统文化的载体，寄托着人们的乡愁，因此要在遵循村落发展规律的基础上，保护传统村落[1]，保留乡村传统风貌，留住乡愁。

---

[1] 新华社.中共中央关于制定国民经济和社会发展第十四个五年规划和二〇三五年远景目标的建议 [EB/OL].(2020-11-03)[2020-12-30].http://www.gov.cn/zhengce/2020-11/03/content_5556991.htm.

重视乡村教育，不断提高农民文化素质和技能水平，形成崇德尚贤，尊重知识的良好社会风气，遏制直至消除封建迷信、铺张浪费等不良风俗。形成尊老爱幼，邻里和谐的良好社会氛围。文化活动更加丰富，农民精神生活更加充实[①]。乡村整体面貌焕然一新，社会运行和谐有序。

乡风文明建设就是要守护浓厚的山西乡土文化。乡土文化是中国传统农耕文明的智慧结晶，体现在物质和非物质两个方面。物质方面包含传统建筑、村落遗迹等，非物质方面包含村规民约，民风乡俗、知识语言等[②]。保护和传承乡土文化，对于乡村精神文明建设至关重要。山西乡土文化大致分为根祖文化、上党文化、黄土文化、晋商文化、边塞文化和佛禅文化等等，其中根祖文化体现着国人认祖归宗、传承姓氏、光宗耀祖、叶落归根等思想观念[③]。守护乡土文化，发挥乡土文化的孝悌教化和引导作用。发挥乡土文化在乡风治理中的主导作用，净化乡风，遏制迷信活动、不良习俗的发展和维持乡村和谐稳定。发挥乡土文化崇贤尚能，激发能人在乡村经济社会发展中的带动功能[④]。

二、塑造乡风文明的主要措施

（一）持续提升农村人口素质

保障农村义务教育水平。从政策保障、经费投入、资源分配、效果评估等方面对贫困和偏远地区实行政策倾斜。办好乡村教学点，推

---

① 新华社.中共中央关于制定国民经济和社会发展第十四个五年规划和二〇三五年远景目标的建议 [EB/OL].(2020-11-03)[2020-12-30].http://www.gov.cn/zhengce/2020-11/03/content_5556991.htm.
② 鲍黎丝，黄明珠，刘红艳.乡土文化遗产保护与乡村旅游的可持续发展研究 [M].成都：四川大学出版社，2019:5—6.
③ 相从智.山西区域文化的地域特色和建议刍议 [J].山西社会主义学院学报，2014(01)：72—75.
④ 于洪光，吕兵兵.发挥"能人"作用提升农村社会治理水平 [EB/OL].(2021-01-04)[2021-01-04].http://finance.china.com.cn/roll/20160307/3617121.shtml.

进农村学校标准化建设，以多种方式补充乡村中小学教师，引导特岗教师、免费师范生等到偏远学校任教。加强对乡村教师的职业培训，不断提升乡村教育质量，逐步缩小城乡之间的教育差距。推进农村职业教育，为农民传授适合现代农业发展的技能，提升农民自主脱贫致富的信心，助力农村经济发展。

针对这些问题，首先，应理清受教育群体及其具体需求，例如，留守农村的劳动力学习新知识，接受新事物的能力因年龄结构和学历水平的不同而有所差异，在开展教育活动时，应根据这种差异采取不同的教学方式提升接收知识的效率。部分农民有学习的能力，但是没有学习的动力，针对这部分农民应做好思想指导，引导其对知识技能的学习兴趣。其次，根据不同职业选择不同的教学内容。2019 年，山西省农村劳动力从事第一产业生产的人数占比最高为 53.44%，其次是第三产业占比 27.44%，最后是第二产业占比为 19.11%，第三产业中从业人员最多的行业是居民服务、修理和其他服务业，占第三产业生产总人数比重为 32.12%，第二产业中从事建筑业的人数最高，占第二产业生产总人数的 41.09%[1]，故应主要据此展开对农民职业教育培训。其三，应注重教学方式的灵活应用，可采用田间地头等途径帮助农户掌握技能。

（二）持续推进农村移风易俗工作

通过加强精神文明建设，组织唱歌、跳舞、传统文化节日等活动，引导农户将闲暇时间投入更加有益身心的活动，推动文明乡村建设顺利进行。通过宣传、教育、发动、示范，继续发挥"爱心超市""孝善基金""道德银行"等的激励作用，开展各项评比活动宣扬致富模范，运用院坝会、微讲堂、好家风活动等把温暖送到群众心里，培养农户以思想落后为耻、争当贫困户为耻、等靠要为耻的思想，减少"被动脱贫"情

---

① 数据来源于《山西统计年鉴 2020》。

况的发生，激发广大群众思富求变的积极性、主动性和创造性。

（三）确保美丽村容村貌可持续

发挥农民主体作用，自觉维护农村卫生环境的干净整洁。利用线上线下多种形式，为农户普及环境干净整洁对身体健康的重要性。有条件的乡镇推行适合农村的垃圾分类和可利用资源回收试点工作，整治随意堆放和工厂排放污染问题。探索农户家庭垃圾处理方式，减少对塑料等污染物的掩埋和焚烧造成的土壤和空气污染。鼓励利用房前屋后闲置空地植树造林，提升村庄绿化水平。利用闲置土地组织开展植树造林、开垦草地等活动，建设绿色生态村庄。开展城乡环境卫生评比活动，推进卫生乡镇、卫生乡村等卫生创建工作。推广低成本、低污染、易操作、高效率的生活污水处理技术。加强乡村建设管理，合理规划和利用土地。鼓励村民利用网络平台发布违规垃圾处理等问题，积极参与监督。

（四）深入推进厕所革命

总体来看，农村厕所革命尚未完全展开。2019年末，农村居民居住样式以单栋平房为主，占比78.2%，住户厕所类型中旱厕（包含卫生旱厕和普通旱厕）和无厕占比64.1%，普通旱厕占比为46.8%。[①]应根据各地实际，深入推进厕所革命。通过大喇叭、广播、院坝会、田坎会、宣传墙、夜校等方式普及卫生知识，引导居民转变观念，养成良好的卫生习惯。厕所改造是一项关系农民生活卫生质量的"民生工程"、"德政工程"，要因地制宜规划，稳步推进，切勿应付差事而修建"面子"工程。山西省从南到北，地理气候、经济发展程度、生活方式、风俗习惯、水土资源状况有所不同，要从各地实际出发，研发适用于不同地方的厕所卫生设施。在利用政府资金的同时，吸引农户、企业家等多方力量参与厕所改造，共同促进美丽乡村建设。

---

① 数据来源于《山西统计年鉴2020》。

（五）发挥特色小镇带动与示范功能

临近乡村的特色小镇建设是带动农村经济发展、弘扬传统文化、建设美丽宜居乡村的重要举措。到 2019 年底，国家住建部公布的山西国家级特色小镇共有 12 个，如表 8-1 所示。

表 8-1 山西省国家级特色小镇名单

批次	特色小镇名称
第一批	晋城市阳城县润城镇、晋中市昔阳县大寨镇、吕梁市汾阳市杏花村镇
第二批	运城市稷山县翟店镇、晋中市灵石县静升镇、晋城市高平市神农镇和泽州县巴公镇、朔州市怀仁县金沙滩镇和右玉县右卫镇、吕梁市汾阳市贾家庄镇和离石区信义镇、临汾市曲沃县曲村镇

资料来源：根据住建部公布的特色小镇名单整理。

这些特色小镇按照规划发展类型可以分为休闲旅游型：神农镇、贾家庄镇、曲村镇、静升镇；历史文化型：大寨镇、润城镇、右卫镇；产业发展型：杏花村镇、信义镇，金沙滩镇、巴公镇、翟店镇。特色小城镇建成区中平均人口规模达到 0.85 万人，超过一般建制镇建成区常驻人口平均人口规模 0.27 万人，12 个国家级特色小镇中，人口规模在 2 万及以上的特色小镇有 4 个、0.3—0.5 万之间的特色城镇有 3 个、0.3 万以下的 5 个，分布情况如表 8-2 所示。

表 8-2　山西省国家级特色小镇人口规模情况[①]

人口规模（万人）	个数	特色小城镇
1-2	4	杏花村镇、润城镇、静升镇、巴公镇
0.3-0.5	3	神农镇、金沙滩镇、曲村镇、
≤0.3	5	右卫镇、翟店镇、贾家庄镇、信义镇、大寨镇

2017 年，这些特色小镇镇均 GDP 达 20.35 亿元，农民人均纯收入为 0.90 万元，城镇居民人均可支配收入为 2.20 万元，均高于全省一般建制镇水平。但是，在发展特色小镇过程中存在一些值得注意的问题。个别小城镇由于产业发展薄弱而发展缓慢，有的小城镇自身的特色不

---

① 张紫琪.山西省特色小镇 SWOT 分析及对策建议 [D].山西农业大学，2019.

足。针对这些问题，需要有针对性的施策：一方面，挖掘地方独具特色的产业优势和文化内涵，建立起真正具有带动效应的特色小镇；另一方面，要在政府税收政策等的引导下，吸引企业等社会力量参与特色小镇建设。

第四节　发展文旅产业，带动乡风文明建设

《中共中央关于制定国民经济和社会发展第十四个五年规划和二〇三五年远景目标的建议》从提高社会文明程度、提升公共文化服务水平、健全现代文化产业体系三方面强调了文化建设，指出乡村是国家和民族的根基，实现文化强国的基础是实现乡村文化繁荣。同时，《乡村振兴战略规划（2018—2022 年）》提出，通过加强农村思想道德建设、弘扬中华优秀传统文化、发展乡村特色文化产业、丰富乡村文化生活等，实现乡村文化振兴。乡村文化建设既是文化强国的重要任务，也是乡村振兴的关键环节，而发展乡村文旅产业是乡村文化建设的重要途径之一。

发展文旅产业的重要性主要表现在以下几个方面：首先，发展乡村旅游、红色旅游等乡村文旅产业有利于实现农村产业兴旺。具有地方特点、人文特色的乡村文旅产业可以将文旅资源转化为经济效益，推动乡村振兴进程。其次，通过生态旅游促进黄土高原与黄河流域生态保护与生态农业等产业互动发展，提升黄土高原、黄河流域经济发展质量。最后，农村文旅消费强化了城镇对农村经济社会发展的带动作用。通过发展农村文旅产业，吸引城镇居民到农村进行消费，可带动城镇资金、人才等要素流向农村，为乡村发展提供要素支持。

一、乡村文旅产业的优势

山西省拥有独特壮观的自然景观、丰富多彩的民风民俗、深厚的历史文化积淀和浩瀚的文物古迹遗存，文旅资源优势明显。

（一）自然旅游资源

山西省著名自然景观众多。2018年，自然保护区达46个，其中国家级8个。

表8-3 2013—2018年山西省自然保护区情况

年份	2013	2014	2015	2016	2017	2018
自然保护区个数（个）	46	46	46	46	46	46
国家级自然保护区个数（个）	7	7	7	7	8	8
自然保护区面积（万公顷）	110.5	110.3	110.3	110.3	110.2	110.2
国家级自然保护区面积（万公顷）	11.7	11.7	11.7	11.7	14.1	14.1
自然保护区占辖区面积比重(%)	7.1	7.1	7.1	7	7	7

数据来源：国家统计局。

首先，山西省位于黄土高原东侧，有山地、丘陵、台地、平原和高原等各种地貌，其中山地、丘陵面积共占80%。名山60多座，有太行山、恒山、句注山、五台山、系舟山、太岳山和中条山脉及其所属的历山、析城山等，还有以吕梁山为主干的黄土高原，其上自北向南有七峰山、洪涛山和吕梁山脉所属的管涔山、芦芽山、云中山、黑茶山、关帝山、紫荆山、龙门山等。

其次，壮阔的河流景观。河流主要分属为黄河、海河两大水系，包括汾河、沁河、桑干河、漳河、滹沱河等著名河流。

再次，林地面积广阔。如表8-4所示，2019年森林面积321.09万公顷，森林覆盖率23.18%。分别有国家级、省级森林公园18个、12个，森林景观面积达38万公顷，占全省森林面积的11.83%，位列华北地区首位。森林中有丰富而珍稀的动物植物资源。例如，有南方红豆杉、连香树、翅果油树等国家一级、二级保护植物；金雕、白鹳、玉带海雕、虎头海雕、虎、金钱豹、苍鹭、星头啄木鸟等多种国家一级、二级保护动物。

最后，山西省属于温带大陆性季风气候，四季分明、阳光充足、南北气候差异明显、昼夜温差大。既能体验北方的干燥炎热，也能感受南方的温和湿润。

表8-4　2013—2019年山西省森林资源情况

年份	2013	2014	2015	2016	2017	2018	2019
林业用地面积（万公顷）	765.55	765.55	765.55	765.55	765.55	787.25	787.25
森林面积（万公顷）	282.41	282.41	282.41	282.41	282.41	321.09	321.09
森林覆盖率(%)	18.03	18.03	18.03	18.03	18.03	20.5	23.18
活立木总蓄积量(亿立方米)	1.1	1.1	1.1	1.1	1.1	1.48	1.48
森林蓄积量（亿立方米）	0.97	0.97	0.97	0.97	0.97	1.29	1.29

数据来源：国家统计局。

（二）文化资源

"三千年古都看西安，五千年文明看山西"是对山西省文化底蕴深厚的真实写照。根据全国文物普查统计，山西省现有不可移动文物53875处，平均每个行政村2处①；各级各类文物保护单位6784处，其中国家级文物保护单位531处，452处被列为国家级重点文物保护单位，3处列入世界文化遗产②；文物保护单位在各市县的分布如下：大同市30处，晋城市72处，晋中市69处，临汾市54处，吕梁市39处，朔州市7处，太原市38处，忻州市36处，阳泉市11处，运城市102处，长治市73处③；可移动文物320余万件④；有24000平方米与12799尊

① 张晓东.山西将首次为"古建筑认领"立法[EB/OL].(2020-05-11)[2021-1-2].http://news.yuanlin.com/detail/2014221/173776.htm.
② 山西省人民政府.省情概貌[EB/OL].(2020-05-11)[2020-12-30].http://www.shanxi.gov.cn/sq/zlssx/sxgk/202007/t20200724_830266.shtml.
③ 山西省文物局.文物资源[EB/OL].(2017-05-19)[2020-12-30].http://wwj.shanxi.gov.cn/e/action/ShowInfo.php?classid=298&id=18665.
④ 李茂盛,李劲民.山西省情报告2016[M].北京:社会科学文献出版社,2016:60—70.

保存完好的古代壁画与古代彩塑；有 28027 处唐代至清代的古建筑[1]，其中宋、辽、金以前的地上木结构建筑占全国现存同期结构建筑总量的 75%[2]。

　　山西省是石器文化的聚集区，早在 2011 年，已查明的旧石器文化遗址就有 464 多处，其中最著名的有运城市芮城县的西侯度遗址、襄汾县陶寺遗址、垣曲县世纪曙猿遗址等。山西省是变法维新的发端地之一，成立于维新变法时期的山西大学堂与北洋大学堂、京师大学堂是中国最早的三所国立大学，戊戌变法六君子之一——杨深秀就是山西闻喜人。山西省是中国佛教文化发展的重要基地之一，其中，传播和发展佛教过程中做出重要贡献的高僧有法显、慧远、昙鸾等，还有中国四大佛教名山之一的五台山[3]。有饱经千年风霜而不倒的古刹名寺，例如，建于公元 68 年的五台山佛教建筑群，千年古刹五台县南禅寺、有"亚洲佛光"之称的五台县佛光寺，以及有佛、道、儒三教合一的独特寺庙浑源县悬空寺。还有反映中国明、清和民国时期北方民居的建筑风格的襄汾丁村、灵石王家、祁县乔家、太谷曹家等晋商大院及定襄阎锡山旧居等。山西省是中国戏剧文化的发祥地之一，有源于明代"蒲州梆子"的山西地方戏曲的四大支柱蒲剧、晋剧、北路梆子和上党梆子。山西省历史上人才辈出。山西省是民间传统手工艺的盛产区，包括平遥推光漆器、广灵剪纸、隰县核桃工艺品、曲沃葫芦、上党堆锦、高平刺绣、云冈绢人、平遥六合泰枕头、蒲县麦秆画、交城玻璃圪嘣、孝义木偶、大同雷劈枣木纪念品、代县木器、平定砂器、稷山螺钿、大同煤雕、太原玉雕、怀仁黑釉瓷器、祁县玻璃器皿、侯马蝴蝶杯等多达 20 余种。

① 王军军.山西省旅游产业集群化发展研究 [D].甘肃农业大学，2016.
② 中国新闻网.山西宋辽金以前木结构古建筑占中国 75%[EB/OL].(2011-05-09)[2020-1-3].https://www.chinanews.com/tp/2011/05-09/3024907.shtml.
③ 李元庆.三晋古文化源流 [M].太原市：山西古籍出版社，1997:164-212.

山西省的红色革命文化资源同样丰富。7市54县（市）被列入全国第一批革命文物保护利用名单，现存抗日战争、解放战争、土地革命时期重要机构遗址、党史重要人物故居、重大战役遗址等红色革命遗址3490处[①]。有全面反映八路军八年抗战史实的大型革命纪念馆武乡县八路军太行纪念馆；全面反映红军东征历史的石楼县红军东征纪念馆等。

（三）乡村特色资源

除了壮阔秀美的自然景观，丰富深厚的人文景观，山西省还有一些保留至今并与现代文明相结合的特色资源。

在饮食文化方面，山西以面食为主，以醋冠名天下，以酒闻名遐迩。素有"天下面食，尽在三晋"的美誉，现存面食品种多达1000种以上[②]，2007年被中国烹饪协会授予"中国面食之乡"称号。其独特之处体现在以下几个方面：首先历史悠久，山西面食最早有记载的是尧王时期，发展至今已有2000多年的历史，不同时期有不同的形态称呼，最早出现的面食是饼食，后也被称为"煮饼"、"汤饼"等，魏晋南北朝时期出现了"水引"，即现在面条的雏形，也曾被称为"冷淘"、"温淘"等[③]。其次是制作原料丰富，工艺繁多。山西素有"小杂粮王国"之称，制作面食时不仅以传统的小麦作为原料，还取材于玉米、高粱、荞麦、莜麦和大豆等。再次是地位升华。面食的作用已不仅仅是作为果腹的主食，还代表着人们的美好祝愿，例如在寿宴上，寿星要吃长寿面，寓意长命百岁，祝寿的人要送面桃，寓意"长寿逃灾"[④]等。

醋是生活中必不可少的调味料，山西老陈醋驰名中外。1924年，山

---

① 李茂盛，李劲民等.山西省情报告2016[M].北京：社会科学文献出版社，2016:64.
② 姚勤智.山西面食文化的成因、特点及饮食习俗[J].山西师大学报(社会科学版)，2004(01):86—89.
③ 安彩虹.山西面食名称与文化[D].西安外国语大学，2013.
④ 王枫，丁冠昂.山西面食的发展与民间习俗[J].科技信息(学术研究)，2008(11):136—137.

西清徐老陈醋在巴拿马国际博览会上获得优质商品一等奖，被称为"天下第一醋"。食醋发源于晋阳（今太原），距今3000多年历史。山西因其独特的自然环境酿造的醋口感上佳、质量上乘，不仅可食用，还有一定的药用价值。山西杏花村汾酒以"借问酒家何处有，牧童遥指杏花村"而闻名于世，曾在南北朝时期作为宫廷御用酒，是中国八大名酒之一。

在古建筑艺术上，山西民居占有一席之地，素有"中国古代建筑艺术的宝库"之称。除古寺庙、古塔、古桥梁和古长城外，古民居是北方传统民居建筑的范式之一。山西现存古名居有37处，多以明清时期当地有名商人和士族的住所为主，蕴含传统的儒家文化，体现出当时长幼尊卑有别的森严制度。外观高墙林立，森严肃穆，内部结构错落有致，装修古朴典雅。民居按照建筑形式分为窑洞、平房、瓦房、楼房和石板房等，其中，窑洞是黄土高原居民较常使用的建造形式，具有冬暖夏凉的特点。平房是农村较为常见的另一种形式，以土和砖为原材料，屋顶建造平整以方便晾晒粮食。瓦房主要表现为四合院形式，以梁木巧妙搭建支撑起屋顶，一般以砖作为墙体，木作为门窗主要材料。石板房主要特点是以片石为瓦置于屋顶之上，在晋东南山区较为常见。楼房一般分为两层，上层主要是储藏物品，用移动木梯连接上下两层。按照院落类型分为一字联排式、三合院、四合院、穿心院和地窨院。古民居展现了当时的文化，民俗，生活习惯和社会制度，是不可多得的文明遗产。

传统文化活动形式多样，内容丰富。传统民歌、戏曲、秧歌、锣鼓等艺术种类繁多，现存古戏台2888座、居全国之首，包含全国仅有的1座金代戏台，8座元代戏台[1]，剧种38个、民歌15000余首、民舞234种。国家非遗代表名录116项，保护单位168个[2]。省级非遗代表性

---

[1] 李茂盛,李劲民.山西省情报告2016[M].北京：社会科学文献出版社,2016:64.
[2] 王学涛.山西全国重点文物保护单位数量居全国第一[EB/OL].(2012-01-09)[2021-01-02].http://www.wenwuchina.com/a/16/118130.html.

名录 403 项，保护单位 723 个①。黄河沿岸古渡口有 42 处、古村落 60 余处、民俗民间项目 68 种。

二、文旅产业发展现状与问题

（一）文旅产业发展现状

文旅融合发展模式需要借助独特的文化资源与旅游资源，将文化和旅游产业各有关要素有机结合起来，形成与当地资源承载力和经济社会发展相适应的产业。

首先，山西省将民俗文化、非遗产品、文化创新、文化品牌塑造以及现代科技融入旅游市场，初步形成了各具特色的乡村旅游业。例如，举办各种以文化为主题的节庆旅游活动、"送戏进景区"活动；参加国际旅游展；制定《黄河长城太行三大品牌建设年行动方案》，从品牌内涵发掘、重大项目建设、基础设施完善等九个方面将黄河、长城、太行三大文旅品牌推向国内外市场②；汾阳市贾家庄将红色经典、生态休闲、美食民俗、影视文艺有机结合，并拍摄创作电视剧《我们村的年轻人》，着力打造乡村旅游新地标③；皇城相府推出"5G+AR"智慧景区项目，洪洞大槐树推出"互联网 + 旅游 +N"体验模式④。

其次，发展全域旅游。界定黄河、长城、太行三大板块的发展界限，做好五台山、云冈和平遥古城三大传统旅游品牌和大运黄金旅游廊道的建设。发布 500 个旅游示范村和 300 个旅游扶贫示范村，批准了

---

① 王晓易 . 省级非遗保护项目达 403 项 [EB/OL].(2015-09-16)[2020-12-31].https://news.163.com/15/0916/05/B3K2V7IF00014AED.html.

② 卢亚 . 详解山西文旅"三大品牌"建设年行动方案 [EB/OL].(2020-04-23)[2020-12-30].http://wwj.shanxi.gov.cn/e/action/ShowInfo.php?classid=205&id=30143.

③ 吴琼，杨静 . 电视剧《我们村的年轻人》山西贾家庄开拍探索乡村文旅融合发展 [EB/OL].(2019-08-29)[2020-12-30].https://www.sohu.com/a/337258310_123753.

④ 刘小红 . 山西将深挖资源打造十种类型乡村旅游助力乡村振兴 [EB/OL].(2019-04-29)[2020-12-01].https://baijiahao.baidu.com/s?id=1632156688950288382.

6 个文旅产业发展示范区，打造了 8 大类 103 条精品旅游路线，推出文旅融合多项产品和服务。[①]让游客在入晋游时不仅能体会到晋文化的深刻内涵，也能体验到各类丰富多彩的文旅项目。

再次，文旅融合产业不断发展，旅游产业规模不断扩大。旅游产业占地区生产总值与占第三产业的比重稳步上升，具体情况如表 8-5 所示，国内旅游收入占国内生产总值比例、占第三产业产值比例分别由 2014 年的 23.39% 和 56.81% 提高到 2019 年的 46.98% 与 91.43%。另外，由表 8-6 可知，山西省旅游收入、国内旅游收入与旅游外汇收入分别由 2014 年的 2846.51 亿元、2829.30 亿元、17.24 亿元增加到 2019 年的 8026.92 亿元、7999.35 亿元、28.28 亿元；国内人均旅游花费也由 855.00 元提高到 886.00 元。旅游人数方面，接待国内游客人数与接待入境过夜人数分别由 2014 年的 29951.11 万人次、56.48 万人次增长到 2019 年的 83390.14 万人次、76.22 万人次。

表 8-5　2014—2019 年山西省旅游收入占国内生产总值与第三产业比重 (%)

年份	2014	2015	2016	2017	2018	2019
国内旅游收入占生产总值比例	23.39	28.97	35.39	36.86	41.98	46.98
国内旅游收入占第三产业产值比例	56.81	58.21	69.22	74.88	82.27	91.43

数据来源：《山西统计年鉴 (2015—2020 年)》

表 8-6　2014—2019 年山西省旅游收入情况

年份	2014	2015	2016	2017	2018	2019
总收入（亿元）	2846.51	3447.50	4247.12	5360.21	6728.70	8026.92
国内旅游收入（亿元）	2829.30	3429.00	4228.00	5339.00	6699.00	7999.35
旅游外汇收入（亿元）	17.24	18.50	21.08	23.64	25.01	28.28
国内人均旅游花费（元）	855.00	884.00	962.77	907.00	947.00	886.00

① 山西省文化和旅游厅 . 省文化和旅游厅深入开展调研、查摆问题、真抓实干，发布山西精品旅游路线 [EB/OL].(2019-07-29)[2020-12-30].http://wlt.shanxi.gov.cn/sitefiles/sxzwcms/html/rdzt/rdzt/1418.shtml.

续表

年份	2014	2015	2016	2017	2018	2019
旅游总收入增长率 (%)	23.47	21.11	23.19	26.21	25.53	19.29
国内旅游收入增长率 (%)	25.54	21.20	23.30	26.28	25.47	19.41
旅游外汇收入增长率 (%)	-66.15	7.31	13.93	12.14	5.80	13.06
国内人均旅游花费增长率 (%)	-11.49	3.39	8.91	-5.79	4.41	-6.44

数据来源：《山西统计年鉴（2015—2020 年）》

表8-7　2014—2019 年山西省接待国内游客以及入境过夜游客人数情况

年份		2014	2015	2016	2017	2018	2019
接待国内游客人数（万人次）		29951.11	36006.98	44329.67	56072.53	70377.58	83390.14
接待入境过夜游客人数（万人次）	总量	56.48	59.38	62.98	67.00	71.35	76.22
	外国人	36.13	38.04	40.42	43.47	46.60	49.80
	港澳台同胞	20.35	21.34	22.56	23.53	24.75	26.42
接待国内游客增长率（%）		21.73	20.22	23.11	26.49	25.51	18.49
接待入境过夜游客增长率 (%)	总量	-73.44	5.14	6.07	6.38	6.48	6.83
	外国人	-73.25	5.29	6.26	7.54	7.19	6.89
	港澳台同胞	-73.78	4.86	5.73	4.31	5.18	6.73

数据来源：《山西统计年鉴 (2015—2020 年)》

最后，众多旅游项目落地开工，配套设施逐渐健全。在文艺创作方面，有67部作品，包含音乐剧《火花》、上党梆子《太行娘亲》、舞剧《吕梁英雄传》等国家舞台艺术精品工程剧目。在服务品质升级方面，投资1万亿元包装1000多个项目。在交通设施建设方面，在游览重点城市开通汽车站、火车站、飞机场到周边景点的公交线路，新建改扩建旅游厕所与百度地图标注4433座和4020座。在文旅品牌建设方面，通过三大文旅品牌建设①，共投资490亿元，识别900多处文旅资

① 指山西省黄河、长城、太行三大文旅品牌建设。

源，分别建成 3A 级乡村旅游示范村与太行人家项目 100 个和 175 个，在建乡村扶贫旅游示范村与重点文旅项目 300 个和 170 个。2015—2019 年间，接待国内旅客总量与旅游总收入分别从 3.6 亿人次、3447.5 亿元达到 8.3 亿人次、8026.9 亿元，涨幅超过同期全国平均水平。目前有 A 级景区 218 家，5A 级景区 8 家，4A 级景区 99 家。[①]

（二）文旅产业发展面临的主要问题

山西省产业转型已见成效，乡村旅游发展纷纷起步，但相比于国内外成熟的旅游产业仍然面临一些问题。

1. 和周边省市区相比还存在有待改进之处

山西虽然历史悠久，文物遗产丰富，名胜古迹众多，但是相比内蒙古、河北、山东、湖北和陕西，旅游业的发展稍显逊色，如表 8-8 所示。

表 8-8　2019 年山西省与周边五省旅游业发展情况比较

省份	2019 年国际旅游收入（百万美元）	排名	2019 年接待入境过夜游客数（万人次）	排名
山西	409.95	6	76.22	6
河北	740.23	5	97.08	5
内蒙古	1340.09	4	195.83	4
山东	3413.14	1	404.22	3
湖北	2654.16	3	450.02	2
陕西	3367.65	2	465.72	1

数据来源：《中国统计年鉴 2020》

从旅游收入来看，山西省 2019 年国际旅游收入为 409.95 万美元，和周围 5 省相比排名第 6 位，全国排名第 26 位[②]。在接待入境过夜游客数上，2019 年共接待 76.22 万人次，排名同样在第 6 位，全国排名第 25 位，全国排名前 5 位排名依次是广东、云南、上海、广西、福建。

① 栗美霞 . 山西文旅融合亮出成绩单 [EB/OL].(2020-12-03)[2021-01-01].http://wwj. shanxi.gov.cn/e/action/ShowInfo.php?classid=205&id=33874.
② 数据整理自《中国统计年鉴 2020》。

2. 旅游业发展可持续问题

首先文物保护面临威胁。山西省境内古迹遗存、名人故居众多，文物种类丰富，数量可观，占据全国文化资源的大多数。随着人类社会经济活动范围的扩大，文物保护面临挑战。有学者研究显示，随着城镇化的发展和对旅游业资源的开发，许多遗址遭受着巨大的破坏，部分遗迹因发掘不科学遭到破坏，部分城墙遗址因村民建造取土遭到毁坏，部分遗址遭受自然的侵蚀正在消失。① 其次是旅游产品和服务相对单一。在近年兴起的乡村游中，不难发现农家乐是人们的首选，既能短暂的逃离城市生活的压力，也能从乡村朴实清新的田园风光中放松身心。于是乡村旅游的开发大多参照同一模式——发展农家乐经济，短期内可吸引游客的到来，但千篇一律的做法不利于乡村旅游业的长期发展。

3. 著名景区的带动作用尚未显现

山西省旅游发展思路逐渐清晰，由原来的单一部门驱动转变为现在的综合协调推动，由原来单纯的景点开发转变为现在统一布局，全域发展，旅游业的发展受到前所未有的重视。然而，山西省重要的自然旅游资源和文化旅游资源开发接近饱和，对周边地区经济的带动潜力却尚未完全释放出来。例如，太行山旅游景区自确定为山西三大旅游板块之一后，虽吸引了多个重大项目入区，但仍然处于粗放式发展阶段，旅游产品和服务更新换代缓慢，新业态发展前景不明，对周边经济的带动作用较弱，呈现"孤岛式"发展状况②。此外，从旅游收入结构来看，除了交通费用以外，景区游览收入近 5 年来稳居第 2 位，餐饮、娱乐、购物等有较高消费潜力的行业收入占比小且增长率相比 2017 年有所下降，如表 8–9 所示。

---

① 纪超文 . 山西城址类大遗址现状及保护利用方法研究 [D]. 太原理工大学，2017.
② 山西文化和旅游厅 .《太行山旅游产业发展规划（2020—2035）》发布，展望太行山的蓝图美景 [EB/OL].(2020-11-02)[2021-01-01].http://wlt.shanxi.gov.cn/sitefiles/sxzwcms/html/zwgk/zcjd/47137.shtml.

表 8-9　2015—2019 年山西省旅游收入结构情况（%）

年份	2015	2016	2017	2018	2019
住宿	-0.40	0.25	0.10	0.08	0.08
餐饮	0.07	0.05	0.10	0.08	0.08
娱乐	1.28	-0.13	0.10	0.08	0.08
购物	0.0004	0.0003	0.0003	0.0003	0.0003

数据来源：《山西统计年鉴（2016—2020 年）》

4.文旅品牌知名度不高

尽管文旅产业绝对规模与质量不断提高，其独特的文化旅游品牌例如佛教文化、戏曲文化、大院文化在国内知名度较高，但是国际化程度较低，这些都反映在了国内外旅游收入与游客规模的较大差距上。首先，从国内与外汇旅游收入差异情况来看，2014—2019 年，国内旅游收入占总旅游收入比重高达 99.50% 左右，而旅游外汇收入占总旅游收入比重大多在 0.50% 以下，并且逐年下降，由 0.61% 下降至0.35%。同时，外汇旅游收入增速低于国内旅游收入增速且差距较大，如表 8-10 所示。其次，从国内与国外游客数量差异情况来看，2014—2019 年，接待国内游客数量比重极高且逐年上升，由 99.81% 提高至99.91%；接待入境过夜游客数量比重很低且在逐年下滑，由 0.19% 降至0.09%。同时，接待国内游客数量增速均远高于接待入境过夜游数量客增速。

表 8-10　2014—2019 年山西省国内与外汇旅游收入差异情况（%）

年份	2014	2015	2016	2017	2018	2019
国内旅游收入占总旅游收入比重	99.40	99.46	99.55	99.60	99.56	99.66
旅游外汇收入占总旅游收入比重	0.61	0.54	0.50	0.44	0.37	0.35
国内旅游收入增长率	25.54	21.20	23.30	26.28	25.47	19.41
旅游外汇收入增长率	-66.15	7.31	13.93	12.14	5.80	13.06

数据来源：根据《山西统计年鉴 2020》计算

表8-11　2014—2018年山西省国内与国外游客数量差异情况（%）

年份	接待国内游客比重	接待入境过夜游客比重	外国人比重	港澳台同胞比重	接待国内游客增长率	接待入境过夜游客增长率	外国人增长率	港澳台同胞增长率
2014	99.81	0.19	0.12	0.07	21.73	-73.44	-73.25	-73.78
2015	99.84	0.16	0.11	0.06	20.22	5.14	5.29	4.86
2016	99.86	0.14	0.09	0.05	23.11	6.07	6.26	5.73
2017	99.88	0.12	0.08	0.04	26.49	6.38	7.54	4.31
2018	99.90	0.10	0.07	0.04	25.51	6.48	7.19	5.18
209	99.91	0.09	0.06	0.03	18.49	6.83	6.89	6.73

数据来源：根据《山西统计年鉴2020》计算

5.旅游资源空间布局分散

与北京、天津、上海这些地区相比，山西各类自然旅游资源的空间布局分散，旅游资源开发与整合、旅游交通与环境的改善等方面存在不够协调，不利于组织游客集中游览。例如一些著名景区——晋中市的平遥古城、大同市武周山麓的云冈石窟、忻州市五台县东北隅的五台山、晋城市阳城县的皇城相府、临汾市洪洞县的洪洞大槐树寻根祭祖园旅游景区等，分布在全省各地，相互之间距离较远，且部分景点在距市中心较远地带，交通不便，因而导致组织连贯的旅游线路困难。根据马蜂窝、携程、去哪儿、大众点评等四个旅游网站发布的关于山西省各旅游景点信息及游客评论看，部分旅游景点交通状况依然较差，许多联结分散中小景点的交通、服务设施整体水平不高，不能满足旅客需求。例如，壶口瀑布景区没有专门的班车且景区售票处距离壶口瀑布的核心景区有近3-4公里路程，需徒步40分钟；虽然平遥古城到王家大院有专门大巴车，但由古城到大巴车站无专门班车，也需步行前往。这些都增加了游客旅途中的时间与体力耗费，进而对景区满意度不高，甚至降低了吸引力。

三、发展乡村文旅产业的地方实践

（一）发展红色文化乡村旅游，助力乡村文旅融合发展

店子底村处于太原市阳曲县东南阪寺山脉脚下，因其丰富而深厚的红色文化资源而成为阳曲县一张"红色名片"。在抗日战争、解放战争中铸就了伟大的"支前精神"，拥有一座支前纪念馆、一处支前精神红色教育基地和大量支前遗址。作为太原解放战役的大后方，店子底村全员上阵支前，为前线部队做临时物资站等，在战役中共16名青壮年牺牲，38人负伤，贡献巨大。近年来，店子底村正在积极探索红色旅游与乡村振兴的融合之路。

2009年，建成国内首家村级"支前纪念馆"，开展集教育、民生、增收于一体的红色旅游业。2016年投资80万元建成弘扬支前精神的红色教育基地。在脱贫攻坚期间，开始形成红色旅游带动绿色发展的模式，红色文化、乡村旅游与乡村采摘逐步融合起来。分别建成拱棚和大棚80亩与50亩，以"集体建、村民租"的方式实现户均一栋大棚，使每户都有了产业。同时健全和完善通讯、水、电、停车场、厕所、餐厅、农贸市场等配套基础设施。举办"回村采摘"、"回村过年"等大型活动，塑造支前品牌。店子底村逐渐成为太原周边无公害蔬菜、水果等采摘之地，形成了"红色教育＋红色旅游＋产业脱贫"脱贫模式。2018年，店子底村红色旅游项目年接待游客3万余人次，实现村集体经济收入超过50万元。①

---

① 李安兰，刘存健，王雨薇.扶贫视角下店子底村"红色旅游＋红色教育＋产业发展"模式解析[EB/OL].(2019-01-22)[2021-01-03].http://www.fx361.com/page/2019/0122/6304650.shtml.

（二）打造以红色经典、生态休闲、美食民俗、影视文艺为一体的乡村旅游新地标[1][2]

汾阳市贾家庄具有悠久丰富的文化和旅游资源。贾家庄地处 307 国道与太汾高速公路旁，西临吕梁山，东依汾河水，与汾阳古城相距仅五公里，又邻近汾酒之都杏花村，交通十分便利。"杏花村外贾家庄，红旗高举在汾阳"，是郭沫若对贾家庄的称赞。在 20 世纪五六十年代，贾家庄村一直走工业发展路线，并逐渐形成"百把镢头闹革命，改水治碱拔穷根"的农业革命精神，成为全国农业战线先进典型。1986 年至今，坚持走集体主义和共同富裕发展的道路。贾家庄村用发展史记录时代的变迁和社会经济的变动，建成有"山西省爱国主义教育基地"之称的贾家庄纪念馆，全面展示新中国成立以来贾家庄发展历程。贾家庄旅游资源独特，有集独特民俗与生态风景于一体的大观园——汾州民俗文化园；有晋商往来要道、电影《山河故人·家厨》取景地；有集民俗文化展示、地方特色小吃、手工作坊、酒吧于一体的贾街；有与电影《山河故人》同名餐厅等。贾家庄也是山西特色美食、传统手工艺品聚集地，有数百年非遗美食——绿豆旋粉，著名特产汾州绿豆糕，手工特色皂，孝义皮影等。贾家庄还有浓厚的影视文学基础，曾是"山药蛋派"作家马烽、西戎、孙谦等的主要农村文学创作基地，是《我们村里的年轻人》、《宋老大进城》、《农家乐》与《人说山西好风光》等影视剧本、文学作品、歌曲的创作地，是导演贾樟柯的家乡。

贾家庄坚持集体所有制，借助独特的文旅资源优势，推进以红色精神、生态游览、民俗文化、影视文艺等为一体的乡村旅游新地标建设，探索文旅产业融合发展新路径，追求共同富裕。

① 吴琼，杨静.电视剧《我们村的年轻人》山西贾家庄开拍探索乡村文旅融合发展 [EB/OL].(2019-08-29)[2021-01-01].https://www.sohu.com/a/337258310_123753.
② 崔爽，王海滨，陈曦.山西贾家庄：乡村振兴的文旅范本 [EB/OL].(2020-07-29) [2021-01-01].http://n.eastday.com/pnews/1595984222025605.

第一，加大投入力度进行"厕所革命"，实行环境卫生整治和棚户区改造；落实供暖供热、污水管网改造和免费安装清洁环保天然气等工程。

第二，成立老年人日间照料活动中心，组织多样化文化体育活动，聘请专业教练指导老人进行健康锻炼等。

第三，依托特有的文脉——影视作品、"山药蛋派"农村文学与歌曲《人说山西好风光》创作基地，发展特色文旅产业。建成文化创意园、种子影院、贾樟柯艺术中心、作家村等多个项目。开办村级互联网宣传平台，培养新一代农村青年，使他们"拿起农具会种地、发动机器会生产、登上舞台会表演、提起笔杆会写作"①。贾家庄成为国家4A级景区及全国特色小镇。2018年，贾家庄文化生态旅游景区的客流量超过200万人次，带动了周边村庄500多人就业，推进了乡村振兴。

（三）文旅融合再现"牧童遥指杏花村"千年酒文化②③

汾阳市杏花村酿酒与汾酒历史悠久，文化底蕴之深厚在全国首屈一指。早在1500年前的南北朝时期，汾州美酒"汾青"就是宫廷御酒。盛唐时期，"杏花村里酒如泉""处处街头揭翠帘"等诗句，更使其成为酒文化的古都。近代，在1915年巴拿马万国博览会，杏花村汾酒获甲等金质奖章。1949年9月，杏花村汾酒成为全国解放后恢复生产的第一大名酒，被摆在了开国国宴上，成为新中国第一种国宴用酒。在1952年第一届全国评酒会上，汾酒被评为国家四大名白酒之一。2008年，汾阳杏花村在"中华名酒第一村"的品牌发展论坛上被授予了"中华白酒第

---

① 崔爽，王海滨，陈曦.山西贾家庄：乡村振兴的文旅范本 [EB/OL].(2020-07-29)[2021-01-03].http://n.eastday.com/pnews/1595984222025605.

② 王建军，程英.杏花村里访酒都邂逅最美十月 [EB/OL].(2020-09-25)[2021-01-01].https://mp.weixin.qq.com/s?__biz=MjM5MTM5MTQ4MA==&mid=2652975344&idx=2&sn=9a8e3ba3939b5cb05fb1bf164fb0db0c&chksm=bd63db678a145271a3f7c463956276a888735bf0e1470820537d50543a3d42fc26be9a161463&scene=27.

③ 孟绍毅.山西探索文旅产业发展新模式 [EB/OL].(2019-11-21)[2021-01-01].http://www.sxqnb.com.cn/shtml/sxqnb/20191121/433196.shtml.

一村"称号^①。依托独特的酒文化，杏花村逐步发展起特色旅游产业。

汾酒集团和地方政府合作推进汾酒文化与旅游产业融合发展。杏花村汾酒集团利用三年时间推进杏花村环境提升，重组酒文化和旅游资源，形成"诗酒文化第一村"国家级旅游基地，将其打造为汾酒工业园林。建成古色古香的"醉仙楼"酒文化博物馆、杏花村遗址和老作坊旧址、专门的旅游接待广场、能提供旅游一条龙服务的现代化服务设施，推出新游览线路、国内旅游热线，接轨国际旅行社。与周边旅游景区合作推出以杏花村为中心的一日游线路，国内外游客通过"赏杏花、逛庙会、喝汾酒、听晋剧、看秧歌、品风味、购特产"等方式，可以充分感受中国酒文化的魅力。2017 年，山西杏花村的汾酒文化景区被选定为国家 4A 级工业旅游示范基地。

在 2020 年 6 月 1 日，成立山西杏花村文化旅游有限公司。与汾酒集团、山西文旅集团携手开发酒旅文化——杏花村文旅项目，推进集旅游、休闲、游学于一体的杏花村遗址公园建设与保护，建设"祭酒广场""如梦杏花村演艺中心"等，落实杏花村小酒馆文旅项目，使杏花村再现"牧童遥指杏花村"的诗意画卷^②。同时不断提高汾酒企业形象、品牌知名度，使企业发展红利更好地惠及广大消费者。

四、发展乡村文旅产业的主要措施

（一）发展康养旅游，促进旅游业可持续发展

康养旅游是近年来旅游产业根据市场需求发展起来的新型旅游业态，是旅游和健康养生产品或服务结合的产物。人对自然有天然的向往，随着工业化和城市化的进行和各种环境问题的产生，这种需求越

---

① 梧桐子 . 汾酒集团的发展 [EB/OL].(2015-05-15)[2021-01-03].http://www.wutongzi.com/a/322966.html.

② 侯超 . 政企合作蹚新路文旅融合谱新篇山西杏花村文化旅游有限公司揭牌成立 [EB/OL].(2020-12-04)[2021-01-03].https://www.sohu.com/a/436182095_253235.

来越大。山西省生态资源丰富，文化积累深厚，适宜在原有旅游业态的基础上发展康养旅游业。发展康养旅游业，首先应做好发展规划，树立康养旅游形象，创建康养旅游品牌。其次健全软硬件设施。再次促进康养旅游和医疗、农业等的融合发展，保证乡村生态系统不被破坏的同时，实现产业的持续发展。

（二）提升文旅品牌国际知名度

以黄河、长城、太行三大文旅品牌为引领，通过发掘文旅品牌内涵、制定并推广精品旅游线路、升级文旅品牌形象等措施，提高重点旅游景观国际知名度，推动文化旅游业国际化，以旅游业国际化带动乡村旅游大发展。文旅产业国际化不仅需要从业人员具备精深的旅游专业知识以"讲好中国故事"，也要求从业人员具备良好的服务水平。因此，要加大对现有工作人员培训，引进文化、旅游、语言等方面的人才。

（三）以打造国家全域旅游示范区为目标，推进文旅资源整合

山西省铁路、高速公路交通虽然较发达，但是城市与偏远旅游景点之间、大景区与周边中小乡村景点之间的专线公路缺乏。因此，要加大旅游景点之间公路专线建设力度，把单个旅游景点连接成一个整体。引导旅游路线协作，整合重点旅游资源，突出差异化、互补性优势，发展省时、省力、独特且游览内容丰富、印象深刻的精品乡村旅游线路。

（四）加大财政投入力度，保障文旅产业发展

加大省级财政支持力度，拓宽投融资渠道，支持三大旅游板块和主要旅游区域建设，完善基础设施和提供更多的优质公共服务，加大山西旅游在省外和国外的宣传力度。吸引企业参与旅游产业开发，充分发挥市场对资源配置的决定性作用，推动旅游业的健康可持续扩展。支持大众创业项目，促进景区特色民宿餐饮业、文化休闲娱乐和观赏游玩类行业的发展[①]。

---

① 孙久文，安树伟等.山西经济地理[M].北京：经济管理出版社，2017:140—150.

参考文献

[1] 安树伟，常瑞祥.山西省资源型经济转型[M].北京：经济科学出版社，2018.

[2] 北京师范大学经济与资源管理研究院等.2016中国绿色发展指数报告——区域比较[M].北京：北京师范大学出版社，2017.

[3] 巴·哥尔拉，刘国勇，王钿.乡村振兴战略背景下新疆农业农村现代化发展水平测度[J].北方园艺，2020(17):145—152.

[4] 陈强强，孙小花，吕剑平等.甘肃省农业现代化水平测度及制约因子研究[J].农业现代化研究，2018(03):369—377.

[5] 陈云霞，闫磊，马玉萍."十三五"时期山西省高新技术产业发展现状分析[J].江苏科技信息，2016(12):4—5.

[6] 曹亚东，曹辉，叶生贵.新型城镇化视野下公共体育设施建设存在问题与对策研究——以山西省闻喜县为例[A].中国体育科学学会.第十一届全国体育科学大会论文摘要汇编[C].中国体育科学学会，2019:3.

[7] 丛丽，张玉钧.对森林康养旅游科学性研究的思考[J].旅游学刊，2016(11):06—08.

[8] 戴静，和亮，兰惊雷.对山西小杂粮产业发展的调查与思考[J].山西农业科学，2008(08):12—14.

[9] 豆书龙，叶敬忠.乡村振兴与脱贫攻坚的有机衔接及其机制构

建 [J]. 改革，2019(01):19—29.

[10] 杜璇，丁雪瑞.基于社会化营销的乡土文化传承发展探讨 [J].
山西农经，2018(24):42—43.

[11] 冯尚春，周振.论中国特色城镇化道路 [J].中共中央党校学报，
2011(02):70—73.

[12] 高雅.乡村振兴背景下我国乡村文明建设的困境与出路 [J].行
政科学论坛，2019(07):48—51.

[13] 高强，刘同山，沈贵银.2020 年后中国的减贫战略思路与政策
转型 [J].中州学刊，2019(05):31—36.

[14] 郜丹阳.新常态下山西省工业化与城镇化关系的新动态 [A].中
国地理学会经济地理学专业委员会.2016 第六届海峡两岸经济地理学研
讨会摘要集 [C].中国地理学会，2016:148.

[15] 关成华，韩晶.2019 中国绿色发展指数报告——区域比较 [M].
北京：经济日报出版社，2020.

[16] 郭建宇.光伏扶贫：持续照亮扶贫之路 [N].山西日报，2018—
09—04.

[17] 郭晓鸣，高杰.脱贫攻坚与乡村振兴政策实施如何有效衔接
[J].理论导报，2019(09):60—62.

[18] 郭秀珍.加快动能转换 促进转型发展 [N].运城日报，2020—
04—15.

[19] 郭志远，王国平，刘海荣，余结根，黄月娥.乡村振兴背景下
我国农村医疗卫生服务供给侧问题研究 [J].锦州医科大学学报 (社会科
学版)，2020(03):46—51.

[20] 韩增林，李彬，张坤领.中国城乡基本公共服务均等化及其空
间格局分析 [J].地理研究，2015(11):2035—2048.

[21] 何莽.基于需求导向的康养旅游特色小镇建设研究 [J].北京联
合大学学报 (人文社会科学版)，2017(02):41—47.

[22] 何鑫.供给侧改革背景下山西煤炭产业转型发展分析 [J].内蒙古煤炭经济，2019(19):122.

[23] 贺雪峰.关于实施乡村振兴战略的几个问题 [J].南京农业大学学报 (社会科学版)，2018(03):19—26.

[24] 胡文秀，刘振霞.山西参与"一带一路"建设的优势、问题与路径 [J].前进，2019(03):21—26.

[25] 胡鹏.脱贫攻坚与乡村振兴融合推进的逻辑关系 [J].管理观察，2019(34):76—77.

[26] 黄圣彪.推进厕所革命需要解决的技术问题及措施建议 [J].中国环境管理，2018(02):49—52.

[27] 黄祖辉.农村改革发展:重在政府、市场、行业的协同 [J].财经问题研究，2020(09):6—8.

[28] 纪超文.山西城址类大遗址现状及保护利用方法研究 [D].太原理工大学，2017.

[29] 贾晋，尹业兴.脱贫攻坚与乡村振兴有效衔接:内在逻辑、实践路径和机制构建 [J].云南民族大学学报 (哲学社会科学版)，2020(03):68—74.

[30] 蒋化雨，蒋仁开.对乡村振兴背景下保障农村产业发展用地的思考 [J].南方国土资源，2018(06):43—44+47.

[31] 蒋长流，许云帆，江成涛.嵌入包容性内涵的新型城镇化创新促进效应分析 [J].财会月刊，2020(23):124—133.

[32] 解睿，潘晔.山西城镇化发展现状及其对策建议 [J].经济师，2019(06):137—138+140.

[33] 金代志，高洁.新生代农民工市民化的户籍制度障碍及应对策略 [J].中国市场，2019(07):38—39.

[34] 金筱萍，陈珉希.乡村振兴视域下乡村文明的价值发现与重构 [J].农村经济，2018(07):09—15.

[35] 金泽韬，刘平辉.抚州市人口城镇化与土地城镇化协调发展研究 [J]. 湖北农业科学，2020(01):159—163.

[36] 晋建亭.山西实施特色城镇化战略加快城市建设管理水平 [J]. 城市规划通讯，2006(12):8.

[37] 靳水棉.山西林下经济发展方式探究 [J]. 山西农经，2019(10):98.

[38] 靖华，亢秀丽，马爱平，王裕智，刘建华，崔欢虎.山西旱作节水农业现状及其发展战略 [J]. 农学学报，2011(04):66—69.

[39] 巩蓉蓉.山西省经济发展质量测度及提升研究 [D]. 内蒙古师范大学，2019.

[40] 李凤龙.山西旅游电子商务研究 [D]. 北京交通大学，2007.

[41] 李静.精准扶贫视角下山西省光伏扶贫现状研究 [D]. 太原理工大学，2018.

[42] 李玲.新生代农民工问题及市民化路径选择研究——以山西省太原市为例 [J]. 中国管理信息化，2019(06):209—210.

[43] 李万利.探讨新型城镇化背景下如何开展地方政府投融资 [J]. 中国乡镇企业会计，2020(10):18—19.

[44] 李小静.乡村振兴的长效机制:政府职能与市场调节良性互动 [J]. 农业经济，2020(01):37—39.

[45] 李秀霞.创办农民夜校 提升服务群众的能力水平 [J]. 奋斗，2015(01):50—51.

[46] 李珍珍.山西转型综改示范区改革发展经验探究 [J]. 中共太原市委党校学报，2019(05):27—29.

[47] 李实，李玉青，李庆海.从绝对贫困到相对贫困:中国农村贫困的动态演化 [J]. 华南师范大学学报 (社会科学版)，2020(06):30—42.

[48] 李小云，许汉泽.2020 年后扶贫工作的若干思考 [J]. 国家行政学院学报，2018(01):62—66.

[49] 李小云，苑军军，于乐荣.论 2020 后农村减贫战略与政策：从"扶贫"向"防贫"的转变 [J].农业经济问题，2020(02):15—22.

[50] 梁晨.产业扶贫项目的运作机制与地方政府的角色 [J].北京工业大学学报 (社会科学版)，2015(05):7—15.

[51] 林韬，陈彩媛.西南地区城镇化与工业化发展关系特征及其政策启示 [J].现代城市研究，2020(02):117—124.

[52] 刘建伟，王院院.中国农村教育扶贫研究回顾与展望 [J].山西师大学报 (社会科学版)，2019(01):90—96.

[53] 刘璐琳.多措并举促进乡村产业振兴 [N].通辽日报，2019—08—18.

[54] 刘伟民.中国梦·美丽乡村建设：乡风民风 [M].广州：广东科技出版社，2016.

[55] 刘笑芳.山西省煤炭资源开发与区域经济发展关系分析 [J].中外企业家，2020(09):104.

[56] 刘妍.中国城镇化滞后于工业化发展的原因与出路 [D].天津财经大学，2014.

[57] 楼阳生.在转型发展上率先蹚出一条新路来 [J].支部建设，2020(17):9—13.

[58] 陆汉文.城乡统筹扶贫应成为未来战略选择 [N].社会科学报，2019—03—07(01).

[59] 吕超，周应恒.我国农业产业集聚与农业经济增长的实证研究——基于蔬菜产业的检验和分析 [J].南京农业大学学报 (社会科学版)，2011(02):72—78.

[60] 马明清.农民职业教育扶贫精准识别初步研究 [J].农民科技培训，2017(05):18—20.

[61] 马喜梅.乡村振兴与脱贫攻坚有效衔接路径研究——以滇黔桂石漠化片区为例 [J].云南师范大学学报 (哲学社会科学版)，

2020(03):84—91.

[62] 马兆良，田淑英，王展祥.生态资本与长期经济增长——基于中国省际面板数据的实证研究 [J].经济问题探索，2017(05):164—171.

[63] 孟晓迪，许如玉，顾晓霞.山西省新型城镇化的测度与空间演变分析 [J].山西财经大学学报，2018(S2):10—12.

[64] 孟志兴，秦作霞，殷海善，石莎.山西省农业现代化进程评价 [J].山西农业科学，2013(06):642—645.

[65] 牟丽.资源型城市生命周期的空间经济学分析 [J].经济论坛，2010(04):27—31.

[66] 穆惠涛.习近平教育扶贫思想研究 [D].东北师范大学，2019.

[67] 倪鹏飞.新型城镇化的基本模式、具体路径与推进对策 [J].江海学刊，2013(01):87—94.

[68] 欧阳煌.关于构建减贫新体系的思考 [J].农村·农业·农民 (B版)，2019(07):19—20.

[69] 裴云锋.山西特色小镇的文化内涵和时代特征 [N].发展导报，2016—12—13.

[70] 彭小兵，本清松.强政府、弱市场:产业扶贫的现实困境与出路——来自重庆市打通镇的案例 [J].农林经济管理学报，2018(06):754—761.

[71] 彭小辉，史清华.中国农村人口结构变化及就业选择 [J].长安大学学报 (社会科学版)，2018(02):83—92.

[72] 区小兰，何玲玲.深度贫困地区脱贫攻坚与乡村振兴协同推进路径研究——以广西壮族自治区 A 县为例 [J].中国西部，2019(01):45—54.

[73] 任秀芳，张仲伍，高涛涛，王东华，史雅洁.2003 年以来山西经济城镇化与人口城镇化进程的对比研究 [J].山西师范大学学报 (自然科学版)，2016(01):83—88.

[74] 任宣羽.康养旅游:内涵解析与发展路径 [J].旅游学刊，

[102] 魏雨露.新型城镇化建设新模式研究 [J].农业与技术，2020(20):173—175.

[103] 温丽琴，卢进勇."一带一路"战略与山西对外投资产业布局 [J].国际经济合作，2016(03):91—95.

[104] 温淑芳，柳长江.山西省高新技术企业及高新技术产业发展情况分析 [J].科技创新与生产力，2018(11):9—13.

[105] 魏巍，符洋，杨彩凤.科技创新与经济高质量发展测度研究——基于耦合协调度模型 [J].中国科技论坛，2020(10):76—83.

[106] 魏后凯.2020 年后中国减贫的新战略 [J].中州学刊，2018(09):36—42.

[107] 吴静.山西省城乡统筹就业中的问题研究 [D].山西财经大学，2016.

[108] 吴俊清.扶贫先扶智 扶智靠教育 [N].山西日报，2017—10—24.

[109] 吴黎.推进区域协调发展和新型城镇化 [N].石家庄日报，2020—11—06.

[110] 武甲斐.强化农村一二三产业融合的乘数效应 [N].太原日报，2018—10—23.

[111] 乡风文明建设的运城实践 [J].农村工作通讯，2019(08):13+2.

[112] 谢振芳，李恩哲，李卫星.山西战略性新兴产业之管窥 [J].太原城市职业技术学院学报，2018(10):09—12.

[113] 徐琪峰.乡村振兴背景下"三权分置"改革的与时俱进 [J].农村·农业·农民 (B 版)，2018(03):45—48.

[114] 许彩玲，李建建.城乡融合发展的科学内涵与实现路径——基于马克思主义城乡关系理论的思考 [J].经济学家，2019(01):96—103.

[115] 许贵元.让"生态扶贫"的金光大道越走越宽广 [N].山西日报，2019—07—12.

[116] 邢成举，李小云.相对贫困与新时代贫困治理机制的构建 [J].

改革，2019(12):16—25.

[117] 杨春平，陈诗波，谢海燕."飞地经济"：横向生态补偿机制的新探索——关于成都阿坝两地共建成阿工业园区的调研报告 [J]. 宏观经济研究，2015(05):3—8+57.

[118] 杨建元，刘尚来，孙艳丽. 辽宁省新型城镇化建设融资模式研究 [J]. 现代营销 (经营版)，2020(11):66—67.

[119] 杨俊伍."八个协同"推动脱贫与振兴有效衔接 [J]. 社会主义论坛，2020(04):24—25.

[120] 杨丽. 山西旅游资源开发与利用研究 [D]. 太原理工大学，2006.

[121] 杨文俊. 我省 3 民企 4 单位获全国"万企帮万村"精准扶贫行动荣誉 [N]. 山西日报 2020—11—23.

[122] 杨永风. 河北省基本公共服务均等化研究 [D]. 河北经贸大学，2016.

[123] 杨远根. 城乡基本公共服务均等化与乡村振兴研究 [J]. 东岳论丛，2020(03):37—49.

[124] 姚士谋，张平宇，余成，李广宇，王成新. 中国新型城镇化理论与实践问题 [J]. 地理科学，2014(06):641—647.

[125] 易慧玲，李志刚. 产业融合视角下康养旅游发展模式及路径探析 [J]. 南宁师范大学学报 (哲学社会科学版)，2019(05):126—131.

[126] 游珊. 贵州深度贫困县脱贫攻坚与乡村振兴战略衔接研究 [J]. 理论与当代，2019(07):37—39.

[127] 余妍良. 山西农民工市民化成本分担及实现路径研究 [D]. 山西财经大学，2017.

[128] 于浩. 山西转型综合改革示范区行政体制改革的挑战及对策 [J]. 中国行政管理，2020(07):148—150.

[129] 元利兴. 决胜脱贫攻坚 推进乡村振兴战略——全国特困连片地区脱贫攻坚调研 [J]. 中国经贸导刊，2018(15):6—7.

[130] 袁文良. 乡村振兴要抓住乡村文明之魂 [J]. 中国老区建设，

2018(06):12.

[131] 岳文海.中国新型城镇化发展研究 [D].武汉大学，2013.

[132] 叶兴庆，殷浩栋.从消除绝对贫困到缓解相对贫困：中国减贫历程与 2020 年后的减贫战略 [J].改革，2019(12):5—15.

[133] 张纯.山西转型综合改革示范区建设实践与成效 [J].科技创新与生产力，2019(01):1—3+6.

[134] 张娟锋，俞婷，张丹霞，赵国超.土地城镇化与公共品供给之间的协调发展度评价 [J].浙江大学学报(理学版)，2020(01):123—130.

[135] 张佩洋.山西省新生代农民工市民化问题研究 [D].山西财经大学，2016.

[136] 张琦.稳步推进脱贫攻坚与乡村振兴有效衔接 [J].人民论坛，2019(S1):84—86.

[137] 张慎鲁.山西农民工市民化问题研究 [D].山西大学，2016.

[138] 张文霞.新中国成立以来山西城镇化发展的回顾与展望 [J].科技创新与生产力，2020(02):37—40.

[139] 张孝德.新文明观：乡村、城市平等观——乡村文明复兴引领生态文明新时代 [J].中国农业大学学报(社会科学版)，2015(05):18—30.

[140] 张占斌.新型城镇化的战略意义和改革难题 [J].国家行政学院学报，2013(01):48—54.

[141] 张紫琪.山西省特色小镇 SWOT 分析及对策研究 [D].山西农业大学，2019.

[142] 张柳.提高农业劳动生产率，促进山西农业现代化发展 [J].山西农经，2020(12):1—3+6.

[143] 赵鹏宇.康养旅游：一种新的旅游业态 [N].山西日报，2020—01—13.

[144] 赵思琛.浅析山西经济转型 [J].经济师，2016(12):60—61+63.

[145] 郑彬，赵祥.产业转型升级初期企业技术培训供给缺失与"技

工荒"问题研究 [J]. 特区经济，2015(05):96—100.

[146] 郑娜. 山西建设特色小镇要抓住六大要点 [N]. 发展导报，2016—12—13.

[147] 周宏春. 乡村振兴背景下的农业农村绿色发展 [J]. 环境保护，2018(07):16—20.

[148] 周星，周超."厕所革命"在中国的缘起、现状与言说 [J]. 中原文化研究，2018(01):22—31.

[149] 周星."污秽/洁净"观念的变迁与"厕所革命"[J]. 云南师范大学学报 (哲学社会科学版)，2019(01):85—97.

[150] 周禹彤. 教育扶贫的价值贡献 [D]. 对外经济贸易大学，2017.

[151] 朱海波，聂凤英. 深度贫困地区脱贫攻坚与乡村振兴有效衔接的逻辑与路径——产业发展的视角 [J]. 南京农业大学学报 (社会科学版)，2020(03):15—25.

[152] 朱丽丽. 高质量发展背景下山西省产业结构优化研究 [J]. 内蒙古科技与经济，2020(06):09—44.

[153] 朱丽萍，阎耀鹏，曲宏飞，王燕超，闫子昊. 山西省产业结构发展特征分析 [J]. 山西财经大学学报，2015 (S2):54—55.

[154] 左停，金菁，李卓. 中国打赢脱贫攻坚战中反贫困治理体系的创新维度 [J]. 河海大学学报 (哲学社会科学版)，2017(05):6—12+89.

[155] 左停，苏武峥. 乡村振兴背景下中国相对贫困治理的战略指向与政策选择 [J]. 新疆师范大学学报 (哲学社会科学版)，2020(04):88—96.

[156] Lopez R. The Environment as a Factor of Production: the Effect of Economic Growth and Trade Liberalization[J]. Journal of Environmental Economics and Management，1994(02): 168—184.

[157] Wood A，Berger K. Exporting Manufactures: Human Resources，Natural Resources and Trade Policy[J]. Journal of Development Studies，1997，34: 204—225.

后 记

在这个急剧变革的时代，我们有幸参与并为中国脱贫攻坚尽了一份力。2017 年暑期，在北京师范大学地理科学学部刘学敏教授的感召和组织下，我们带领首都经济贸易大学部分研究生首次参加了重庆市国家级贫困县退出第三方评估工作，由此开始参与到精准扶贫进程中，此后陆续参加了山西、内蒙古、黑龙江等省的贫困县退出第三方评估工作。从每一次评估中，我们不仅感受到了贫困农户的生活艰辛、各级扶贫干部和社会各界付出的巨大努力，也逐步加深了对"三农"问题和中国扶贫道路的思索，尤其是对三晋大地脱贫攻坚工作的独特性产生了浓厚兴趣。于是，有了这本作为集体智慧结晶的书稿。书稿的命题、构思无不体现了北京师范大学地理科学学部刘学敏教授、李强教授对中国扶贫事业特别是山西脱贫攻坚道路的深入思考。书稿经过数次讨论，吸收了许多老师的意见和建议，他们是北京师范大学哈斯额尔敦教授、杜树山教授、王宏新教授、刘培峰教授，中共中央党校程连升教授，西北工业大学高旭红教授，天津师范大学陈桂生教授，西安财经大学宋敏教授，山西大学丛建辉副教授、高帅教授、刘成虎副教授和刘锦增副教授，吉林师范大学杜会石教授，内蒙古师范大学哈斯其木格副教授。书稿写作过程中，我们多次与山西省扶贫开发办公室各个处室沟通，因此离不开山西省扶贫办的鼎力支持。为此，我们代表本书撰写集体，感谢兄弟院校诸位老师的指导帮助，感谢山西省扶贫办的大力支持。

　　本书由沈宏亮和张生玲主持编写，具体撰写分工如下：李杰和沈宏亮撰写第一章；张祎萌和李杰撰写第二章；宋思萌撰写第三章；任晨晨撰写第四章；张倩撰写第五章；范雨婷撰写第六章；崔毅惠撰写第七章；房秋荣和宋思萌撰写第八章；沈宏亮和张生玲撰写前言和后记，并负责统稿和修改工作。在书稿写作过程中，首都经济贸易大学陈思萌、陈依鸣、黄心、鞠阳做了资料搜集和整理工作，对各位的付出表示感谢。书稿参考了国内外多位专家的文献，但是关于山西经济社会发展和脱贫攻坚的文献可谓汗牛充栋，难免出现挂一漏万，敬请谅解。

　　受水平和眼界限制，文中如有纰漏和不到之处，敬请各位专家、学者和读者批评指正。